Alsace

(1871-1872)

PAR

EDMOND ABOUT

NOUVELLE ÉDITION

PARIS
LIBRAIRIE HACHETTE ET Cⁱᵉ
79, BOULEVARD SAINT-GERMAIN, 79

1905

Librairie HACHETTE et C*ie*, boulevard Saint-Germain, 79, à Paris.

BIBLIOTHÈQUE VARIÉE, FORMAT IN-16
ROMANS, NOUVELLES ET OUVRAGES DIVERS

PREMIÈRE SÉRIE, A 3 FR. 50 LE VOLUME BROCHÉ

ABOUT (Ed.) : *Le turco*. 1 vol.
— *Madelon*. 1 vol.
— *Le roman d'un brave homme*. 1 vol.

CHERBULIEZ (V., de l'Académie française) :
— *Le comte Kostia*. 1 vol.
— *Le grand œuvre*. 1 vol.
— *Le hasard de Mlle Saint-Maur*. 1 vol.
— *Samuel Brohl et Cie*. 1 vol.
— *L'idée de Jean Téterol*. 1 vol.
— *Amours fragiles*. 1 vol.
— *Olivier Maugant*. 1 vol.
— *La bête*. 1 vol.
— *Les inconnus du comte Gilberte*. 1 vol.
— *Le secret du précepteur*. 1 vol.

CHERBULIEZ (V.), *suite* : *Après fortune faite*. 1 vol.
— *La même Vanesse*. 1 vol.

DAUDET (Ernest) : *Le roman d'un raseur*.
— *Jeanne L. Hérault de Séchelles et les dames de Bellegarde*. 1 vol.

FERRY (Gab.) : *Le coureur des bois*. 2 vol.
— *Costal l'Indien*. 1 vol.

GEBHART (Émile, de l'Académie française) : *D'Ulysse à Sancho, contes héroï-comiques*. 1 vol.
— *Contes et fantaisies du moyen âge*. 1 vol.

JANE (Miss Hannah) : *Très véridique histoire d'une petite fille*, trad. de l'anglais. 1 vol.

MAYNARD DE GOURNAY : *Amour de philosophe, Bernardin de Saint-Pierre et Félicité Didot*. 1 vol.

SAINTINE (X.) : *Picciola*. 1 vol.
— *Seul!* 1 vol.

VERCONSIN : *Saynètes et comédies*. 2 vol.

DEUXIÈME SÉRIE, A 3 FR. LE VOLUME BROCHÉ

ERCKMANN-CHATRIAN : *Ensa Petri*. 1 vol.

BLANCHEMAIN (V.) : *Rose et Rosine*, traduit de l'espagnol. 1 vol.

GAUDIN (P.) : *Mascarade, traduit de l'espagnol*. 1 vol.

MEUNIER (G.) : *L'Heure de Cherbuliez, Extraits choisis*. 1 vol.

PERRON (Jean Marcelle) : *Sold[e]at, traduit de l'espagnol*. 1 vol.

BORELLE (G.) : *L'œuvre de Lamartine, Extraits choisis*. 1 vol.

ROSTAND (E., de l'Académie française) : *Les senteurs d'or, poésies*.

TOLSTOÏ (Comte) : *La guerre et la paix (1805-1815), roman historique*. 3 vol.
— *Anna Karénine*. 2 vol.
— *Souvenirs, Enfance. Adolescence. Jeunesse*, traduits par A. Baron. 1 vol.

TROISIÈME SÉRIE, A 2 FR. LE VOLUME BROCHÉ

ABOUT (Ed.) : *Germaine*. 1 vol.
— *Le roi des montagnes*. 1 vol.
— *Les mariages de Paris*. 1 vol.
— *L'homme à l'oreille cassée*. 1 vol.

ABOUT (Ed.), *suite* : *Maître Pierre*. 1 vol.
— *Trente et quarante. Sans dot. — Les parents de Bernard*. 1 vol.

GIRARD (J.) : *Le turco de Jemm*. 1 vol.

QUATRIÈME SÉRIE, A 1 FR. LE VOLUME BROCHÉ

ABOUT (Ed.) : *Alsace*. 1 vol.
— *Les mariages de province*. 1 vol.
— *La vieille roche*, 3 vol. :
   Le mari imprévu. 1 vol.
   Les vacances de la comtesse. 1 vol.
   Le marquis de Lanrose. 1 vol.
— *L'infâme*. 1 vol.
— *Le Fellah*. 1 vol.
— *Tolla*. 1 vol.

BARNUM P. T. : *Les Mémoires de Barnum, amuseur des peuples, autobiographie*, par J. Scudan. 1 vol.

BERNARDIN DE SAINT-PIERRE : *Paul et Virginie*. 1 vol.

BRUELLE (E.) : *Les houilleurs de Polignies*. 1 vol.

CHERBULIEZ (V., de l'Académie française) :
— *Prosper Randoce*. 1 vol.
— *Paule Méré*. 1 vol.
— *Le roman d'une honnête femme*. 1 vol.
— *L'aventure de Ladislas Bolski*. 1 vol.

CHERBULIEZ (V.), *suite* : *La revanche de Joseph Noirel*. 1 vol.
— *Meta Holdenis*. 1 vol.
— *Miss Rovel*. 1 vol.
— *Noirs et Rouges*. 1 vol.
— *La ferme du Choquard*. 1 vol.
— *Une gageure*. 1 vol.
— *Profils étrangers*. 1 vol.

ENAULT (L.) : *Les perles noires*. 2 vol.
— *Le baptême du sang*. 2 vol.
— *L'amour et la guerre*. 2 vol.

FION : *Contes du Centenaire*. 1 vol.

HOUSSAYE (A.) : *Sculpteurs. — Peintres. — Musiciens*. 1 vol.

LAS CASES (Comte de) : *Souvenirs de l'empereur Napoléon Ier*. 1 vol.

MARCO DE SAINT-HILAIRE (E.) : *Anecdotes du temps de Napoléon Ier*. 1 vol.

TOPFFER : *Nouvelles genevoises*. 1 vol.
— *Rosa et Gertrude*. 1 vol.
— *Le presbytère*. 1 vol.
— *Réflexions et menus propos d'un peintre genevois*. 1 vol.

10546. — Coulommiers. Imp. PAUL BRODARD. — 8-95.

ALSACE

OUVRAGES DU MÊME AUTEUR
PUBLIÉS PAR LA LIBRAIRIE HACHETTE ET Cⁱᵉ

BIBLIOTHÈQUE VARIÉE, FORMAT IN-16 BROCHÉ
PREMIÈRE SÉRIE A 3 FR. 50 LE VOLUME

La Grèce contemporaine; 11ᵉ édition. Un vol.
   Le même ouvrage, édition illustrée, 4 fr.
Le Turco. — Le Bal des artistes. — Le Poivre. — L'Ouverture au château. — Tout Paris. — La Chambre d'ami. — Chasse allemande. — L'Inspection générale. — Les Cinq Perles; 8ᵉ édition. Un vol.
Madelon; 11ᵉ édition. Un vol.
Le Roman d'un brave homme; 60ᵉ mille. Un vol.

TROISIÈME SÉRIE A 2 FR. LE VOLUME

Germaine; 65ᵉ mille. Un vol.
Le Roi des montagnes; 84ᵉ mille. Un vol.
Les Mariages de Paris; 84ᵉ mille. Un vol.
L'Homme a l'oreille cassée; 55ᵉ mille. Un vol.
Maître Pierre; 13ᵉ édition. Un vol.
Trente et quarante. — Sans Dot. — Les Parents de Bernard; 50ᵉ mille. Un vol.

QUATRIÈME SÉRIE A 1 FR. LE VOLUME

Alsace (1871-1872); 10ᵉ édition. Un vol.
Les Mariages de province; 10ᵉ édition. Un vol.
La Vieille Roche. Trois parties qui se vendent séparément :
   1ʳᵉ partie : *Le Mari imprévu*; 7ᵉ édition. Un vol.
   2ᵉ partie : *Les Vacances de la Comtesse*; 6ᵉ édit. Un vol.
   3ᵉ partie : *Le marquis de Lanrose*; 5ᵉ édition. Un vol.
Le Fellah; 8ᵉ édition. Un vol.
L'Infame; 4ᵉ édition. Un vol.
Tolla; 50ᵉ mille. Un vol.

FORMAT IN-8

Le Roman d'un brave homme. Un vol. illustré de 53 compositions par Adrien Marie; broché, 7 fr.; — relié, 9 fr.
L'Homme a l'oreille cassée. Un vol. illustré de 61 compositions par Eugène Courboin; broché, 7 fr.; — relié, 10 fr.
Tolla. Un volume petit in-4°, illustré de 10 planches hors texte, gravées sur bois d'après F. de Myrbach, d'un portrait de l'auteur d'après P. Baudry et de 35 ornements par A. Giraldon, gravés sur bois et tirés en trois tons. Il a été tiré 900 exemplaires numérotés, dont 600 exemplaires sur papier vélin du Marais (301 à 900) avec deux planches hors texte. Prix, broché .... 20 fr.
Trente et Quarante. Un vol. in-8 jésus, contenant des dessins de H. Vogel et des ornements de A. Giraldon, gravés à l'eau-forte typographique. Broché, 40 fr. — Relié .... 50 fr.

1094-05. — Coulommiers. Imp. Paul BRODARD. — 9-05.

E. ABOUT

ALSACE

1871-1872

DIXIÈME ÉDITION

PARIS
LIBRAIRIE HACHETTE ET Cie
79, BOULEVARD SAINT-GERMAIN, 79

1905

Droits de traduction et de reproduction réservés

A MON FILS

POUR QU'IL SE SOUVIENNE

1871

AVANT-PROPOS

Le malheur, un malheur cruellement logique et où la fatalité n'est pour rien, a voulu que la France fût vaincue en 1870, démembrée en 1871.

Par la révolution de Février, nous avions obtenu le suffrage universel, que personne ne désirait ni ne connaissait chez nous. Le suffrage universel, introduit sans préparation chez un peuple ignorant, peu lettré et généralement monarchique, courut d'instinct au despotisme. Si le 2 décembre fut un crime, ce crime eut presque autant de complices qu'il y avait d'électeurs dans le pays. Nous n'avons pas le droit d'oublier qu'au mois de mai de l'année dernière, sept millions trois cent mille électeurs, parmi lesquels M. Guizot, cette gloire, et M. Laboulaye, cette lumière, confiaient les destins de la France au bon plaisir de Napoléon III.

L'empereur n'était plus jeune, et il était infatué au plus haut point par une succession de victoires faciles. Il croyait à son étoile, à son génie, au canon de bronze rayé, au fusil Chassepot, à la mitrailleuse de Meudon, à la supériorité d'une armée qu'il avait énervée lui-même en remplaçant les vieux ressorts du devoir et de l'honneur par un misérable intérêt d'argent. Aigri, depuis quatre ans, par son mécompte de Sadowa, et directement provoqué par l'intrigue des Prussiens en Espagne, il ne sut pas se contenter d'une victoire diplomatique qui laissait son prestige intact. Il se jeta tête baissée, et nous tous avec lui, dans une nouvelle aventure, où la valeur de nos troupes ne pouvait contre-balancer ni la supériorité du nombre, ni l'armement, ni la tactique de l'ennemi. Cette guerre, étourdiment déclarée, fut conduite au début avec une mollesse et une irrésolution qui livrèrent nos armées, l'une après l'autre, quand notre unique chance de salut était dans la vivacité de l'attaque.

La camarilla militaire délibérait encore sur l'opportunité d'envahir l'Allemagne par tel ou tel point de la frontière, que déjà nous étions nous-mêmes envahis. Vaincus à Wissembourg, à Reichshoffen, à Forbach, à Sedan, nous n'avions plus qu'à traiter de la paix, à payer nos erreurs et à recommencer notre éducation politique et militaire. Paris en décida autrement ; on croyait encore à Paris et dans presque toute la France à l'improvisation des armées, à la supériorité de la passion sur la discipline, à la sainte et irrésistible furie de *la Marseillaise :* on fit donc une révolution, et la légende de 1792 acheva notre ruine, que la parodie de 1806 n'avait que trop bien commencée. L'idée républicaine, qui se flattait de tout renverser devant elle, n'empêcha ni la chute de Strasbourg, ni la chute de Metz, ni la chute de Paris. A la fin de janvier, après des efforts héroïques et de sublimes dévouements, il ne nous restait plus que l'alternative de capituler en masse, ou de laisser les Allemands poursuivre jusqu'aux Alpes et aux Pyrénées leur pillage et leur dévastation méthodiques. La nation, consultée, se voila la face et vota la paix.

Notre détresse était alors si grande et notre accablement si profond, que les plénipotentiaires français purent à peine discuter, pour la forme, les conditions dictées par l'ennemi. Nos routes ouvertes, nos places de guerre occupées, les forts de Paris rendus, la capitale entourée de canons qui pouvaient la brûler en deux heures, toutes les circonstances du traité de Versailles, nous livraient pieds et poings liés à la discrétion du vainqueur.

L'Europe, que nous avons troublée quelquefois, j'en conviens, mais que nous avons plus souvent aidée, servie et secourue avec un dévouement assez chevaleresque, ne se souvenait que de nos torts. Nos voisins les plus proches et nos amis les plus obligés se désintéressaient avec affectation de la querelle; ils semblaient résignés d'avance à notre anéantissement, comme si l'existence d'une nation française était indifférente à l'équilibre des puissances. Personne ne s'entremit, pas une voix ne s'éleva pour réclamer en notre faveur des conditions tolérables. L'empereur d'Allemagne fit de nous ce qu'il voulut.

Il lui plut de nous arracher non-seulement nos épargnes d'un demi-siècle, mais trois départements et demi : toute l'Alsace et un vaste lambeau de la Lorraine.

Les philosophes de cour qui, dit-on, pullulent à Berlin, sauront justifier la conquête de nos cinq milliards et montrer par quels caractères elle se distingue d'un simple vol à main armée. Il n'entre pas dans mon plan de les suivre sur ce terrain ; c'est exclusivement l'annexion qui m'occupe.

Si l'empereur Guillaume n'avait voulu, comme on l'a dit plusieurs fois en son nom, que procurer la paix future et la sécurité de son peuple, incessamment menacée par la France, il avait au lendemain de la victoire une belle occasion sous la main. Une nécessité politique d'ordre supérieur veut que le Rhin soit libre dans tout son cours et que depuis la Suisse jusqu'à la Hollande une série ou une confédération de petits États neutres, non militaires, placés sous la protection collective de l'Europe, s'interpose comme un tampon de choc entre les Allemands et nous. L'empereur Guillaume pouvait se faire l'exécuteur de cette loi fatale, et l'appliquant à son profit contre la France, tracer une ligne pacifique, sans garnisons ni forteresses, depuis Bâle jusqu'à Luxembourg. S'il eût créé une nouvelle Suisse à nos dépens, l'unité, la grandeur et la prospérité du nouvel empire germanique se trouvaient garanties contre un retour prochain de la fortune. L'hégémonie prussienne, mieux abritée par une frontière inviolable que par toutes les forteresses du monde, avait des années devant elle pour consolider l'édifice qu'elle a échafaudé *per fas et nefas* en quelques mois.

Dans cette hypothèse, qui fut vraisemblable un moment, c'en était fait pour toujours de la vieille unité française. Deux millions de Français, émancipés sans l'avoir voulu, se seraient résignés à la longue. Les déchirures qui ont pour effet de créer un être autonome se cicatrisent naturellement. On ne se sépare pas sans regret d'une patrie aussi belle et aussi glorieuse que la France, mais il n'est pas humiliant de n'appartenir qu'à soi-même, de se donner les institutions les plus libérales de l'Europe, de vivre sur sa propre richesse, de se soustraire aux charges d'un passé ruineux et aux menaces d'un avenir tout noir d'orages, de former un petit peuple indépendant, éclairé, laborieux, honnête, pacifique et prospère.

Il n'est pas facile de dire ce que notre pays eût pensé et résolu au lendemain d'un tel fait. Qui sait si cette France meurtrie, rançonnée et démembrée ne se fût pas, elle aussi, résignée à son triste sort? Les vieilles nations sont sujettes à s'endormir dans leur infortune lorsqu'elle n'est ni tout à fait honteuse ni absolument intolérable : témoin l'Autriche après Sadowa. Le vainqueur ayant eu l'esprit de la laisser intacte, elle est rentrée tout doucement dans ses habitudes, comme si la guerre ne lui avait rien coûté; en effet, elle n'avait perdu que sa prépondérance en Allemagne. Nous-mêmes, malgré la légitime vivacité de nos ressentiments, nous étions hommes à signer une paix durable et mortelle pour nous, si l'Allemagne n'eût pris nos provinces. Du moins y aurions-nous regardé à deux fois avant de troubler de nouveau la tranquillité européenne et d'envahir à main armée l'Alsace et la Lorraine libres, neutres et sacrées. Nos diplomates ont dit et répété dans leurs conférences avec le vainqueur : « Renoncez à nous conquérir, et vous ferez une paix durable. »

La paix durable, c'était la fin de nos grandeurs et la France réduite à l'état de puissance secondaire. L'égoïsme, la paresse et la lâcheté n'attendaient pour nous achever que la signature d'une paix acceptable et par conséquent durable.

Heureusement pour notre honneur, les appétits rapaces de la Prusse ont obscurci en elle le sens politique. La sécurité du vainqueur était amplement garantie par l'interposition d'un État neutre entre la France ouverte et l'Allemagne fermée : les conseillers de l'empereur Guillaume ont voulu davantage. Ils se sont adjugé la frontière des Vosges, comme si leur nouvel empire ne pouvait être garanti que par une muraille de la Chine. Non contents d'interdire à notre armée le précieux recrutement qu'elle exerçait en Alsace, dans la Moselle et dans une moitié de la Meurthe, ils ont cru pouvoir s'assurer, d'un trait de plume, le concours militaire de jeunes et fortes générations, élevées à l'ombre du drapeau tricolore, et nourries du plus pur patriotisme français. Raisonnant par analogie, et tout fiers d'avoir prussifié en quatre ans leurs annexés de 1866, ils s'imaginent que les fils de l'Alsace et de la Lorraine entreront de plain-pied dans le pangermanisme, comme des Hanovriens ou des Francfortois. A force de dire et d'imprimer que, depuis Thionville jusqu'à Mulhouse, tous les Français sont Allemands, les hommes d'État de Berlin ont peut-être fini par se duper eux-mêmes : on croit si aisément ce qu'on désire!

On croit aussi ce que l'on craint : c'est une autre infirmité de la pauvre nature humaine, qui en a tant de toute sorte. Et peut-être, à l'heure où j'écris, plus d'un bon citoyen, dans l'ouest, dans le centre ou dans le midi de la France, se demande-t-il avec anxiété si les nouveaux sujets de l'empire germanique ne s'acoquinent point à leur joug. Tout le monde n'a pas visité l'Alsace; et ceux-là mêmes qui l'ont traversée en chemin de fer ont pu être abusés par la surface des choses. Dans tel ou tel village de l'Est, un aéronaute tombé du ciel pouvait encore, l'an dernier, se croire en Allemagne. Toutes les apparences concouraient à cette illusion : langue, costumes, types, habitudes, aliments, boissons. Ce jargon rude et lourd, c'était bien l'allemand, personne n'en doutait; ces bonnes têtes carrées étaient des têtes allemandes ; ces longues redingotes, ces gilets rouges à cent boutons, ces tricornes surannés ou ces bonnets de fourrure, ces valses dans les granges, ces flots de bière et de vin blanc, ces pâtes noyées dans le beurre et ces saucisses enfouies dans la choucroûte, représentaient la vie allemande aux yeux de tout voyageur un peu pressé. Ajoutez une certaine défiance, une froideur visible dans les relations avec les *Welches*, c'est-à-dire les Français de l'intérieur. Des peintres et des romanciers en quête de couleur locale, et peu préoccupés d'une question politique qui semblait jugée sans appel, ont cru sincèrement à l'existence d'une petite Allemagne cousue à notre pays depuis deux siècles. Des publicistes qui habitaient et qui pensaient connaître à fond ces provinces de l'Est ont critiqué de bonne foi la faiblesse ou l'indifférence de tant de gouvernements successifs, dont pas un ne s'est donné la peine de franciser les Germains de l'Alsace. J'ai accrédité pour ma part cette opinion assez vraisemblable, et je croyais naguère encore, après une expérience de plusieurs années, que tel canton de notre cher pays était resté trop allemand par l'esprit, le langage et les mœurs.

Les grands exemples de patriotisme guerrier qui ont illustré l'Alsace française au début de ce siècle m'apparaissaient comme une héroïque anomalie, et peut-être n'ai-je pas été seul à les juger ainsi. D'autres que moi se sont sans doute demandé par quelle bizarrerie de la nature les Kellermann, les Kléber et les Rapp, avec leur sang, leurs mœurs et leur accent germanique, avaient été les meilleurs Français de la France.

Il est permis de supposer qu'aujourd'hui ce problème n'est pas entièrement résolu pour la totalité des Français, pour la majorité des Allemands, et pour l'Europe, spectatrice indifférente de nos malheurs, mais curieuse d'un avenir qui la touche. Nos voisins du Nord et du Sud qui ont tout permis contre nous, ne laissent pas de se demander, avec quelque intérêt, ce qu'il adviendra de l'Alsace ? si les populations nouvellement annexées se comporteront comme un Hanovre, ou comme une Pologne, ou comme une Vénétie ? Les peuples allemands, qui ont non-seulement approuvé, mais réclamé l'annexion de nos provinces, n'auraient point attaché de gaieté de cœur un vautour à leur flanc, s'ils ne se flattaient pas d'apprivoiser bientôt la bête peu farouche. Quant aux Français, victimes d'une guerre absurde dans son principe et insensée dans sa persistance, ils se demandent avec anxiété quels sont les sentiments des provinces conquises.

S'il leur était prouvé que la plupart des nouveaux annexés acceptent avec indifférence ou même avec résignation un changement de patrie, la revendication ne serait plus pour eux qu'une affaire de passion ou d'intérêt, elle n'emporterait pas le caractère impératif du devoir. Si, au contraire, il était reconnu que l'Alsace exècre la race allemande, que tous les annexés se désespèrent de n'être plus Français, qu'ils sont livrés à l'ennemi malgré eux, en expiation d'une grande folie nationale; qu'ils payent avec douleur, par une sorte de privilége inverse, les plébiscites de 1851, 1852 et 1870, notre devoir strict, absolu, serait de préparer dès aujourd'hui leur affranchissement, d'y penser à toute heure, et de subordonner nos autres affaires à celle-là. La question d'opportunité resterait entière, naturellement; il n'y a pas de devoir si urgent dans la vie qu'il faille y satisfaire par le suicide. Mais je crois puéril de montrer aux hommes de bon sens que deux routes s'ouvrent devant nous, selon que les Français détachés de la mère patrie se résignent à leur nouvelle condition, ou qu'ils nous tendent des bras désespérés en nous appelant à leur aide.

Lorrain par le hasard de la naissance, Alsacien par mon choix et par une résidence de douze années, j'ai vu l'Allemagne confisquer d'un seul coup mon pays natal et mon pays d'adoption, les deux petites villes de Dieuze et de Saverne.

Je croirais faire injure à mes compatriotes de la Lorraine en prouvant qu'ils sont Français, bien Français jusque dans la moelle des os et qu'ils n'ont pas une goutte de sang qui n'appartienne à la patrie française. On ne démontre pas l'évidence. L'Allemagne elle-même ne se fait pas d'illusion sur ce point; elle s'est toujours attendue à rencontrer dans la Meurthe et dans la Moselle une exécration unanime et une résistance infatigable. Quoiqu'elle ait pris la peine de faire imprimer jusqu'à Londres des mensonges historiques et géographiques qui suivent l'annexion pied à pied en la justifiant, il est clair qu'elle n'eût pas songé à conquérir un seul arpent de la Lorraine si elle n'avait pris l'Alsace avec le ferme espoir de la germaniser. Il n'y a donc pas en Europe une question lorraine, puisque les sentiments actuels et futurs de la Lorraine ne font doute pour personne. Mais il y a une question alsacienne que je me suis donné la tâche d'étudier sur place. Pendant tout près d'un mois, j'ai quitté non-seulement Paris, mais les affaires, les idées, les préoccupations de toute sorte qui emplissent et troublent la vie parisienne. Je n'ai pas lu un seul journal, je me suis désintéressé des polémiques, des intrigues, des rancunes et des ambitions que tous les vrais Français devraient bien oublier comme moi en présence d'une question de devoir national. Voici les impressions que j'ai recueillies pas à pas, au jour le jour. Je les livre au jugement de nos concitoyens, de nos amis et de nos ennemis. Si je mens d'un seul mot, je permets à M. de Bismark de traiter ma modeste maison de Saverne comme une villa de Saint-Cloud :

ALSACE

I

SAVERNE

28 *septembre* 1871. — Tous les services sont rétablis sur le chemin de Paris à Strasbourg, sauf la petite vitesse. Le train-poste du soir part à son heure accoutumée, et il arriverait exactement comme autrefois si la douane d'Avricourt ne l'arrêtait quarante ou cinquante minutes. Mais les voyageurs sont encore assez rares, et dans ce petit nombre peu de Français, pas un touriste. Personne ne va là-bas pour le plaisir d'y être. Où sont-ils les beaux jours de Bade! et cette élégante cohue qu'on entassait dans les trains dou-

blés et triplés? La Compagnie de l'Est pourrait seule nous dire ce que la guerre lui coûte.

Ce qu'elle ne dit pas, mais ce que j'ai appris par cent indiscrétions alsaciennes ou lorraines, c'est la générosité dont elle use envers les émigrants. Cette pauvre compagnie, si rudement éprouvée, rapatrie à moitié prix, souvent pour rien, les familles et les mobiliers de nos petits fonctionnaires nécessiteux. Ses directeurs et ses agents sont devenus, par la force des choses, les confidents de douleurs et de misères sans nombre; ses guichets reçoivent chaque jour des confessions déchirantes, et l'on y exerce à petit bruit une générosité vraiment patriotique. Les actionnaires s'en plaindront-ils? Non certes. Les bénédictions des pauvres et la reconnaissance du pays ne sont pas un dividende à mépriser.

Presque tous ceux que j'ai connus et aimés à Saverne en sont partis depuis longtemps. Mais ce n'est pas la peur de quelques journées solitaires qui m'étreint le cœur au départ; c'est le doute, c'est l'angoisse de ce redoutable peut-être que je m'en vais chercher auprès du vieux nid abandonné.

Home! sweet home! Pendant douze ou treize ans, mes travaux, mes plaisirs, mes affections, toute ma vie morale a gravité autour de Saverne. Tous mes enfants y sont nés, non par hasard, mais parce que nous voulions qu'ils fussent Alsaciens. Nous nous disions : Paris n'est pas une patrie ; on n'y a ni concitoyens, ni voisins, ni compagnons d'enfance : personne ne vous sait gré d'être né à Paris. En province, l'enfant du pays est quelque peu le frère et le fils de tout le monde ; chacun s'intéresse à ses progrès ; tous les regards, tous les vœux l'accompagnent dans la vie. Si les commencements sont difficiles, une municipalité maternelle ne refuse pas un peu d'appui. Plus tard, à l'âge des ambitions, on trouve dans la petite ville natale un terrain tout battu, des partisans tout faits, des dévouements à toute épreuve. C'est là qu'on vous sait gré de vos succès, comme si les voisins et les amis en avaient leur part ; on y devient grand homme à bon marché ; les anciens rivaux de collège n'attendent qu'un prétexte un peu décent pour vous dresser une statue. Voilà le beau raisonnement qui m'a conduit à faire souche de petits Savernois. Maintenant, il faut que je retourne à la mairie pour réclamer à leur profit la nationalité française : faute de cette déclaration, ils seraient Allemands de plein droit.

Au temps où nous allions chez nous en dix heures sans rencontrer un factionnaire allemand à toutes les gares, cette nuit de voyage était pour moi un plaisir sans fatigue. On s'endormait à Meaux en savourant par avance la joie du lendemain, et, malgré quelques cahots, on ne faisait qu'un somme jusqu'à Nancy. Là on s'éveillait tout exprès pour entendre ce brave accent lorrain, dont j'ai eu tant de peine à me défaire au collège, mais que j'apprécie en connaisseur dans la bouche d'autrui. Dès ce moment, mes yeux ne quittaient plus le paysage, et je ne me lassais point d'admirer la richesse un peu monotone de ce vieux sol lorrain qui m'a nourri.

Je reconnaissais les bons prés, je saluais en ami les fortes terres rouges, terres à blé qu'un attelage de six chevaux n'entame pas toujours sans peine ; j'encourageais du regard les jeunes houblonnières, nouvel espoir de nos pays ; je fronçais le sourcil devant les betteraves à sucre, gros revenu de quelques années avec la ruine au bout ; j'assistais au réveil des troupeaux de moutons dans leurs parcs, et je voyais le berger sortir tout ébaubi de sa maison roulante. Bientôt les deux clochers de Lunéville apparaissaient sur l'horizon ; style bourgeois, lourd, ampoulé, cossu, bonhomme au demeurant : c'est l'architecture des jésuites.

Les jardinets soignés, ratissés, taillés, émondés qui entourent la ville, me reportaient à mon enfance. Je n'ai jamais pu voir un potager correct sans penser à mon grand-père, excellent homme et parfait jardinier. La station d'Avricourt, où l'on s'arrêtait trois minutes, m'inspirait chaque fois une vive tentation de descendre : Avricourt est la tête d'une petite ligne qui mène à Dieuze, mon pays natal. Un jour, je ne sais quand, j'y ai vu un train en partance ; le conducteur criait de ce ton goguenard et cordial qui caractérise l'esprit lorrain : « Allons, les gens de Dieuze, en voiture! » Je répondis d'instinct, sans songer : « Les gens de Dieuze? mais j'en suis ! »

On arrivait ensuite à Sarrebourg, aujourd'hui Saarburg, une aimable petite ville bien gaie, bien riante, et particulièrement française, en dépit de son nom germanique. Deux jolies filles, aux dents éblouissantes, tenaient un buffet en plein vent, sur le quai de la voie. Quelques voyageurs descendaient pour les admirer de tout près, sous prétexte de boire un coup. Nous embarquions une demi-douzaine de marchands de bétail, tous enfants d'Israël, et le train se précipitait vers la grande traversée des Vosges. Six tunnels à la file : que de fois je les ai comptés ! Dès le premier, je me sentais chez moi ; c'était une avant-porte de la maison ; j'étais enfin dans nos montagnes de grès rouge. En débouchant dans la première vallée, après deux minutes de nuit noire, on voit à gauche, sous ses pieds, un petit filet d'eau, la Zorn, qui grossit à vue d'œil et devient une rivière avant Saverne. La Zorn, le chemin de fer, le canal de la Marne au Rhin et une route vicinale s'entre-croisent, se coupent, se chevauchent tour à tour durant un bon quart d'heure : rien de plus pittoresque et de plus gai que ce lacis de communications serrées dans un espace trop étroit. Les montagnes s'élèvent à pic sur la droite et sur la gauche, avec force sapins et une profusion de rochers moussus, sans parler des genêts d'or et des bruyères roses.

Le quatrième tunnel est creusé sous le château de Lutzelbourg, un monument historique que j'ai marchandé bien des fois, tantôt pour Gustave Doré, tantôt pour Hippolyte Taine. C'est un plateau d'un hectare et demi avec deux tours carrées, dont la moindre fournirait les matériaux d'une vaste maison. Le tout ensemble s'est payé autrefois 350 fr., frais compris, mais le propriétaire, un vieux madré, ne se décidait pas à revendre. Je mourrai donc probablement sans avoir eu la gloire d'acheter un château sur mes économies pour l'offrir à un artiste ou à un écrivain.

Sur les sept heures du matin, sauf accident, le train, l'heureux train du bon temps, débouchait dans la plaine, au-dessous de Saverne, et, deux minutes avant l'arrêt, je voyais sur la gauche, au milieu d'une étroite vallée, un pignon à demi caché dans les arbres : *home ! sweet home !* voilà le nid !

Autre temps, autre voyage. D'abord, au lieu de m'endormir franchement, sans autre idée que l'impatience du lendemain, j'ai ruminé toute la nuit dans l'amertume de mon cœur les dernières nouvelles qui nous sont venues de Saverne. Un misanthrope alsacien m'écrivait le mois passé : « Ces gens-là sont devenus plus Prussiens que la Prusse! » A l'appui de son dire, il m'envoyait la copie typographique d'une pétition adressée par tous les notables de la ville au chancelier de l'empire. Sur un faux bruit, habilement semé par le vainqueur, les Savernois ont cru qu'ils étaient menacés de perdre leur tribunal : ils se jettent aux pieds de M. de Bismark; ils adorent la majesté de l'empereur Guillaume; ils ne craignent pas de dire : « Nos origines, nos noms, nos mœurs, nos cœurs sont allemands... » Est-il possible! Tous ces hommes de bien, que j'ai connus et pratiqués longtemps dans une certaine intimité, n'auraient été Français que de nom? Il aurait donc suffi d'un coup de sabre pour rompre les liens qui les attachaient à la patrie?

Au fait, je me souviens qu'ils n'étaient pas bien tendres pour nous autres qui ne parlions point leur patois. Les gros messieurs du pays, lorsque j'ai débarqué chez eux en 1858, ne m'ont-ils pas reçu à coups de fourche? Si je n'ai point inauguré de ma personne la prison neuve de la ville, une prison cellulaire s'il vous plaît! c'est à leur grand dépit et plus d'un ne s'en console pas encore.

Ce souvenir en appelle d'autres qui font groupe et se prêtent un mutuel appui. N'ai-je pas vu, de mes yeux vu, quatre uhlans s'emparer de la ville, quoiqu'elle eût organisé et armé à grand orchestre une compagnie de francs-tireurs? Les visages qui se pressaient dans la rue autour de ces quatre hommes exprimaient plus d'étonnement et de curiosité que de douleur ou de colère. Longtemps après ce triste jour, au plus fort de la guerre, j'ai entendu conter je ne sais quelles histoires de trahison. Un bourgeois de Saverne aurait dénoncé des soldats convalescents qui s'apprêtaient à quitter l'ambulance pour rallier le drapeau national. Un autre aurait aidé nos ennemis à rétablir la voie ferrée en leur révélant la carrière où l'on avait caché les rails. De tels crimes sont à peine croyables; on les a peut-être inventés pour refroidir les cœurs français qui restent fidèles à l'Alsace.

Mais ce qui n'est nullement inventé, c'est la défection scandaleuse de M. Kern, procureur impérial à Saverne. Je l'ai connu, celui-là, je lui ai parlé; je vois d'ici son petit corps sec, sa figure de bois, son regard froid, sa physionomie piétiste. Je l'entends chanter la romance sentimentale au piano de la sous-préfecture avec un accent qui rappelle le bon gendarme de Nadaud. Est-ce qu'il chante encore aujourd'hui? Il n'y a pas à douter d'un fait officiel. Ce petit monsieur, qui a eu l'honneur d'incarner la loi française dans son ingrate personne, s'est enrôlé spontanément dans la magistrature allemande. Quelle excuse peut-il alléguer? Il était déjà replacé par le garde des sceaux, et avec avancement. Il est riche, très-riche, on dit même trop riche. Et c'est au sortir de Saverne qu'il a signé cette glorieuse désertion. Quel air avait-il respiré? le milieu de Saverne était donc devenu terriblement malsain?

Eh bien non! quelque chose se révolte en moi contre une telle pensée. Les Savernois sont loin d'être parfaits, ils m'ont souvent mis en colère; mais je ne puis pas croire qu'ils aient trahi la patrie, et je ne les mépriserai pas sans un effort énorme. Tenez! cette inqualifiable pétition où ils déclarent leur amour à la Prusse ne me persuade point. Je la flaire suspecte, quoiqu'elle semble aussi authentique que la nomination du petit Korn. On m'affirme que le maire y a écrit son nom avant tous les notables de la ville; mais ce maire, c'est l'avocat Gustave Ostermann, un cœur droit, un caractère honnête et ferme, malgré la typhoïde qui a failli le mettre en terre l'an passé. Il représentait le Bas-Rhin à l'Assemblée nationale de Bordeaux, et il y a fait son devoir avec les autres députés de la Lorraine et de l'Alsace en votant contre la paix, de même que les représentants du Nord, du Sud, de l'Ouest et du Centre ont fait leur devoir en votant contre la guerre.

L'avocat Ostermann, qui défend pied à pied les intérêts de la commune contre les proconsuls allemands, n'a pas pu se donner sciemment un tel démenti à lui-même. Il y a quelque chose là dessous. J'en aurai le cœur net en arrivant à Saverne.

Tandis que je débats ces graves questions dans le recueillement de la nuit, le train marche. Nous traversons la gare de Nancy, qui n'a jamais été si morne, même à quatre heures du matin. Une aurore triste et pluvieuse éclaire insensiblement les campagnes : à Blainville, il fait petit jour ; j'y remarque un bureau des postes allemandes où quelques étrangers en casquette d'uniforme brassent les lettres à pleins sacs. C'est la France qui fait partout les frais de ce service; nos vainqueurs ont exigé une poste pour eux seuls, et gratuite encore. S'ils sont loin de leur pays, c'est notre faute, disent-ils, c'est nous qui les avons attirés sur notre territoire; la charge des communications qu'ils entretiennent avec leurs gouvernements et leurs familles ne doit peser que sur nous. Amen! Force nous est de dire amen à tout, puisque nous ne sommes pas les plus forts.

Les voyageurs descendent à la station d'Avricourt, comme autrefois à Kehl pour la visite des bagages. La douane allemande est là. Sur une baraque de planches on voit flotter le nouvel étendard de la Confédération germanique; il est noir, blanc et rouge, par bandes horizontales. C'est le drapeau tricolore en deuil. La bande supérieure nous rappelle que 100,000 Français dans la force de l'âge, sains de corps et d'esprit, sont morts en quelques mois sur les champs de bataille, aux ambulances et dans les hôpitaux militaires. Au moment où j'allais remonter en voiture, j'ai entendu une grosse voix joviale et brutale, qui terminait je ne sais quelle discussion en disant : « Mossié, vous n'êtes plus en France. » Les conducteurs français nous quittent; on est tenté de leur dire adieu et de leur serrer la main; ils sont remplacés par des hommes qui ne savent pas un mot de notre langue.

Voilà pourtant le petit chemin de fer qui mène à Dieuze, voilà les belles plaines savamment cultivées et un fort attelage qui prélude aux emblavures d'automne en déchirant la terre rouge. Les petits villages aux murs blancs, aux couvertures de tuile brunie, nous sourient comme autrefois derrière leurs vergers. Rien n'est changé que le drapeau, mais le drapeau, c'est tout pour l'homme qui comprend le saint mot de patrie. Et dire qu'au printemps de 1870, il y a dix-huit mois, les vieilles tirades sur le drapeau nous faisaient sourire! Il est presque miraculeux que les petits théâtres à la mode n'aient pas fait litière de cela comme de tant d'autres nobles choses. Ah! nous sommes mal nés, dans un temps trop serein, trop pacifique et trop confortable surtout! Il faut réagir maintenant, se refaire le sens moral, et devenir, s'il se peut, d'autres hommes.

La Lorraine s'enfuit grand train derrière nous, Sarrebourg est dépassé, les tunnels, les vallées, les montagnes, les forêts se succèdent. Quelles forêts la France avait là! quelle richesse nous avons perdue! L'Allemagne nous prend la neuvième partie de notre sol forestier comme étendue, et la sixième partie comme valeur. C'est un capital de 250 millions, selon l'estimation la plus modérée, que nous abandonnons à l'ennemi : et personne n'a songé à le rabattre sur la rançon de cinq milliards.

Enfin, voici la gare de Saverne. J'y connaissais tout le monde autrefois ; maintenant, plus personne. Il n'y a que nouveaux visages et la casquette prussienne sur toutes les têtes. Cependant je retrouve un bon vieux qui prend des sacs de dépêches pour les porter à la poste. « Vous êtes donc devenu Prussien, mon brave homme? » Il ôte la maudite coiffure, la tortille dans ses mains, la regarde piteusement, et répond : « Oui, j'ai pris ça pour vivre, mais j'en ai déjà assez, et je m'en vais bientôt en France. »

Je suis arrivé un jeudi, jour de marché; le mouvement accoutumé emplit la grand'rue. Les paysans des villages voisins font trotter leurs longues charrettes ; je rencontre deux ou trois femmes qui bercent des cochons de lait dans leurs tabliers en leur disant des paroles consolantes. On aperçoit aussi quelques soldats allemands sur le seuil des portes ; ils sont tout habillés de noir avec des passementeries noires. L'uniforme n'est ni beau, ni bien tenu. Ces hommes appartiennent au contingent du Brunswick; ils logent encore chez l'habitant, c'est tout ce que j'en ai appris sur mon passage. Du reste, je ne fais que traverser la basse ville pour gagner la campagne au plus vite et revoir ma chère maison.

Les habitants d'Auteuil, d'Asnières, de Saint-Cloud et de cent autres villes et villages qui ont éprouvé l'effet du pétrole et des obus, seront sans doute moins tentés de plaindre que d'envier un propriétaire dont la maison et le mobilier sont intacts en pays conquis. Je sais d'avance que je retrouverai tout mon petit domaine en bon état, même les caves! Nos pertes matérielles se résument dans une somme ronde à payer chez l'aubergiste pour logement et nourriture de soldats.

Nous ne sommes donc pas malheureux dans le sens vulgaire du mot; si nous l'étions, je ne prendrais pas la peine de l'écrire : les plaies d'argent ne sont pas dignes d'attirer l'attention du public. Je ne sais même pas jusqu'à quel point un simple prosateur est en droit d'imprimer l'analyse de ses douleurs morales, comme de grands poëtes l'ont fait avec gloire. La familiarité de la forme donnerait à ce genre de confidences quelque chose de bas ; on aurait l'air de convertir en boudin le sang de ses propres veines pour en régaler les lecteurs. Si je parle en mon nom et si je conte ici des choses qui me touchent, c'est parce que je suis un témoin et que le témoin ne saurait rien voir d'aussi près que ses affaires privées. De quelque détail qu'il s'agisse, il n'y a qu'une question sur le tapis, la question alsacienne ; qu'un personnage en scène, l'Alsace.

Il est assez indifférent au public de savoir que tel homme est forcé de vendre, de louer ou de fermer une maison où il avait ses souvenirs et ses habitudes. Mais, lorsque le cas se généralise, quand des centaines, des milliers de pères de famille, frappés du même coup, regrettent par moments que leur maison ne soit pas en ruines sur le territoire français où l'on pourrait au moins la rebâtir ; quand, sur une longueur de 150 kilomètres, tous les bons citoyens se demandent s'il faut émigrer, ou s'ils peuvent rester chez eux sans trahison ni faiblesse, alors les côtés personnels de la question s'effacent : on n'aperçoit plus que le vieux cœur humain tiraillé en tous sens par le sentiment, l'intérêt et le devoir.

En approchant de cette pauvre *Schlitte* (c'est ainsi que nous appelions la maison entre nous) j'éprouve exactement la même émotion que si j'allais revoir, après une longue absence, un ami mortellement malade. La joie de le retrouver pour un moment est empoisonnée par la certitude de le perdre bientôt pour toujours.

Un gazon court et dru commence à poindre dans notre petit chemin des noyers, où la circulation était si active autrefois. Voici l'ancien bâtiment de la serre où l'on a fait des chambres d'amis, que les amis n'ont pas eu le temps d'habiter. Il y avait là une enseigne, une magnifique enseigne de fer forgé, découverte à Bouxviller par Charles Marchal, le joyeux peintre. L'archéologue Dagobert Fischer a publié toute une dissertation, dans un journal franco-allemand, sur cette vénérable ferraille. Elle portait les armes de la principauté de Hanau, enrichie par mes soins d'une devise nouvelle : *Amicis*. En effet, cette enseigne indiquait l'auberge de nos amis. On l'a rentrée dès les premiers jours de l'invasion, parce que les Prussiens la prenaient trop au sérieux et venaient demander à boire. Une inscription d'un tout autre style décore la grille de bois : *Verbotener Eingang* : Entrée défendue... aux vainqueurs.

Cette grille est ouverte, la maison fermée, le jardinier absent pour cause de marché, les clefs en ville chez un ami : personne n'attendait notre arrivée. Nous sommes accueillis par les menaces d'un de nos chiens qui montre les dents, et par les cris horribles d'une douzaine de paons effarés qui s'envolent jusqu'à la forêt voisine. Ce sont les seuls vivants que nous ayons rencontrés dans ce lieu naguère encore plein de vie, de bruit et de gaieté. En revanche, la végétation s'est donné carrière. Les glycines, les vignes vierges et les treilles qui tapissent la maison ne se contentent pas d'occuper tous les murs, elles se glissent entre les feuilles des persiennes, qu'il faudra dégager à coups de serpe avant d'ouvrir. Les arbres du jardin, surtout les jeunes que nous avons plantés nous-même, ont grandi follement : je suis confondu des progrès qu'ils ont pu faire dans une année; il est vrai que je n'avais pas eu le temps de les regarder l'année dernière, et qu'en réalité mon attention est absente ici depuis l'automne de 1869. Les herbes sont hautes et drues, surtout dans les allées; on y ferait paître un troupeau. Quelques vignes, négligées comme tout le reste, sont devenues folles; elles grimpent aux arbres et suspendent leurs grappillons chétifs aux branches des cerisiers. Peu de fleurs dans les corbeilles à demi effacées, les plantes exotiques sont mortes ou ma-

Indes. Le jardinier, un honnête paysan qui n'entend rien aux choses de luxe, a concentré son attention sur les navets et les choux. Ses élèves lui font honneur, mais presque tous les rosiers que nous avions greffés de nos mains ont repris l'apparence agreste et les mœurs farouches de l'églantier.

Et les asters bleuâtres qui pullulent! est-ce une dérision du sort? Il faut vous dire que ces asters étaient les seules fleurs du jardin en 1858, quand j'y entrai pour la première fois. J'achetais une propriété délaissée depuis longtemps, où tout avait péri, sauf la maison, les arbres et ces asters bleuâtres qui ne demandent aucun soin. Je fus frappé de leur vigueur, sans les admirer autrement, car ce sont des fleurs assez laides et parfaitement vulgaires, et je les supprimai presque aussitôt. Il y avait à la même époque une nappe de lentilles d'eau qui couvrait un petit étang d'un demi-arpent et lui donnait une physionomie par trop mélancolique. On peupla cette eau de canards variés; on y mit un couple de cygnes, et les lentilles disparurent comme par miracle. Aujourd'hui que je reviens dire adieu à ma pauvre maison, je retrouve les asters bleuâtres en pleine fleur et le petit étang complétement voilé par les lentilles d'eau. Effort, patience et dépense, tout ce que nous avons fait ici en douze ans a presque disparu. C'est merveille de voir comme la nature revient à ses plans aussitôt que nous cessons de la soumettre aux nôtres, et comme les choses auxquelles nous sommes le plus intimement attachés se passent aisément de nous!

Quelques coups de fusil Dreyse, tirés à intervalles égaux, m'arrachent à ma rêverie. Les soldats ont établi une cible au fond de ma petite vallée; ils s'y exercent depuis huit heures du matin jusqu'à six heures du soir. Le voisinage d'un tir n'est jamais agréable, mais la décharge lente, méthodique, cadencée de ces gros fusils allemands me fait horreur. Je pense à ceux de nos amis que leurs balles ont tués, aux affections, aux espérances, aux gloires qu'elles nous ont ravies : à Gustave Lambert, qui, l'an dernier, chez nous, expliquait son prochain voyage à mes enfants et laissait son chemin tracé à la plume sur leur sphère; au sculpteur Cuvillier, à Henri Regnault ! Cette détonation du fusil Dreyse, prolongée par l'écho de nos montagnes, est déchirante pour un cœur françois. Il me semble que je vois un bûcheron de la Poméranie, blotti derrière son créneau, le long des murs de Buzenval, ajuster froidement la belle et fière tête de Regnault et la casser comme une poupée de tir avec un ricanement bête. Ceux qui s'exercent là, au bord de mon pré, sous les yeux d'un officier en gants blancs, ont fait la campagne de France. Ils n'étaient pas nos ennemis, on dit même qu'ils professent une vague sympathie pour nous et qu'ils murmurent contre la Prusse. Mais ils lui ont servi d'instruments très-perfectionnés, car ils ont le coup d'œil juste : leurs balles hachent la cible à 400 mètres. Si vous êtes jamais allé aux Folies-Dramatiques, vous avez dû rencontrer le souverain de ces gens-là, j'entends leur souverain légitime et déchu. C'est un vieillard fardé qui porte des diamants et des perruques de soie, et qui s'étale aux avant-scènes avec des filles pour qu'on le croie meilleur qu'il n'est.

Mais on vient me chercher au fond du jardin : les clefs sont arrivées et la maison ouverte. J'y cours et naturellement je vais droit à mon cabinet, à ce cher cabinet où j'ai tant lu, tant écrit, tant causé avec les artistes, les poètes et les savants qui m'ont fait l'amitié de s'y asseoir; ce cabinet où votre esprit, mon cher Dumas, a tiré de si beaux feux d'artifice ; ce cabinet où tu as accouché de tes premiers articles, mon cher Sarcey, lorsque tu n'avais pas le travail facile, l'esprit rapide et la main sûre comme aujourd'hui. Notre table massive y est toujours avec ce tapis de drap vert où tu as renversé notre gros encrier, que tu prenais pour une mouche.

Les deux premiers objets qui attirent mes yeux

sont la tête empaillée de Trick, mon pauvre terrier, et le spectre de Jupiter II, notre beau cygne. Jupiter Ier était mort de maladie vers 1866; il avait eu l'honneur d'être disséqué par l'Académie des sciences, dans la personne de Charles Robin. Dumas fils eut pitié de la veuve Léda et lui choisit un camarade au Jardin d'acclimatation. J'avais laissé l'heureux ménage en brillante santé l'année dernière. Tout a péri pendant l'hiver : Léda, étranglée sur la glace par une bête, Jupiter II foudroyé par un coup de fusil anonyme. Je n'accuse personne.

Quant à mon pauvre Trick, il m'avait suivi à Wasselonne, lorsque je m'enfuis de Saverne après l'occupation prussienne. Si je l'avais laissé faire, il fût venu jusqu'à Paris. Par trois ou quatre fois, il me fallut le renvoyer à coups de pierre. Il s'éloigna enfin, mais son dernier regard me reste sur le cœur, comme un reproche. Brave bête! je ne lui ai jamais connu qu'un seul défaut : c'était un goût immodéré pour le drap de culotte; il avait la dent familière et quelquefois plus pénétrante qu'on n'eût voulu. L'étendue et la variété de nos relations offraient à son appétit une riche matière, mais, quoiqu'il eût tâté des morceaux de choix, mangé du sous-préfet, goûté du capitaine, il ne dédaignait pas le simple vagabond et l'affreux maraudeur. Nous avions même dû, pour le bon ordre, fixer le tarif de ses peccadilles : je payais tant pour l'étoffe simple et tant pour la doublure de peau lorsqu'elle se trouvait entamée. On le savait dans le pays, et plus d'un petit drôle se recommandait aux mâchoires de Trick lorsqu'il voulait un pantalon neuf. Nous espérions toujours que l'âge redresserait ses mauvais penchants : moi aussi, j'ai mordu à tort et à travers quand j'étais jeune, j'y prenais grand plaisir, et avec les années mon humeur a changé du tout au tout. Mon pauvre chien, lui, n'a pas eu le temps de racheter ses fautes. Il commençait peut-être à s'amender lorsqu'un coup de fusil, dont je n'accuse personne, coupa court à sa conversion. Ne faites jamais empailler un chien qui vous a été cher. Ceux qui pensaient m'être agréables en conservant la tête de Trick, ont tout à fait manqué leur but. Un animal *natularisé* selon la formule n'a plus rien de lui-même : il est cent fois moins ressemblant que le plus médiocre portrait.

J'ai passé mélancoliquement la revue de mes livres : que vont-ils devenir? Impossible de les apporter à Paris; autant la vie est large, aisée, dans une maison de campagne, autant elle se resserre et s'étrique à la ville. Chers livres! je les aimais bien, sans être bibliophile. Il y a là de pauvres petits prix du collége Charlemagne qui datent de trente ans; il y a des volumes achetés un à un sur mes premières économies; il y a des instruments de travail, des présents, des souvenirs.

Il faut avoir traversé une crise comme celle-ci pour savoir à quel point on aime ce qu'on a. Nous tenons par mille fils invisibles aux choses qui nous environnent, et lorsqu'il s'agit de s'en détacher pour un temps illimité, on laisse à chacune d'elles un lambeau de soi-même et l'on s'en va tout déchiré. Autrefois, je partais d'ici pour quatre, cinq ou six mois sans regretter ce que j'y laissais, parce que j'étais sûr que la maison m'attendait tout entière ; maintenant qu'il s'agit de fermer la porte pour de longues années, je me lamente de ne pouvoir tout prendre. A chaque pas, je rencontre des objets qui représentent un voyage, une amitié, un travail, un bonheur, un deuil, et qui semblent me reprocher mon abandon. C'est une arme par-ci, un tableau par-là, un buste, un meuble, une faïence, une étoffe. Ceci me rappelle l'Égypte, cela la Grèce, ou l'Angleterre, ou l'Autriche, ou l'Italie.

Et par une contradiction qui paraîtra non-seulement étrange, mais peut-être absurde à plus d'un, je regrette encore moins les choses que j'ai possédées ici que celles que j'y ai rêvées. J'ai une chambre à coucher faite par moi, pour moi, selon mes goûts ; elle a cinquante mètres carrés, cinq fenêtres, un lit de chêne tout près de terre et large de sept pieds et demi ; quatre énormes bahuts dans les angles ; un vrai poêle d'Alsace aux tuyaux enroulés s'y carre dans sa niche, entre deux grandes peintures décoratives de Marchal et de Puvis de Chavannes. Je vais quitter cela pour longtemps, peut-être pour toujours. Eh bien, ce que je regrette surtout, c'est une vaste salle, ou plutôt une *hall*, à la mode d'Angleterre, avec une serre dans un coin, une volière dans un autre, un billard, une gymnastique, un piano, une installation de salon dans un autre angle, une haute cheminée de pierre rouge, un trophée d'armes et trois grands panneaux de Baudry. Cette halle existe depuis des années, dans mon imagination seulement : j'en ai choisi le terrain, j'en remanie les plans, j'en jouirais peut-être encore dix ans, par la seule espérance, sans avoir les moyens de poser la première pierre, et ce qui me désole le plus, c'est que l'annexion de l'Alsace me condamne à n'y plus penser.

Pour revenir aux choses positives, voici la situation que la paix fait aux propriétaires alsaciens.

Ils ont un an pour opter entre la nationalité française et la nationalité allemande.

Celui qui veut être Français est libre de rester propriétaire dans le pays, mais il n'a pas le droit d'y conserver son domicile. Il ne m'est donc pas interdit de garder ma maison et d'y passer quelques mois tous les ans, comme on allait jadis à Bade ou à Wiesbaden. Mais Bade et Wiesbaden n'étaient pas des pays arrachés à la France ; on y pouvait aller sans douleur et sans honte : on y vivait chez l'étranger, non chez le vainqueur ; on y était en voyageur et non en peuple conquis. Tant que l'Alsace sera aux Allemands, il n'y aura pas pour un Français une maison de plaisance en Alsace.

Que faire alors ? Vendre ? louer ? Mais vendre à qui ? louer à qui ? Il n'y a d'autres locataires ni d'autres acheteurs possibles que les Allemands, car la population indigène décroît à vue d'œil, et tous ceux qui peuvent émigrer font leurs malles.

Vendre ou louer aux Allemands une maison française est un acte qu'il faut excuser toutes les fois qu'il sera nécessaire ; mais je n'en suis pas encore réduit là, Dieu merci ! Tant que j'aurai dix doigts pour travailler, un ennemi ne profanera point les plus chers souvenirs de ma vie. Nous resterons ici tant qu'il le faudra pour bien voir, bien entendre et bien juger les sentiments de la population ; après quoi, nous fermerons la porte et nous emporterons la clef à Paris.

II

HUIT JOURS D'ÉTUDE

Une sous-préfecture de cinq à six mille âmes n'est pas tout le département, mais elle en offre presque toujours la représentation assez exacte en raccourci. C'est une moyenne proportionnelle entre la grande ville et le simple village. Les bourgeois, les artisans, les ouvriers, ont les mœurs, les passions, les lumières de la ville; la population des faubourgs est aux trois quarts rurale : on y voit des maisons qui sont de véritables fermes; on y rencontre des citadins qui conservent les sentiments, les idées et les routines du paysan. Sans quitter la petite ville, vous jugerez la grande et les campagnes aussi.

Il y a du plus et du moins, une marge considérable; il faudrait se garder de conclure trop vite et de généraliser au pied levé dans un pays aussi vaste et aussi bigarré que le nôtre. Par exemple, l'héroïsme de Châteaudun, de Toul ou de Saint-Quentin vous donnerait une trop haute idée de trois départements et de la France entière, si vous jugiez sur échantillon. Je ne crains pas de tomber dans ce genre d'erreur, ni de passer pour optimiste, si j'étudie d'abord l'esprit alsacien à Saverne : cette petite ville offre plutôt la matière d'un argument *a fortiori*. Elle n'est pas militaire comme Strasbourg, artiste comme Colmar, ou laborieuse comme Mulhouse. C'est l'ancien *reposoir* de ces Rohan fastueux et débauchés, dont le dernier s'éprit d'un sot amour pour Marie-Antoinette, et fit le scandale du collier.

De 1795 à l'inauguration du chemin de l'Est, ce lieu de dévotion facile et de plaisir élégant ne fut guère qu'une grande auberge à rouliers, étalée sur la droite et la gauche de la grand'route : tout le commerce international de la France et de l'Allemagne y passait, allant, venant, effaçant les caractères sans épurer les mœurs, et semant force gros écus, que les indigènes dépensaient sans compter, comme si cette aubaine eût dû être éternelle. Ruinés tous à la fois par l'ouverture du chemin de fer et la suppression du roulage, ils n'ont pas réagi, personne ne s'est ingénié; on a courbé la tête, et l'on s'est laissé vivre. Presque pas d'industrie, fort peu de vrai commerce, une multitude de petites boutiques qui naguère se disputaient la clientèle du tribunal et des fonctionnaires ; un cabaret tous les trois pas. Je connais un huissier cabaretier. J'ai vu un professeur du collége vendre la goutte sur le comptoir, pour faire comme tout le monde. Voilà certes un pauvre pays, et si les Allemands ont eu lieu d'espérer qu'ils s'implanteraient sans effort, c'est dans les villes déchues comme Saverne.

Eh bien non ; pas même à Saverne les Allemands ne sont chez eux. La première fois que j'ai parcouru la grand'rue qui forme les trois quarts de la ville, j'ai remarqué que les soldats allemands se promenaient un à un, deux à deux, trois à trois, mais que pas un ne conversait en public avec un indigène. Cependant le petit peuple de Saverne aime bien l'uniforme. Autrefois, si quelques troupiers français en permission descendaient de Phalsbourg, ils n'arrivaient pas au pont de la Zorn sans avoir fait des connaissances. C'était à qui leur parlerait le premier, à qu leur offrirait la bière. On leur prenait le bras, on les traînait de force au cabaret, on était fier d marcher auprès d'eux dans la rue ; souvent même le soir, on leur faisait un bout de conduite jus qu'à l'auberge du *Prince-Charles*. Dimanche dernier, les Allemands de Phalsbourg, qui sèchent d'ennui sur les ruines qu'ils ont faites, sont venus voir leurs camarades et se désennuyer en compagnie. Pas un Alsacien ne leur a dit mot, personne n'est intervenu dans leurs épanchements, on les a laissés boire, causer et se promener ensemble. L'homme qui se montrerait en public avec un soldat ennemi serait noté d'infamie : ses amis, ses frères eux-mêmes, lui tourneraient le dos ; ses vieux parents lui fermeraient la maison paternelle.

Les employés civils qui portent l'uniforme tudesque, ou simplement la casquette rouge et noire, sont frappés du même interdit. Ceux qui n'étalent aucun signe distinctif, par exemple les juges du tribunal, sont dévisagés dès leur arrivée, suivis de loin, épiés dans leurs moindres relations. Un avocat qui donnerait le bras au président du tribunal serait un homme jugé sans appel.

Comme les Allemands, tant militaires que civils, sont logés chez l'habitant, il se peut à la rigueur que certains rapports amiables, sinon cordiaux, s'établissent entre vainqueurs et vaincus derrière le mur de la vie privée. Ce n'est pas le soldat qui deviendra l'ami de ses hôtes : il est rustre, incommode et onéreux. Mais l'officier de belle mine et de bonnes façons est capable de plaire; le fonctionnaire qui paye son terme et qui se met en frais de politesse a presque le droit de compter que son propriétaire ne le traitera point en ennemi. Ces accommodements, s'il en transpirait quelque chose, ne trouveraient pas grâce devant l'opinion publique. Chacun a l'œil sur ses voisins, le patriotisme est ombrageux dans la bourgeoisie, farouche dans le peuple. La police des bons citoyens n'a peut-être pas eu le pouvoir d'empêcher quelques faiblesses, mais elle les a contraintes de se cacher; elle en a étouffé le scandale et arrêté la contagion. Si l'ennemi se rend justice, il conviendra qu'ici du moins il a plus irrité qu'amorti les sentiments français en treize mois d'occupation, et plus perdu au total que gagné.

Les grands politiques de Berlin, qui ne font rien à la légère, avaient sans doute leurs raisons pour éterniser jusqu'à ce jour le cantonnement des troupes en laissant sans emploi les casernes petites et grandes, ou même impériales, qu'ils ont sous la main. Ils espéraient que leurs soldats, entassés pêle-mêle avec les habitants dans des logis étroits, se fondraient petit à petit dans la masse et feraient corps; que le rapprochement forcé engendrerait des sympathies; que la communauté d'origine, de langue, de mœurs, de goûts, prévaudrait à la longue sur l'esprit national et les rancunes de l'invasion. Ces messieurs ont compté sans leurs hôtes. La promiscuité de commande est allée directement contre son but, et je m'explique aisément ce mécompte.

D'abord, la communauté d'origine, sur laquelle on fondait de si beaux calculs, n'est pas moralement démontrée. Si les Alsaciens sont cousins, et cousins éloignés des Allemands du Sud, la voix du sang ne leur a rien dit, mais absolument rien en faveur des hommes du Nord. Le patois qu'on parle en Alsace ressemble à l'allemand de Berlin comme le provençal à la langue du Tasse. Si quelque Italien, trompé par une vague similitude des sons, élisait domicile dans les Bouches-du-Rhône comme dans une colonie de son pays, il serait étonné de ne comprendre personne et de n'être compris de personne. De même un Espagnol, dans le département des Landes, s'apercevrait bientôt que le patois de Dax n'a qu'une ressemblance lointaine avec le castillan. Je reviendrai plus d'une fois sur cette prétendue identité du langage qui a déjà causé bien des déboires à nos vainqueurs.

Mais c'est surtout par les idées et par les mœurs que l'Alsace diffère de l'Allemagne autant que le jour de la nuit. Nos Alsaciens, du moins ceux de Saverne, ne sont pas révolutionnaires, tant s'en faut : ils ont cru à Napoléon III ; ils ont voté le plébiscite et nommé tous les candidats officiels qu'on s'est donné la peine de leur offrir; mais le grand jour de 1789 a lui pour eux, ils connaissent la Déclaration des droits de l'homme et du citoyen; ils en ont pris acte, et, sous aucun prétexte, ils ne voudraient rétrograder jusqu'à l'ancien régime. Comment se laisseraient-ils soumettre au despotisme militaire et féodal d'un État qui retarde d'un bon siècle sur nous? Un soldat allemand disait à une servante alsacienne: « Il me tarde de rentrer dans mon pays, car le métier qu'on nous fait faire ici est le plus misérable du monde. Je veux bien être détesté, car nous avons un proverbe qui dit : Grande haine, grand honneur. Mais le pire est qu'on nous méprise, nous les vainqueurs et les conquérants : les mendiants déguenillés détournent la tête sur notre passage, les chiens eux-mêmes ne nous regardent pas. »

La brave fille lui répondit : « Et qui donc pourrait estimer des hommes qui se laissent battre par leurs sous-officiers sur la place du Château comme des bœufs ou des ânes? Vous avez vaincu nos garçons dans cette malheureuse guerre, parce que vous étiez plus nombreux, mieux armés et mieux commandés; mais nos garçons valent mieux que vous, car si un caporal les touchait seulement au visage, ils lui auraient bientôt planté la baïonnette dans le ventre! »

L'esprit religieux n'est guère moins rebelle à la conciliation que le sentiment politique. Les catholiques alsaciens ont deux raisons de haïr l'ennemi : parce qu'il est Allemand et protestant. Ils voient déjà leurs églises ruinées et leurs prêtres affamés par l'exil des fonctionnaires français et l'émigration des familles riches. Quant aux protestants libéraux, qui sont les plus nombreux chez nous, ils exècrent le piétisme prussien, cette religion d'État dont le grand prêtre fanatique est l'empereur Guillaume.

Enfin l'antipathie des deux races est constamment entretenue par le contraste de leurs mœurs. Comme le loup inspire autant de répugnance que de haine à son congénère le chien, on peut dire que l'aversion des Alsaciens pour les Allemands s'accroît de jour en jour par le dégoût. Cette rusticité des gens du Nord, qui a fait merveille en campagne, ces appétits grossiers, cette ignorance du luxe et du confort, ce dédain de toute élégance et parfois de la propreté même, ces habitudes parcimonieuses, pour ne pas dire crasses, ont plus étonné que séduit nos compatriotes de l'Est.

Les Alsaciens ne sont pas des délicats à la mode de Paris, mais ils n'ont rien du goujat et du rustre. Ils aiment ce qui est bon ; ils apprécient ce qui est beau, tiennent la maison propre, prennent soin de leur corps, recherchent le mobilier, le linge, les beaux habits, et savent se faire honneur de leur argent, quand même ils n'en ont guère. Leur brillant appétit n'est jamais indifférent à la qualité des mets ; ils boivent sec et mangent à belles dents, mais ils ne traitent point leur estomac comme un coffre, et ne s'emplissent pas aveuglément de tout ce qui fait ventre. C'est pourquoi les repas du vainqueur, la digestion, le sommeil, la toilette du vainqueur, répugnent aux braves gens d'Alsace. Ils flairent le fumet du vainqueur, et prétendent qu'ils sauraient le suivre à la piste, les yeux fermés.

Le peuple de Saverne exagère sans doute un peu l'avarice prussienne, mais l'hyperbole même atteste l'éveil et la vivacité de la haine. J'assiste à la formation d'une légende qui vivra plus longtemps sans doute que l'annexion. Les nouveaux fonctionnaires y sont représentés comme des gueux, tout étonnés d'avoir échangé leur besace contre un gros salaire. Leurs vêtements, leurs meubles, le peu qu'ils apportent chez nous est évalué strictement, à l'heure même du déballage. On sait déjà que l'élégance de ces dames a le coton pour base, que le velours et la dentelle des plus huppées ne sont que du coton. Encore est-il presque avéré qu'elles ont fait ces frais pour éblouir l'Alsace. Et l'Alsace rit aux éclats de ce luxe économique, étriqué et déjà fripé. Le président du tribunal avait à peine déchargé son bagage, que l'on disait déjà de porte en porte : « Douze cents francs ! L'estimation est faite par un tel, qui s'y connaît, il a dit que toute la boutique, vendue aux enchères par Bloch, ne serait pas un sou de plus. Ah ! notre président est un homme considérable ; vous pouvez l'appeler monsieur Douze cents francs ! »

La sous-préfecture de Saverne a été pendant quatre ans la plus brillante de France. On n'oubliera jamais ici le salon rouge et or de M. Guynemer, ses beaux chevaux, ses bons dîners, les diamants de sa jeune femme, et les larges aumônes qu'elle répandait par la ville. Dans ce même salon, où les portraits de Napoléon III et de l'impératrice, d'après Winterhalter, n'ont jamais cessé de sourire, on a vu la famille d'un colonel prussien cuire des pommes et griller des harengs saurs au milieu de loques éparses, de papiers en désordre et de chaussures crottées. Le sous-préfet actuel, un fonctionnaire civil à 13,000 francs par an, fait manger du pain de munition à sa femme et à ses enfants. Toute sa maison se compose de deux souillons allemandes, aux bras nus, qui vont laver le linge à la rivière, rencontrent des soldats en rentrant, acceptent un verre de bière sur la table d'une brasserie, et déposent leur linge à la porte, où les gamins s'empressent de le rincer dans le ruisseau.

Je ne garantis point ces menus faits, je sais seulement qu'ils se racontent, et que leur colportage n'ajoute rien à la considération du vainqueur. Un nouvel employé court-il à la recherche d'un gîte, le bruit se répand qu'il demande un appartement de douze pièces, et qu'il en offre 200 francs. Si la femme d'un juge entre chez l'épicier avec sa bonne, toute la ville apprend qu'elle a fait ses grandes provisions de ménage, en achetant une demi-livre de savon. Les Prussiens, selon la légende, envoient leur saladier chez le marchand avec un sou dans le fond, pour qu'on leur donne du sel, du poivre, de l'huile et du vinaigre en échange du petit sou. On affirme que ces messieurs marchandent dans un style à part, et que, au lieu de dire : « C'est cher ! » ils s'écrient : « Vingt centimes ? mais je vais vous faire arrêter ! »

Je ne sais si le lecteur excusera ces observations microscopiques, mais je suis l'indigne élève de mon ami Charles Robin, et j'estime que la vie des sociétés, comme celle des individus, ne confesse ses secrets qu'au microscope.

La transplantation d'une colonie de salariés en Alsace a produit des effets que la politique de Berlin n'avait assurément pas prévus. Nos Alsaciens se sont affermis dans l'idée que, malgré leurs malheurs, ils sont plus civilisés que les Allemands. « Nous avons plus de besoins, disent-ils, de goûts plus relevés et plus délicats. L'homme qui ne sait pas se passer d'un mouchoir, peut bien être vaincu à la guerre par celui qui se mouche dans ses doigts; c'est pourtant lui qui est le plus civilisé des deux, c'est-à-dire le plus différent de la brute. »

Le nouveau régime douanier, qui les astreint à consommer exclusivement des marchandises allemandes, a corroboré cette opinion. Malgré la modicité relative des prix, ils dédaignent les produits et les importations du Zollverein, ses tissus de mauvaise qualité et de goût pire; ses cafés avariés, ses sucres mous et terreux, ses chocolats frelatés, ses tabacs nauséabonds. « Tout cela, disent-ils, est assez bon pour les Allemands; mais la France nous avait accoutumés à mieux. »

Quel que soit le mépris des Alsaciens pour la race victorieuse en général, on ne leur ôtera pas de l'esprit que leurs nouveaux fonctionnaires, ces hommes chiches, besogneux et piteux, sont le rebut de la nation germanique. « Un homme qui se respecte un peu n'émigre pas pour le plaisir d'aller chercher des rebuffades et des camouflets. Ceux qui viennent vivre à nos dépens ne peuvent plus se faire illusion sur l'accueil qui les attend; ils ont vu les Bismark-Dohlen, les Luxbourg et tous ceux qui avaient un peu de dignité demander leur changement et quitter un pays intenable. C'est donc l'appât des gros traitements qui les attire. Ont-ils été nommés malgré eux? Alors nous sommes administrés et jugés par une espèce de colonie pénitentiaire ; l'Allemagne garde pour elle les serviteurs honnêtes et capables, elle se décharge des autres sur nous. » On a déjà constaté que les gens du chemin de fer, tous serviteurs de l'État, courent au-devant du *trinkgeld* comme s'ils n'avaient fait autre chose de leur vie. Ils sont aussi mendiants qu'arrogants : ces mœurs font regretter les employés de l'Est, polis, complaisants et dignes, quoiqu'ils fussent les agents d'une compagnie privée.

Les intérêts de la population protestent contre le nouvel ordre de choses, comme ses sentiments, ses habitudes et ses idées.

Je ne parle que pour mémoire des réquisitions militaires, tantôt écrasantes, tantôt grotesques, dont on a ri et pleuré tour à tour : j'entends dire que la commune a payé quinze centimes, sur bon régulier, pour un verre remis à une paire de lunettes. Les charges publiques et privées que l'invasion a fait peser en un an sur une ville de 5,400 âmes où l'on ne compte pas dix familles un peu riches, font un total de 400,000 fr. Le vainqueur a promis d'en rembourser la plus grande partie, mais les Prussiens ont des trésors de patience à leur service quand il s'agit de rendre et non de prendre.

Ils nous ont dit et répété sur tous les tons qu'ils séduiraient l'Alsace par le dégrèvement des impôts et par une large extension des franchises municipales ; et je crois qu'ils parlaient sincèrement. Par malheur, on ne se refait pas soi-même, quelque intérêt qu'on y puisse avoir : si l'on est rapace et despote, on dépouille les gens et on les opprime sans y songer, presque malgré soi, par l'effet du tempérament et de l'habitude. C'est ce qui arrive aux Prussiens.

Les émissaires de M. de Bismark sont arrivés, pour ainsi dire, à la queue de l'armée allemande. Le maître les avait faits ou choisis à son image ; ils excellaient à cacher la finesse aiguisée de leur esprit sous une bonhomie toute ronde. Chez l'habitant des villes et surtout chez le paysan, ils profitaient du désarroi des idées pour jeter leurs filets en eau trouble : « Ah ! mes pauvres gens, disaient-ils, vous avez trop souffert ; il était temps que cela finît. C'est un miracle du bon Dieu que vous ne soyez pas tous sur la paille, depuis deux cents ans que la France s'enrichit à vos dépens. Il y a, dans l'intérieur, des douzaines de départements qui n'ont jamais gagné leur vie ; on vous faisait travailler pour eux et Napoléon les nourrissait sur vos impôts. En avez-vous donné de cet argent !

Voyons un peu. Vous, mon gros père, que mettez-vous par an dans la caisse du percepteur ?

— Eh ! je n'en suis pas quitte à moins de 45 francs.

— Alors, c'est que j'ai l'honneur de causer avec un gros propriétaire ?

— Mais non ! Voici la maison, voilà la cour, il y a tant d'arpents de terre, et c'est tout.

— Vous m'étonnez. Ces Welches sont plus impudents que je ne pensais. Quarante-cinq francs d'impôt ! Je suis curieux de savoir ce que vous auriez à payer si vous étiez sujet de la Prusse... Attendez ! »

L'agent tirait un carnet de sa poche et griffonnait chiffre sur chiffre devant son auditoire ébahi. « Nous disons la maison, la cour et tant d'arpents ? Eh bien, mon cher ami, si vous aviez l'honneur d'être Prussien, on vous demanderait quatre thalers, quinze francs, pas un sou de plus ; je le dis et je le prouve ; voyez plutôt ! »

Le paysan ne répondait ni oui ni non, mais il restait pensif. Ce serait lui faire injure que de supposer qu'il songeât à vendre sa patrie, comme Judas vendit son maître, pour trente pièces d'argent. Toutefois il a pu sans crime comparer le gouvernement coûteux de la France aux services presque gratuits qu'on faisait miroiter devant lui. A la stupeur de l'invasion, à l'humiliation de la défaite, à l'effet désastreux d'une retraite follement précipitée, qui n'a rien défendu, pas même les défilés des Vosges, s'ajoutait je ne sais quelle curiosité d'un avenir tolérable et peut-être meilleur. Voilà pourquoi le patriotisme de certains villageois a pu nous sembler hésitant aux premiers jours de l'annexion.

Mais bientôt, Dieu merci, l'expérience du joug prussien a détrompé et révolté les intérêts les plus crédules.

Certes, nos ennemis avaient beau jeu. Si le gouvernement à bon marché a jamais été possible en ce monde, c'est dans un pays riche et laborieux comme la Lorraine et l'Alsace. Les citoyens détachés de la mère patrie n'ont pas un centime à payer sur la rançon de cinq milliards; leur solidarité n'est engagée ni dans l'emprunt Morgan, ni dans les marchés fabuleux de la défense. Le malheur qui les frappe les libère en même temps de nos dettes patrimoniales. Ils étaient nés, comme nous, débiteurs d'environ 250 francs par tête, l'annexion leur a donné quittance. Si la Prusse avait pu se résoudre à ne point bénéficier sur eux, ils seraient gouvernés presque gratuitement, comme les Suisses. Mais les Prussiens ne sont pas hommes à voir un écu devant eux sans y jeter la griffe. Au voisinage de l'argent, leurs doigts s'allongent. Le fer apprendra à se défendre contre l'attraction de l'aimant avant que ces rapaces ne résistent à l'appât du gain !

Ils étaient décidés, bien décidés à pratiquer un désintéressement de commande; ils s'étaient fait une loi de sacrifier l'argent à la politique, mais la tentation fut trop forte : l'instinct et l'habitude invétérée déjouèrent tous leurs calculs. La fortune des armes leur livrait un peuple prospère, accoutumé de longue date à payer largement les services publics. Les registres de perceptions étaient là, les avertissements imprimés, les quittances toutes prêtes : ils oublièrent leurs promesses et firent rentrer l'impôt comme devant.

Nos pauvres annexés n'opposèrent aucune résistance : que pouvaient-ils contre la force ? Ils payèrent si vite et si bien que le vainqueur se reprocha de n'avoir pas exigé davantage. C'était plaisir de rançonner cette gent taillable à merci. On le lui fit bien voir, et les cotes de 1870 subirent une majoration de cinq à dix pour cent dès 1871, sans préjudice de l'avenir.

Les Prussiens ont acheté sans bourse délier tous les chemins de fer des provinces conquises. Ce capital de 350 millions ne leur coûte que des obus et des balles; leurs frais actuels se réduisent à l'entretien et à l'exploitation. Que fera le gouvernement, propriétaire et gérant de la chose ? Réduire les tarifs ? Il y a bien songé; la politique le lui conseillait; une remise de moitié, du tiers ou même du quart eût prouvé aux populations qu'elles avaient un maître accommodant et juste. On prit des résolutions bienveillantes, on remit les tarifs à l'étude avec le ferme propos d'en rabattre peu ou prou.

Mais l'instinct, mais l'appât, mais la facilité d'un gros profit furent encore irrésistibles. L'ancien prix des transports se composait de deux éléments : tant pour la Compagnie de l'Est et le dixième en sus pour l'État, sans compter un double décime.

Les Prussiens s'adjugèrent d'abord le principal, comme héritiers de la Compagnie, puis le dixième de l'État et le double décime comme vainqueurs de la France, et ils cédèrent à la tentation de majorer le tout en leur qualité de Prussiens insatiables. On payait l'an dernier 4 fr. 20 c. pour aller de Saverne à Strasbourg en première classe. Aujourd'hui, c'est 5 fr., chiffre rond : nos vainqueurs sont ronds en affaires.

Quelques habitants de Saverne avaient loué le droit de chasse dans certaines forêts de l'État; ces forêts sont tombées dans le domaine de la Prusse. Les Alsaciens n'ont pas chassé en 1870, et pour cause. Premièrement, la chasse était interdite; en second lieu, la police s'était fait livrer tous les fusils; enfin, le militaire trouvait piquant de tuer le gibier des adjudicataires avec leurs propres armes. Il ne manquait qu'un trait au tableau, c'était que les agents du fisc obligeassent ces malheureux à payer le plaisir dont ils n'ont pas joui et le gibier qu'on a tué et mangé à leur barbe. Le domaine prussien n'a pas manqué cette occasion de conquérir l'amitié et l'estime du peuple : il réclame le montant des baux pour l'année 1870 !

La moralité de ces faits peut se déduire en quatre mots : les Prussiens ont été plus forts que nous, mais l'argent est plus fort que les Prussiens, et il les entraîne à des fautes irréparables, Dieu merci !

L'instinct et l'habitude du despotisme ne leur font guère moins de tort. Ce large développement des franchises municipales, annoncé par M. de Bismark, ne s'est traduit jusqu'à présent que par une brutale oppression des communes.

Il a quelques jours, le maire de Saverne reçoit l'ordre de faire conduire à 10 kilomètres d'ici, par les gardes champêtres, quelques vagabonds étrangers. Il répond poliment que ses gardes champêtres sont faits pour garder les champs, et que le devoir d'escorter les vagabonds incombe plutôt aux gendarmes. Le sous-préfet réplique aussitôt que si l'ordre n'est pas exécuté à l'heure dite, le maire devra payer 100 francs d'amende. L'argent, toujours l'argent ! Les plus ineptes fantaisies du despotisme prussien ont encore un arrière-goût d'urgent.

Le même maire, à la même époque, employait dans ses bureaux quelques anciens agents de la police municipale. Ces hommes avaient donné leur démission comme sergents de ville plutôt que d'endosser l'uniforme prussien. Le sous-préfet apprend qu'ils ont l'audace de gagner leur vie, et, d'urgence, il écrit au maire : « Si vous ne les renvoyez pas aujourd'hui même, il y a une peine disciplinaire pour vous, une peine correctionnelle pour eux. » Voilà nos libertés municipales!

Il est de règle en nos pays qu'un maire autorise ou défende les bals publics, et particulièrement les bals de nuit, selon qu'il les croit indifférents ou dangereux pour l'ordre et la morale. Un cabaretier de bas étage demande la permission de faire danser jusqu'à minuit les soldats allemands et les filles publiques. Le maire fait son devoir, il refuse, attendu que cette débauche insulterait à la douleur d'une population qui s'interdit les bals à elle-même; que d'ailleurs, les soldats étant logés chez l'habitant, la ville entière serait condamnée à veiller pour attendre ses garnisaires, ou à dormir les portes ouvertes. Mais l'empoisonneur juré qui rêvait cette aimable fête ne se tint pas pour battu; il appela de la décision du maire au commissaire de police prussien, qui lui permit de passer outre.

De ce coup, le maire a donné sa démission, mais les Prussiens n'ont pas encore nommé son successeur, et il est toujours sur la brèche, défendant de son mieux le peu qui nous reste.

La commune possède ou du moins possédait un collége que j'ai vu assez florissant. Les bâtiments sont une propriété de la ville; les professeurs nommés par le ministre de l'instruction publique se partageaient une subvention de la ville. L'année dernière, après l'invasion, les vainqueurs invitèrent le principal à rouvrir tous les cours, à faire rentrer toutes les classes. Les droits sacrés de l'enfance leur étaient plus chers que tout; ils ne souffriraient pas qu'un conflit provoqué par leurs exigences suspendît les études un seul jour : ils voulaient s'effacer, abdiquer, disparaître plutôt que de contrarier les dignes professeurs de Saverne et d'encourir le blâme du monde civilisé.

On les crut sur parole : aucun maître ne donna sa démission, un *modus vivendi* tolérable et honorable s'établit sans difficulté. Durant l'année scolaire 1870-1871, l'ancien personnel du collége professa en français sous l'autorité du conseil municipal. Les choses avaient marché à souhait, sans un seul choc, jusqu'aux vacances. Les prix s'étaient distribués dans les classes, à huis clos; on avait éludé ainsi l'embarras d'inviter ou d'exclure le sous-préfet. Tout à coup, les Prussiens jettent le masque : ils chassent nos professeurs, qui s'étaient déclarés Français à toute épreuve; ils annoncent que les cours se feront en langue allemande, et nous voyons déboucher en ville sept professeurs teutons. C'était tout simplement la confiscation du collége.

Et le maire de protester. Et les Prussiens de boucher leurs oreilles. « Le collége est à nous, dit le pauvre Gustave Ostermann ; nous l'avons construit à nos frais, meublé de notre argent, les livres et les collections qui s'y trouvent sont notre bien. La morale, le droit des gens, les traités vous défendent de confisquer notre propriété collective ou privée!

— Nous la prendrons pourtant, dit le vainqueur.

— Prendrez-vous aussi malgré nous nos écus dans notre caisse pour payer vos professeurs?

— Nous n'y manquerons pas, soyez-en sûrs! Est-ce que vous n'avez pas voté vous-mêmes la subvention du collége?

— Oui, nous l'avons votée, mais sous un autre régime, pour soutenir un établissement qui était nôtre, et français.

— Nous la prendrons quand même.

— Mais à quoi bon des professeurs, puisque vous n'aurez pas d'élèves?

— Nous en aurons si nous voulons. »

Et le fait est qu'ils en auront, bon gré mal gré, puisque les parents sont forcés de mettre leurs enfants à l'école sous peine d'amende et de prison, et qu'ils n'ont que le choix entre le collége allemand et l'école primaire allemande.

Toutefois le collége n'avait reçu au milieu d'octobre que trente élèves, tous externes, au lieu de 130; pas un seul pensionnaire, et rien que des enfants pauvres. Tous les parents qui ont de quoi vivre ont envoyé leurs fils en France.

L'injustice et la brutalité du procédé prussien sont odieuses, mais je ne m'attendris pas outre mesure sur le sort des bambins d'Alsace, qui vont apprendre l'allemand malgré eux. Ne faut-il pas qu'ils sachent l'allemand, comme tous les Français de leur génération? Ils parleront la langue maternelle entre eux et dans le sein de la famille, et vous verrez qu'ils y feront des progrès plus rapides dès qu'elle aura l'attrait du fruit défendu. Quant à leurs sentiments, j'en réponds. Depuis qu'on s'applique à les germaniser, ils ne sortent plus de leurs classes sans chanter *la Marseillaise*.

III

LA RÉSISTANCE

Comment une population livrée par la mère patrie, occupée militairement par l'ennemi, surveillée jour et nuit par une infatigable police, exposée aux amendes, aux exactions, à l'emprisonnement, à la déportation, à la mort même au premier symptôme de révolte, a-t-elle pu, peut-elle encore et pourra-t-elle impunément protester contre son malheur, faire acte de patriotisme, fatiguer le vainqueur, et peut-être, en dernière fin, le désabuser d'une injuste et odieuse conquête?

Voilà ce que je me demandais en arrivant ici, la semaine dernière. Voici ce qu'un habitant de notre petite ville m'a répondu ce matin :

« Nous comprenons fort bien que vous ayez

douté de nous, car vous n'avez pas su notre histoire. Une moitié de la France a perdu l'autre de vue pendant un an. Les communications coupées, la presse réduite au silence sur le territoire envahi, la hâblerie des poltrons, la modestie des vrais braves, la sottise infaillible des badauds qui ne croient qu'aux fausses nouvelles et ne contestent que les vraies, tout a concouru à répandre comme un brouillard sur les événements de la guerre. Il faudra du travail et du temps pour que la lumière se fasse, et que chacun obtienne l'éloge ou le blâme qui lui est dû. Tout récemment encore vous avez lu dans les journaux de Paris que le docteur Hirtz, de Saverne, était déporté à Rastadt en expiation d'un propos trop hardi. Le docteur Hirtz n'a tenu aucun propos, encouru aucun châtiment, ni bougé de son domicile. L'histoire de sa déportation est un *humbug* aussi gratuit que la mort héroïque de Monseigneur Roess, évêque de Strasbourg. Les Parisiens, pendant le siége, ont célébré un service funèbre en l'honneur de ce martyr gros et gras, qui vit en joie et qui a dîné depuis l'annexion chez M. de Bismark-Bohlen.

« L'histoire de notre résistance, si elle n'offre pas des traits bien éclatants, n'en est peut-être pas moins curieuse et même édifiante. Vous étiez au milieu de nous le jour où quatre uhlans ont pris possession de la ville. Pourquoi nous n'avons pas supprimé d'un tour de main ces quatre hommes, vous le savez aussi bien que moi. Rien n'était plus facile que de les écharper; mais à quoi bon, puisqu'on voyait arriver derrière eux toute une armée allemande? Nous venions d'assister à la déroute navrante de Mac-Mahon; nous pensions que si le plus brave et le plus illustre de tous nos hommes de guerre renonçait à barrer la route aux ennemis, ce n'était pas la petite population d'une sous-préfecture ouverte qui pouvait faire un tel miracle. Toutefois, dans cette douloureuse extrémité, nous n'avons perdu ni l'espérance, ni la présence d'esprit, car une heure avant l'entrée des Prussiens, nous prenions soin d'évacuer sur Phalsbourg tous nos blessés un peu valides et des centaines de chassepots que les fuyards avaient semés sur nos chemins. Ces armes et ces hommes n'ont pas nui à la défense de la place.

« Du jour où l'ennemi fut installé chez nous, hommes et femmes, jeunes et vieux, riches et pauvres n'eurent qu'une seule idée : donner des soldats à la France. L'ennemi le savait; il faisait bonne garde; il menaçait des peines les plus terribles tout conscrit qui chercherait à rejoindre l'armée et quiconque oserait favoriser l'évasion d'un conscrit. Personne ne tint compte des menaces; les jeunes gens s'esquivèrent l'un après l'autre. C'était à qui les cacherait, à qui les guiderait à travers nos grands bois, à qui leur fournirait de l'argent, des habits, des chaussures. Il n'y a pas dix personnes en ville qui n'aient fait la nique aux Prussiens et mérité d'être envoyées à Rastadt, comme l'armurier Dreyssé, qui seul s'est laissé prendre. Les quelques jeunes gens qui n'étaient pas à l'armée n'osaient se montrer dans les rues, crainte d'affront. Nos enfants ont fait leur devoir : les uns sont tombés glorieusement sur les champs de bataille ; les autres ont gagné la croix ou la médaille, d'autres ont été prisonniers, et ils ne regrettent pas d'avoir souffert un peu pour la vieille patrie française. Un exemple entre autres : vous connaissez Auguste Bœsch, le fils du tonnelier, ce bon gros garçon réjoui ? Il était de la classe 1870, l'invasion le surprend ici, juste au moment où il était appelé sous les drapeaux. Défense de partir. Un fainéant se serait dit : c'est un bon numéro qui me tombe du ciel. Lui, se faufile parmi les bouchers qui conduisaient des bœufs à l'armée allemande, parvient à la limite de l'invasion, saute en France, court à Paris, va droit au ministère, demande l'adresse de son régiment, prend sa feuille de route, pique sur Alençon et dit au colonel : Me voilà !

« Au bout d'un mois il est sergent, au bout de

deux, prisonnier des Prussiens, la cuisse traversée d'une balle. Il se guérit à toute vitesse, s'enfuit de l'ambulance et retourne au service. On le renvoie comme Alsacien, l'armistice était signé ; il se rengage dans un corps franc. Les corps francs sont dissous, il retourne à Paris et reprend son métier qui est de mettre le vin en bouteilles. Arrive la Commune. Mon gaillard se trouvait à la place Vendôme le jour de la manifestation du 25 mars. En voyant les gardes nationaux tirer sur une foule d'honnêtes gens sans armes, la colère le prend, il arrache le fusil d'un fédéré, le sabre d'un capitaine, rapporte ce trophée à la maison, se remet à rincer les bouteilles et ne pense pas plus à briguer la médaille militaire qu'à poser sa candidature au trône de France. Il a vingt et un ans, ce garçon. Dites après cela que nos bons Savernois n'ont pas le courage précoce!

« Dès que la paix eut clos la période aiguë du patriotisme alsacien, les sentiments revêtirent une autre forme. L'ennemi commençait à rapatrier les prisonniers français : tout le réseau de nos chemins de fer, ou du moins toute la ligne qu'on fit suivre à ces malheureux fut le théâtre d'une opposition sentimentale à la mode de Pologne. femmes, vieillards, enfants, tout ce qui restait de population assiégea les stations et les gares pour acclamer et réconforter nos soldats.

« Les premiers qui passèrent faisaient halte à Saverne : on se les partageait, on se les disputait, on se les arrachait, on les traînait à la maison : c'était une manie, une fureur d'hospitalité. Les plus pauvres gens des faubourgs et de la basse ville couchaient sur les planches pour donner leurs lits aux soldats, jeûnaient pour les nourrir, buvaient de l'eau pour leur offrir du vin, se dépouillaient pour les habiller. Les Allemands comprennent bientôt que tout cela n'avance pas leurs affaires, ils brusquent l'opération, suppriment les couchées, limitent les temps d'arrêt au strict nécessaire. Les Alsaciens, de leur côté, abandonnent le logis, l'atelier, la boutique, font élection de domicile autour des gares, guettent les trains, et deux, trois fois par jour, envahissent la voie malgré les brutalités du vainqueur pour régaler, accoler, embrasser les soldats de la France. Les coups de crosse n'y pouvaient rien : j'ai vu des femmes les recevoir sans sourciller et d'autres gifler résolûment le Prussien sous son casque. Nos ennemis changent de note ; ils décident que les prisonniers ne voyageront plus que la nuit. Dès ce moment, les Alsaciens renversent leurs habitudes, dorment le jour, passent leurs nuits sur pied, errent comme des ombres autour des stations, se soutiennent par le café et par la fièvre. C'est dans une de ces expéditions nocturnes que l'aimable, la vaillante, la respectée mademoiselle Riton, de Strasbourg, est morte écrasée par un train à la station de Hœnigshofen.

« Maintenant que les prisonniers sont tous rendus à la patrie, nous commençons une autre série de manifestations moins dramatiques, si l'on veut, moins héroïques surtout, car l'héroïsme n'est pas une vertu de tous les jours, mais également expressives. La haine dont nous sommes pleins et le danger dont nous sommes entourés concourent à nous rendre ingénieux. Si notre servitude durait dix ans, l'Alsace deviendrait la province la plus spirituelle de France, une Attique grasse : nous rendrons le pays intenable aux Prussiens, sans conspirations ni sociétés secrètes, ni vêpres alsaciennes. On ne leur tuera pas un seul factionnaire, on ne leur fournira pas l'occasion de fusiller un homme, de brûler une grange, de frapper une contribution extraordinaire. Pas si bêtes ! Ils seraient trop contents.

« Avez-vous remarqué que personne ne parle plus patois dans les rues? Le même fait se produit dans toutes les maisons qui logent des garnisaires. Notre patois ressemblait trop à l'Allemand, nos vainqueurs le comprenaient à moitié et trouvaient un certain plaisir à l'entendre. C'est pourquoi le mot d'ordre est de parler exclusivement la langue nationale, quand même on ne la saurait qu'à moitié. Défense d'entendre l'allemand quand même on le comprendrait à merveille. Cent fois j'ai failli éclater de rire en entendant quelque brave homme répondre aux Prussiens avec un accent formidable : *moi Vranzais, moi pas safoir allemand.* Quelques-uns disent même : *pas poufoir allemand.* C'est la traduction littérale de *Ich kann nicht Deutsch.*

« Aux Allemands qui sont polis et qui nous abordent en français, nous répondons avec une politesse stricte, cérémonieuse et glaciale qui les tient à distance. S'ils nous demandent un renseignement, un de ces petits services qu'on ne peut refuser, nous nous exécutons avec des formes irréprochables, mais nous n'acceptons rien en échange, pas même un simple merci. Qu'ils entrent dans un lieu public où nous étions avant eux, par exemple au café ou à la brasserie, nous vidons notre verre et nous sortons sans affectation. Nous n'entrons pas si nous voyons, en ouvrant la porte, qu'ils ont pris place avant nous. Notre plaisir favori, vous le savez, est la musique; ils se flattaient de nous séduire un peu par leurs symphonies militaires : les expériences qu'ils ont faites ont tourné à leur confusion. Quand la musique arrive sur la place du Château, le vide s'y fait par miracle. Un dimanche de cet été, le jardin du *Saumon* était plein de buveurs de bière on voit entrer un orchestre allemand qui prend possession de l'estrade. Les musiciens n'avaient pas eu le temps d'accorder leurs instruments que tous les verres étaient à sec et le jardin désert.

« Condamnés à frôler sans cesse l'uniforme allemand dans les rues, non-seulement nous avons changé nos habitudes, renoncé à la flânerie, à la promenade, aux conversations du trottoir, mais encore nous avons appris à faire un travail d'abstraction qui supprime pour nous la présence des ennemis. Nous passons auprès d'eux sans que nos yeux trahissent le dépit, l'humiliation ou la haine ; nous traversons leurs groupes avec une telle sérénité de dédain, nous nous heurtons à leurs coudes avec une insensibilité si évidente que chaque Prussien en Alsace peut se croire invisible et même impalpable, et chercher instinctivement à son doigt l'anneau fabuleux de Gygès.

« Nos enfants, vous le comprendrez, ont encore quelques progrès à faire. On ne peut pas exiger que des élèves en stoïcisme s'élèvent du premier abord à la hauteur de leurs maîtres. La jeunesse est gamine ici comme partout, mais nous assistons quelquefois à des gamineries plaisantes.

« Il y a quelque temps, quinze ou vingt petits drôles se réunirent sur la place et se mirent à singer les soldats qui faisaient l'exercice. Leur capitaine de douze ans imitait à merveille le ton sec des commandements germaniques. Deux officiers allemands s'approchèrent et prirent un plaisir visible à ce spectacle. Ils regardaient du haut de leur grandeur et pensaient, en caressant leur grosses moustaches : — Voilà des marmousets qui se préparent de bonne heure à servir notre empereur et roi!

« Tout à coup le chef des bambins crie à ses hommes : Mouchez-vous! Et tout le rang avec ensemble, se mouche de l'index : Droite! gauche! Les Allemands se rembrunissent un peu, mais l'exercice continue. Après deux ou trois mouvements fort bien exécutés, le capitaine en blouse commence une distribution de soufflets, de gourmades et de coups de pied, que sa troupe accepte sans broncher. Les officiers froncent le sourcil et s'apprêtent peut-être à tirer quelques paires d'oreilles, lorsque le chef des polissons, pris d'une inspiration sublime, crie à sa troupe : — Voici les Français qui arrivent! sauve qui peut! Toute la compagnie se débande et va se cacher dans les trous. Ainsi finit la comédie. Les Allemands n'en ont pas ri.

« Si, dans les dernières années de l'empire, beaucoup d'hommes étaient redevenus enfants, en revanche, depuis nos désastres, quelques enfants sont devenus hommes par le cœur : on assiste à des explosions de sentiments qui contrastent singulièrement avec leur âge. Vous connaissez sans doute cette fière réplique d'un Français de neuf ans. Un officier prussien qui était logé chez le père s'approche du baby pour le caresser :

« — Ne me touchez pas ! dit l'enfant.

« — N'ayez pas peur, mon petit ami ; j'ai un fils de votre âge.

« — Je vous le tuerai !

« Toute la marmaille d'Alsace souffle le feu comme ce gamin-là. Il n'y a ni menaces ni corrections capables d'étouffer les chants patriotiques et le cri de : Vive la France ! qui part à tout propos en fusée. L'ennemi affecte de croire que nous faisons faire aux enfants ce que nous n'osons faire nous-mêmes, et il nous rend responsables de la conduite de nos fils. Nous n'y sommes pour rien, pas plus que dans les manifestations répétées, variées, souvent ingénieuses, où brille l'obstination de nos femmes. Ce qu'on peut dire en toute vérité, c'est que le sexe faible et l'âge tendre ont plus de diable au corps que nous, lâchent plus volontiers la bride à leurs passions, sont moins maîtres de leurs actes et de leurs paroles.

« L'Alsacien adulte est sérieux, réfléchi, concentré. Il veut fortement ce qu'il veut, parce qu'il ne se résout jamais à la légère, et qu'il ne procède point par coups de tête comme les Français du

Midi. Notre résistance au vainqueur n'étant pas affaire de caprice, mais de raison, de dignité, de conscience et de droit, méritait d'être réglée par poids et mesure. La France nous a cédés malgré elle; nous lui devons de prouver au monde que c'était aussi malgré nous. Nous ne donnerons pas le spectacle de ces insurrections inutiles et sanglantes, qui ont été le suicide de la Pologne. A l'impossible nul n'est tenu. Si tous les efforts d'un grand peuple ont été impuissants à nous conserver, comment deux malheureuses provinces désarmées, enchaînées, couvertes de garnisons s'affranchiraient-elles par elles-mêmes? C'est la patrie qui nous délivrera, nous comptons sur son courage, comme elle peut compter sur notre fidélité. Qu'elle prenne son temps, qu'elle répare ses forces à loisir; nous lui ferons crédit de dix ans, de vingt ans, d'un demi-siècle s'il le faut : elle nous retrouvera tels qu'elle nous a laissés.

« En attendant, nous tiendrons tête à l'ennemi sur le terrain légal où les honnêtes gens sont chez eux. Cette paix déplorable et pourtant nécessaire, qui a sauvé la France d'une destruction totale au prix de notre indépendance, ne livre aux Allemands que nos biens et nos corps : les âmes ne sont pas comprises dans le traité; nous restons maîtres du for intérieur. Vous verrez que nous maintiendrons fermement, jusqu'au dernier jour, les seuls droits que nous n'ayons pas perdus. Il faut payer l'impôt à l'ennemi, tolérer sa présence dans nos rues et jusque dans nos logis, obéir à des lois qui ne sont ni françaises ni modernes, reconnaître l'autorité de personnages antipathiques, céder à la force, éviter à tout prix les querelles : nous subissons avec dignité ces tristes conditions que la France nous a faites, et nous trouvons encore une consolation amère à penser que tous nos malheurs ont payé sa délivrance. Mais quant à donner aux vainqueurs ce qui n'est pas strictement dû, quant à faire pour eux une action, une démarche, un geste qui ne soit pas exigible, non, voilà ce qu'on n'obtiendra jamais de nous.

« Il n'y a pas de loi, Dieu merci, qui nous commande d'accepter les fonctions, les honneurs et les salaires publics de l'ennemi, de prêter serment à son prince, de porter ses livrées. Aussi non-seulement refusons-nous avec dédain tout ce qu'il lui plaît de nous offrir, mais traitons-nous en renégats les très-rares individus qui, par ambition ou par vanité, descendent à son service.

« Le traité n'a pas dit que les annexés salueraient les autorités allemandes, qu'ils échangeraient des visites avec les Allemands, qu'ils recevraient les Allemands dans leurs cercles et dans les autres sociétés closes. Aussi détournons-nous la tête sur le passage de l'ennemi, aussi lui fermons-nous toutes nos portes, et traitons-nous en pleutres tous ceux qui ont la plus indifférente et la plus banale complaisance pour lui.

« L'année prochaine, avant la date du 1ᵉʳ octobre, nous serons mis en demeure d'opter entre la Prusse et l'Allemagne. S'il s'agissait d'un vote, ou public ou secret, le vainqueur n'obtiendrait pas cinquante voix dans les deux départements de l'Alsace. Mais il n'y a pas de danger que les politiques de Berlin risquent une pareille aventure; on nous tient, on nous garde. La question qui nous sera soumise dans un an n'a d'autre objet que de placer les propriétaires entre leur intérêt et leur patriotisme. Une rédaction ambiguë permet à l'ennemi d'expulser arbitrairement tous ceux qui resteront Français. Les autres deviendront Allemands malgré eux, et leurs fils seront condamnés à servir dans l'armée ennemie. Il n'y a pas un chef de famille que cette alternative ne fasse frémir; la rouerie de certains diplomates et la naïveté de certains autres nous ont condamnés à un an de torture morale. Nous aimons nos maisons, nos terres, notre pays natal, mais nous aimons encore mieux la France et nos enfants. Pas un honnête homme ne se consolerait de voir son fils coiffé du casque à pointe, enrôlé sous les ordres de M. de Moltke et armé contre la patrie. Il faut donc vous attendre à une immense émigration des familles, ou à la désertion générale des enfants.

« Les Français de l'intérieur nous dissuadent d'émigrer ; ils font valoir d'excellentes raisons, je l'avoue. L'Alsace dépeuplée de tous les bons citoyens qu'elle a vus naître serait bientôt envahie et colonisée par les Allemands. Ces gens-là vivent mal chez eux ; ils n'ont jamais montré un grand attachement au sol ; la dépréciation des biens-fonds les attirera comme une nuée de sauterelles sur nos domaines abandonnés ; Strasbourg n'est pas si loin de la Prusse que le *Far-West* de l'Amérique. C'est fort bien raisonné, mes amis, mais essayez un moment de vous mettre à notre place. Dites si vous consentiriez à passer votre vie au milieu de ces uniformes dont le passage rapide et furtif à travers un seul quartier de Paris vous a fait hurler de douleur et de honte? Dites si l'intérêt d'un avenir proche ou lointain vous déciderait à opter pour la nationalité germanique? En est-il un de vous qui consente à se faire Allemand pour les beaux yeux de la patrie française? Nous aimons bien la France, mais pas encore au point d'armer nos fils contre elle. L'enrôlement des jeunes Alsaciens dans les troupes du roi Guillaume serait plus désastreux, plus immoral et plus honteux que l'abandon de quelques lieues carrées aux déclassés et aux vagabonds de l'Allemagne.

« Rien ne prouve d'ailleurs que l'Alsace, même aux trois quarts abandonnée par ses possesseurs légitimes, serait colonisée en grand. La race victorieuse est douée d'une prudence au moins égale à son courage ; elle y regarde à plusieurs fois avant de mettre un pied devant l'autre. Lorsqu'un soldat prussien, couvert de gloire et armé de toutes pièces, vient prendre son logement chez de pauvres vaincus effarés et sans armes, il commence par regarder sous le lit, sonder les murs, essayer la clef, vérifier le jeu du verrou, et, toutes ces précautions dûment prises, il ne dort que d'un œil. Jamais on n'a vu conquérants plus soucieux de leur illustre peau. Ils ne le sont pas moins de leur argent, et, si vous en voyez un qui place un liard à la légère, c'est que vous aurez de bons yeux. Immobiliser un vrai capital hors de chez soi, acheter un terrain dont la politique, la force et le hasard seront copropriétaires pendant un siècle ou deux, ce n'est pas une spéculation dans le goût allemand ! Depuis un an que la pauvre Alsace est ouverte aux incursions de l'ennemi, nous avons vu venir des immigrants en foule, mais pas un qui fût décidé à s'établir solidement chez nous. Ils viennent voir, tâter le pays, et s'en retournent presque aussitôt, mal contents de l'expérience. Ce n'est pas un courant continu, c'est une marée.

Le flux les apporte, le reflux les remporte.

« Il ne nous est resté jusqu'ici que des fonctionnaires, oiseaux sur la branche, et un bonhomme d'aubergiste qui n'a ni voyageurs, ni meubles, ni argent, ni crédit, et qui probablement fermera boutique avant d'ouvrir. A Strasbourg, à Mulhouse, à Colmar, quoiqu'on rencontre tous les cent pas une propriété à vendre, je doute que les vainqueurs aient fait emplette de dix maisons en tout. Leurs marchands de tabacs et de cigares, qui se flattaient d'exploiter nos pays comme une Californie, grâce à la suppression du monopole, ont loué des boutiques par centaines, et les plus belles qu'ils ont pu trouver. On en compte 450 dans la ville de Strasbourg, où la régie n'avait pas ouvert trente débits. Ils se ruinent par la concurrence, outre que le gouvernement prussien s'est fait marchand lui-même pour écouler 18 millions de tabacs volés ou conquis. Et, comme leurs produits sont détestables, comme on se ferait une loi de n'en point acheter, fussent-ils excellents, comme les bons Français ne fument que les tabacs et les cigares de la régie nationale, tous ces californiens vont droit à la faillite et n'encaissent que des protêts.

« L'expérience n'est pas engageante. Le commerce allemand sait que nous ne voulons pas entrer dans ses boutiques ; l'industrie allemande sait que nous ne voulons pas consommer ses produits : donc les industriels et les marchands attendront pour se fixer chez nous qu'ils y aient une clientèle de bourgeois, d'artisans et surtout de cultivateurs allemands, l'Alsace étant avant tout un pays agricole. Les cultivateurs viendront-ils? cela n'est pas impossible à la longue, mais ils peuvent compter qu'on leur tiendra la dragée haute, et qu'ils n'achèteront pas nos bonnes terres à cent sous l'acre comme chez Brigham Young au bord du Lac Salé. L'Alsace ne sera donc pas colonisée aussi vite que les Parisiens ont l'air de le craindre, quand même nous émigrerions par milliers.

« Songez enfin que très-probablement on ne nous laissera pas le choix, et que les pères de famille, pour peu qu'ils aient un fils, ne seront pas les maîtres de demeurer ou d'émigrer. Rappelez-vous l'histoire de Francfort en 1807. Les Prussiens sont habiles dans l'art des annexions; ils y raffinent. Pour contraindre les fils à servir sous leurs drapeaux, ils ont imaginé la responsabilité des pères. Chez nous, le réfractaire est durement puni, mais il est puni seul; la loi le traite en homme et juge avec raison que nul autre que lui n'est responsable de ses actes. Sous le régime des annexions prussiennes, si le fils passe à l'étranger, les parents sont coupables d'avoir encouragé ou toléré sa fuite; on confisque leurs biens, on les ruine, on les réduit à l'hôpital. Si c'est le sort qui nous attend l'année prochaine, qui pourrait nous blâmer de prendre les devants ?

« Personne ne peut dire ce qu'il adviendra de nous. Tout le peuple de trois départements et demi se voit livré sans défense à la plus odieuse des fatalités, qui est le caprice d'un homme. Demain ne nous appartient pas, l'heure présente n'est à nous que par une sorte de tolérance. Et pourtant, nous ne désespérons point de l'avenir : une foi vivace, robuste, obstinée, soutient et anime les cœurs. Nos ouvriers, nos paysans, nos pauvres, sont naïfs et confiants jusqu'à la folie. Ils voient leur délivrance avant l'été prochain. Ils vous disent sérieusement qu'Abd-el-Kader est venu offrir son épée au gouvernement de Versailles, et qu'il commandera l'armée sous la direction de M. Thiers ; que Mac-Mahon lève à Paris tous les hommes de vingt à quarante ans. Hier, tandis qu'un peintre allemand effaçait le nom de Saverne pour écrire Zabern sur la façade de la gare, deux ouvriers alsaciens lui criaient : « Ne prends donc pas la peine ! Tu sais bien qu'il faudra tout changer dans trois mois ! »

« Nous qui ne sommes pas des enfants, nous ne désespérons ni de la France, ni de l'Europe, ni de nous-mêmes. La France se relèvera, elle est en bonnes mains. L'Europe ne prendra fait et cause pour nous que si elle y trouve son compte; mais le jeu de la politique est fertile en combinaisons de toute sorte, et sans compter sur les retours de la fortune, on peut croire que le bon droit n'aura pas toujours la force contre lui. Quant à lasser nos ennemis, à les gêner, à les humilier, à les dégoûter si bien de leur conquête qu'ils finissent par la prendre en grippe, c'est un devoir que nous saurons remplir.

« On dit qu'ils se préparent à tout fortifier en Alsace; qu'ils ont déjà dressé les plans de quatre ou cinq citadelles à bâtir autour de Strasbourg. Nous n'en sommes pas fort émus; nous nous rappelons que l'Autriche, à grands frais, s'était rendue invincible dans le quadrilatère de Vérone. Elle l'a perdu en Bohême, et ces ouvrages, où cent mille hommes se seraient brisés sans faire brèche, ont amené leurs pavillons, ouvert leurs portes, et salué un nouveau maître qui ne les avait pas même investis. L'empereur Napoléon III avait passé vingt ans à fortifier son despotisme contre les révolutions de Paris. Vous savez s'il y était invincible; les grandes voies stratégiques qu'il avait ouvertes à vos frais pour vous mitrailler au besoin, ont-elles retardé sa chute d'un quart d'heure? Il a perdu Paris sur le champ de bataille de Sedan. Je ne me charge pas de prédire sur quel terrain les Allemands perdront l'Alsace, mais il n'est pas impossible qu'ils la perdent sans coup férir. Et jusque-là, nous leur rendrons la vie assez dure pour qu'ils sortent d'ici, comme les Autrichiens de Venise, avec plus de soulagement que de regret.

IV

DOULEURS ET DÉFAILLANCES

Autrefois, dans notre bon temps, lorsque je revenais à Saverne, je consacrais toujours la première journée aux détails de l'intérieur, à nos gens, à nos bêtes, à nos arbres. Je parcourais la maison de bas en haut, de long en large, tout seul, comme un affreux égoïste, découvrant à chaque pas mille richesses sans valeur, mais non sans intérêt, que j'avais oubliées, que je ne croyais pas avoir, et que je ressaisissais avec autant et plus de joie que si l'on m'en eût fait présent. Dans le jardin, je m'arrêtais pour la centième fois devant deux ou trois petits problèmes insolubles, comme le vivier qui n'a jamais voulu tenir l'eau, malgré tous nos efforts et toutes nos dépenses, et la glacière qui décidément refuse de conserver la glace, et cette fameuse pisciculture, où j'ai fini par récolter quatorze truites après en avoir semé vingt mille. Ah! la belle journée! comme elle passait vite! Quel chemin je faisais, sans m'en apercevoir, à force de tourner sur moi-même, et de quel sommeil à huit heures je m'endormais devant mon assiette!

Le lendemain, quelque temps qu'il fît, je m'en allais à la petite ville, reprendre possession de mes amis. Et, comme j'en avais passablement, cette autre fête du retour prenait encore une journée. Je ne rentrais qu'à la cloche du dîner, et jamais seul, Dieu merci!

Cette fois, j'en ai été quitte à bon marché: j'ai fait deux visites. La première à un ménage sans enfants qui n'est pas encore parti, parce qu'il ne sait où aller; on hésite entre le midi de la France et le sol hospitalier de la Suisse. Ce n'est pas une petite affaire que de se transplanter soi-même lorsqu'on n'a plus vingt ans, loin du pays que l'on connaît, où l'on est connu, pour essayer d'un autre climat et aborder de nouveaux visages. Il y a dans cette aventure un incertain que le cœur le plus résolu n'affronte pas sans angoisses.

A ma deuxième visite, je trouvai une femme de soixante ans passés, assise au milieu de ses malles et pleurant à chaudes larmes. On pleure beaucoup en Alsace, il y a même des gens qui, du matin au soir, ne font guère autre chose. Je livre ce détail à M. de Bismark sans crainte de troubler sa digestion princière. Le deuil public a modifié les caractères, les relations et les mœurs. Toutes les vieilles querelles sont finies, les rancunes oubliées: un Alsacien ne peut plus haïr un Alsacien; il a mieux à faire! Ceux qui se connaissaient à peine s'abordent comme de vieux amis; deux hommes qui échangeaient une poignée de main tous les six mois se jettent dans les bras l'un de l'autre; les pauvres gens s'entretiennent familièrement avec les riches: la communauté du malheur à tout rapproché, tout nivelé. Et cette multitude d'opprimés trahit dans ses moindres actions une sensibilité maladive; un souvenir, un mot, un rien suffit pour attendrir le visage le plus froid; à tout propos l'amertume des cœurs déborde par les yeux.

Par une contradiction que la philosophie allemande expliquera si bon lui semble, les plus anciens et les meilleurs amis s'évitent ou rompent ouvertement, si la haine du joug prussien varie d'un seul degré dans leurs âmes. On se pardonne tout, excepté une faiblesse pour l'ennemi. Sur ce chapitre, les hommes les plus doux sont inflexibles, les plus confiants se montrent soupçonneux et farouches. Le Haut-Rhin surveille le Bas-Rhin, et réciproquement ; chaque ville a la prétention de valoir mieux que sa voisine, chaque classe contrôle avec un soin jaloux le patriotisme des autres. Depuis que j'étudie les Alsaciens, jamais je ne les ai connus si tendres ni si durs.

La vieille dame que j'allais voir est une de mes compatriotes de Lorraine, et la mère de mon plus ancien ami. Son fils était parti depuis longtemps, elle n'attendait plus, pour le rejoindre, à deux cents lieues du sol natal, en pays inconnu, que les moyens de transporter ses meubles. Le service de la petite vitesse est suspendu depuis plus d'un an par la force des choses; et Dieu sait quand il sera rétabli. On ne peut rien expédier que par wagon complet ; or le courant d'émigration est si rapide, qu'il n'y a pas assez de wagons, qu'il faut les demander en France, écrire, attendre, et finalement acheter un tour de faveur en graissant la patte allemande.

« Vous allez me trouver bien sotte, me dit ma vieille amie en essuyant ses larmes. Je devrais rire et chanter, puisque je déménage demain, puisque je vais retrouver mes enfants dans un brave pays où ils ont été reçus le plus cordialement du monde, puisque j'échappe pour toujours au contact de ces Prussiens maudits. Eh bien ! non ; c'est plus fort que moi : je souffre le martyre à l'idée de commencer une autre vie, de quitter ce petit coin du monde où j'ai eu des amis, et ce cher jardinet que je soignais avec tendresse, et ces bois où nous avons fait de si belles promenades, et ces montagnes dont la vue devient un véritable besoin pour les yeux qui en ont joui. Le misérable sort que le nôtre! Il est impossible de rester, mais il n'est guère moins impossible de partir! » Là-dessus elle se remit à pleurer avec une effusion si naturelle et si contagieuse que je m'enfuis de peur de l'imiter.

Comme je me trouvais au bout de la rue Neuve, à l'extrémité de la ville, le hasard me fit faire une troisième visite, qui n'était ni dans mes intentions, ni dans mes habitudes : je vis le cimetière ouvert et j'y entrai.

Ce cimetière de Saverne est un des plus riants que je connaisse, bien fleuri, planté de beaux arbres et peuplé de petits oiseaux. Il a d'ailleurs le mérite assez rare de ne point séparer, sous prétexte d'orthodoxie, les chrétiens que le voisinage, l'estime et l'amitié ont unis : catholiques et protestants y dorment côte à côte, confondus dans la mort comme ils l'ont été dans la vie. J'étais donc tout porté pour faire en quelques pas ma tournée du bon vieux temps, et pour distribuer un salut cordial à tant d'amis qui ne sont plus. La réunion est nombreuse, elle emplit tout l'angle du sud-est : comme le marbre et la pierre ont poussé dru dans ce coin vierge où le fossoyeur n'avait pas donné son premier coup de bêche en 1858! Voici les fonctionnaires, les notables, les officiers ministériels, tout ce qui composait naguère encore l'aristocratie du pays. Et pêle-mêle, au milieu d'eux, l'Opposition, les frondeurs, ceux qui bataillaient avec moi contre le despotisme innocent de tel maire et l'autocratie anodine de tel malheureux sous-préfet. Que nos guerres enfantines ou provinciales (c'est tout un) sont loin de nous! Sous cette tombe un peu trop fière repose mon farouche et loyal ennemi, le baron de Latouche, maire absolu, que j'ai lardé jadis à coups de plume et rendu célèbre malgré lui. Dormez en paix, mon pauvre maire! Vous aviez eu les premiers torts, mais vous étiez un brave homme dans le fond, et je me réjouis de penser que vous n'êtes pas mort avant d'avoir signé la paix et trinqué sans rancune avec moi. Je vous ai escorté jusqu'à ce dernier gîte et j'ai souscrit avec la foule de vos sujets pour votre monument. S'il ne tenait qu'à moi, je bifferais quelques mauvaises plaisanteries qui vous survivent peut-être dans la mémoire des Alsaciens, mais à quoi bon? Le temps efface d'un coup d'aile les sottises que l'homme se flattait de graver sur l'airain.

La mémoire a des caprices singuliers, presque impies; on n'en peut mais. A mon corps défendant, toutes ces inscriptions qui cachent une poussière humaine me rappellent des bals, de bons dîners, des parties de campagne au bord de l'eau. C'est que j'avais trente ans en arrivant ici, et ma jeunesse me remonte à la gorge comme un vin écumeux que j'aurais bu trop vite. Quelle fête on nous a donnée, il y a tout au plus dix ans, à la grande usine de Zornhof! J'étais accouru de Paris tout exprès, et j'avais entraîné deux amis pour leur montrer la cordialité alsacienne dans une de ses expansions les plus magnifiques. Le maître de Zornhof, le patriarche Goldenberg, un des vieux rois de l'industrie française, est mort empoisonné par les douleurs de cette guerre. Sa fille l'attendait ici : voici la tombe de Pauline Goldenberg, femme du chimiste Kopp, Pauline la lettrée, la musicienne, la savante, la philosophe! Jamais esprit plus noble et plus ardent n'habita un plus frêle corps.

Ici repose le docteur Maugin, un des hommes les plus bienveillants et les plus fins que j'aie rencontrés ici-bas; il m'a bien étonné en me prouvant qu'on pouvait pétiller de malice sans désobliger personne. Pourquoi le vieux père Leconte, ancien conservateur des hypothèques m'apparaît-il les cartes à la main devant un whist? Je l'ai vu dans un plus beau rôle et dans un moment plus solennel, à la veille de son dernier jour, tandis que gravement, doucement, il consolait sa famille et mettait ordre à ses affaires. Il m'a donné une leçon de bien mourir dont je me souviendrai, si je peux, à mon heure.

Ce petit homme au crâne chauve, aux yeux brillants, c'est l'avocat Cros, qui frétille sur le chemin du tribunal. Ce long visage doux et pensif, c'est le peintre Eugène Laville, un vrai talent, trop mystique à mon gré, mais doublé d'une âme admirable.

Dans le cours d'un ou deux étés, j'ai fait de belles parties de table à la Stambach et à la scierie du Kraufthal, où les truites sont exquises et les écrevisses énormes. Dans ces débauches innocentes, j'avais pour compagnons cinq bons vivants, d'humeur libre et frondeuse, assez mal vus du monde officiel. C'était le gros docteur Lévis, à la trogne rubiconde, et le petit Jérôme Gast, encore plus malin que bossu, et le brasseur Schweyer, et le robuste Leiser, de la fabrique de bascules, et le père Audiguier, greffier du tribunal, homme d'infiniment d'esprit, malgré son goître. Eh bien, les voilà tous réunis comme pour un pique-nique, à 2 mètres sous terre. Il ne manque que moi.

Je ne sais pas si Sarcey se rappelle un déjeuner charmant que nous fîmes ensemble chez le notaire Greuell par une belle journée d'été. Pour moi, je n'oublierai de ma vie la jeune et gracieuse maitresse du logis cueillant notre dessert dans le jardin avec ses deux garçons et ses deux filles.

L'aimable femme que c'était! Elle avait conservé, par je ne sais quelle grâce d'état, le sourire naïf et les candeurs effarées de la première jeunesse. Je viens de retrouver son nom presque illisible sous le lierre. On jurerait qu'il date de cent ans. Le marbre s'est jauni, craquelé, et comme ridé sur cette honnête et douce créature qui reste si jeune dans nos cœurs. Les injures du temps poursuivent donc la mort elle-même, et il y a une vieillesse des tombeaux!

En revanche, voici une épitaphe véritablement fraîche, pour ne pas dire saignante: « *Gaston Berger*, sous-lieutenant au 52°, mort le 24 septembre, 1870, à l'âge de dix-neuf ans. Blessé à Borny. » Brave enfant! Belle mort! Mais la mère?

Je n'ai pas l'imagination assez poétique pour croire que les morts sont très-sensibles aux soins des vivants, ni qu'ils souffrent de voir leurs tombes abandonnées. Quant aux vivants, c'est autre chose. Je sais combien j'aurais l'âme navrée si le destin me condamnait à laisser sous cette terre ennemie un des êtres que j'aime, un lambeau de ma chair. « Tu es encore heureux, me disais-je en sortant de là; oui, bien heureux dans ton malheur, puisque pas un des tiens, grâce à Dieu, ne doit rester en arrière! Il est rare qu'une famille un peu nombreuse s'arrête si longtemps dans un coin de pays sans qu'une croix ou deux attestent son passage. Les morts qui reposent ici vont être bien seuls cet hiver; mais bien plus seuls seront leurs pères, leurs sœurs, leurs enfants dispersés par toute la France. Si le 2 novembre prochain, ceux qui dorment du long sommeil ne songent pas à réclamer le tribut des prières, des fleurs et des larmes accoutumées, il y aura dans le Nord, dans le Midi, dans le Centre et dans l'Ouest, des hommes, des femmes et des enfants qui répandront du fiel avec leurs larmes, et mêleront des imprécations à leurs prières, en songeant au devoir triste, cher et sacré qu'il leur est interdit de remplir.

Une femme en grand deuil passait alors auprès de moi. Elle portait à la main un bouquet blanc, composé des dernières fleurs de l'automne. C'est la mère du pauvre Octave, de cet enfant blond, pâle et doux que nous avons vu s'éteindre à seize ans. Il était Lorrain, lui aussi, et mon compatriote; les gens de Dieuze avaient ébauché dans le temps une sorte de colonie à Saverne. Cette malheureuse femme est veuve; elle ne vivait que par son fils et pour lui. Depuis cinq ou six ans qu'il est mort, elle s'est soutenue par le culte de cette chère mémoire: on la voit errer comme une ombre autour de la petite dalle de marbre blanc. Que fera-t-elle loin d'ici ? Les femmes n'ont pas comme nous les puissantes distractions du travail et de la lutte. Celle-ci languira comme une plante arrachée, et je serais bien étonné si elle languissait longtemps.

En rentrant de ma promenade, je trouvai dans notre cour un homme de cinquante-cinq ans, grand, robuste et hâlé, vêtu d'une blouse bleue par-dessus l'uniforme des eaux et forêts, le carnier sur l'épaule et la trique à la main. C'est le brigadier Huber, une vieille connaissance à nous, un des hommes les meilleurs et les plus honnêtes que j'aie rencontrés en Alsace. A sa vue, mon cœur battit avec force, et je me sentis pâlir. C'est que le cas de cet homme est terrible : il a consenti à servir sous les Prussiens dans son ancien emploi. Il est de ceux qu'on nomme renégats et que le patriotisme alsacien flétrit sans pitié. Cependant, quand mes yeux rencontrèrent son regard triste et loyal, je me sentis plus ému de compassion que d'autre chose et je lui dis : « Entrez donc avec moi, mon pauvre Huber ! »

Il venait, disait-il, pour me remercier de quelques petits services, si anciens que j'en ai perdu toute mémoire, mais son vrai but était sans doute de confesser sa faute et de l'excuser à mes yeux.

« La population est sévère pour nous, me dit-il ; nous sommes bien mal vus, et cela semble dur à ceux qui, comme moi, jouissaient de quelque estime. Vous connaissez ma vie, puisque vous vous intéressez à moi et aux miens depuis longtemps. J'ai fait un congé dans l'armée et quelques campagnes en Afrique ; ensuite, on m'a nommé garde aux appointements de 450 francs, et c'est au bout de quinze ans que j'ai obtenu ma première augmentation. Lorsque vous êtes arrivé dans le pays, j'étais brigadier de seconde classe à 700 francs. Peu de temps avant l'invasion, j'ai gagné mon bâton de maréchal, c'est-à-dire la première classe de 800 francs. J'étais à l'aise. Jusque-là, il avait fallu des prodiges d'économie pour faire vivre une femme et sept enfants. Il m'en reste six, Dieu merci ! Ma fille aînée est morte au moment où elle commençait à se suffire. L'aîné des garçons, quoique faible et maladif, gagne à peu près son pain. Tout le reste est encore à ma charge. Grands et petits suivent l'école ou l'ont suivie assez pour recevoir une instruction moyenne : ils écrivent passablement le français et l'allemand. Il n'y a donc pas lieu de s'étonner si les malheurs de la patrie m'ont surpris sans un sou vaillant : c'est mon état normal, et le plus habile homme à ma place n'aurait pas mis cinq francs de côté. Le plus qu'on puisse demander à un père aussi bien loti de famille et aussi mal payé que je l'étais, c'est de ne point faire de dettes ; or je ne dois rien à personne.

« Les Prussiens sont venus. Un matin, on m'a demandé si, oui ou non, je voulais continuer mon service. On ne nous laissait pas le temps de la réflexion ; il fallait se résoudre au pied levé, et ceux qui disaient non étaient chassés à l'instant même. Qu'aurais-je fait? Où serais-je allé? Et comment nourrir tout ce monde à qui je dois le pain quotidien? La France m'aurait employé, tôt ou tard, mais cela pouvait tarder quelque temps, car elle a moins de forêts qu'autrefois, et toutes les places sont occupées. Cinq ou six mois ne sont pas une affaire aux yeux de l'administration ; les messieurs des bureaux sont rarement pressés ; je vois beaucoup d'anciens fonctionnaires qui attendent encore le bon plaisir de Paris. Pour des malheureux comme nous, six mois de chômage, c'était la mort. Je suis donc descendu dans ma conscience, et je me suis demandé si les devoirs d'un citoyen étaient plus stricts que ceux d'un père. Seul, je me serais immolé sans regret, je n'ai pas eu le cœur de sacrifier mes enfants.

« — Mais ils seront Prussiens, vos enfants! vous êtes un vieux soldat d'Afrique, vous avez eu l'honneur de servir sous le drapeau tricolore, et vous souffrirez que vos fils portent les armes contre la France?

« — J'espère bien que non. Nous avons une année devant nous ; je n'ai prêté aucun serment ; le droit d'option m'appartient comme aux autres, on sera toujours libre d'émigrer. Mais je n'étais pas libre d'abandonner ma place le jour où l'on m'a mis le marché à la main. Si la plupart des gardes alsaciens ont pris le même parti que moi, soyez sûr qu'ils ne l'ont pas fait de gaieté de cœur. Les forestiers aiment la France, ils l'ont prouvé assez souvent; au cours de cette funeste guerre, il y en a bien peu qui n'aient risqué leur vie dans des missions ingrates et obscures autant que périlleuses. Les mêmes hommes n'ont consenti à garder les forêts françaises pour le compte du gouvernement prussien que parce qu'ils étaient sans ressources et que la nécessité les tenait littéralement à la gorge.

« On dit que nous avons sacrifié notre devoir à un misérable intérêt. Mais ce calcul, si c'en était un, serait le plus stupide du monde. Nous avions un intérêt évident à rester Français. Moi qui vous parle, je touche à l'âge de la retraite. Avant trois ans, j'aurai le droit de faire régler la pension qui m'est due, puisque l'État me retient quelque chose à cet effet sur chaque mois de traitement. A qui m'adresserai-je, je vous prie : aux Prussiens? Ils répondront qu'ils ne me doivent rien, car c'est le trésor français qui a encaissé mes retenues. Aux Français? Ils diront que j'ai perdu mes droits à la retraite en acceptant du service chez l'ennemi. Et l'on aura raison de part et d'autre. Et je savais à quoi je m'exposais le jour où j'ai dit oui. Mais je ne pouvais pas faire autrement. C'est l'histoire du plat de lentilles. Les renégats de ma catégorie sont des hommes qui ont vendu leur héritage à vil prix un jour qu'ils avaient faim [1]. »

Il parla longtemps sur ce ton, avec beaucoup de chaleur et de force, et peut-être était-il de bonne foi. Je l'ai toujours connu sincère et profondément religieux. Toutefois, les raisons qu'il déduisit à la file ne dissipèrent pas complétement son malaise, ni le mien. J'estimais que les pauvres petits fonctionnaires mal payés, sans épargnes, qui ont conservé comme lui leur gagne-pain chez le vainqueur sont plus dignes de pitié que de blâme, et pourtant, quelque effort que je fisse, je ne réussis pas à le voir avec mes yeux d'autrefois, et je lui dis adieu plus froidement que je n'aurais voulu moi-même.

Je n'ai pas pu, jusqu'à présent, me procurer le compte exact des gardes et brigadiers qui consentent à servir la Prusse. On parle de vingt ou trente, mais le chiffre est sans importance, parce qu'il ne comprend que des esclaves de la nécessité. Tous ces hommes ont été bons Français jusqu'au dernier jour. Ils sont venus spontanément s'offrir

[1] Ce raisonnement est faux; les pensions des renégats seront servies par la Prusse.

pour guides aux généraux ahuris de notre armée; ils ont pris sur eux de barricader plusieurs routes, et si la marche des ennemis a été retardée de quelques heures, c'est par eux. Ils ont tendu la main aux francs-tireurs; ils ont favorisé l'évasion des blessés convalescents et des conscrits qui ralliaient notre drapeau; ils ont été, pendant plusieurs mois, les seuls agents de la poste française, et gratuitement, à grands risques, ils ont entretenu des communications presque régulières entre l'Alsace et la patrie. Enfin, il paraît avéré qu'en conservant leur gagne-pain sous la domination du vainqueur, ils n'ont fait qu'obéir aux conseils paternels de leurs chefs, qui voyaient la difficulté de les replacer tous en France. Ajoutez qu'en dépit de tant de circonstances atténuantes, ces pauvres gens sont impitoyablement condamnés par l'opinion publique, et dites si l'Allemagne a lieu de célébrer cette conquête morale et cette annexion d'âmes.

Les officiers de ces humbles soldats formant l'état-major de la partie forestière, gardes généraux, sous-inspecteurs, inspecteurs et conservateurs, sont tous restés Français, sauf deux, un polisson nommé Gerdol et un Turckheim, parent du trop célèbre Durckheim de Montmartin, et entraîné par ses relations de famille.

Il ne faudrait pourtant pas que la France confondit dans une même réprobation les noms de Turckheim et de Durckheim. M. Durckheim de Montmartin, ancien préfet de Colmar et préfet des plus débraillés, puis inspecteur général aux télégraphes, a renié dans un écrit public la France, qu'il avait très-piétrement servie. Une ambition démesurée et des besoins qu'on dit insatiables le poussèrent à briguer, par ce scandale, les bonnes grâces de M. de Bismarck. Sa défection devait sembler d'autant plus méritoire aux Prussiens, que son fils aîné, un vaillant jeune homme, s'était fait tuer à Sedan.

Mais Durckheim de Montmartin, seigneur de Frœschwiller, n'a pas été coté au prix qu'il croyait valoir. Les vainqueurs ont payé sa noire trahison d'une plus noire ingratitude : on ne lui a offert qu'une sous-préfecture, et il perd sans compensation la retraite que la France s'apprêtait à lui liquider. Son parent, M. de Turckheim, sous-inspecteur des forêts, ne doit être confondu sous aucun prétexte avec les honorables Turckheim de Niederbronn, MM. Édouard et Rodolphe de Turckheim, membres de la grande famille de Dietrich, où tout le monde, sans exception, donne l'exemple du plus pur et du plus ardent patriotisme.

Parmi tant et tant d'hommes que le ministère des finances employait en Alsace, on ne cite que deux percepteurs qui aient passé à l'ennemi. J'en sais, j'en vois beaucoup qui ont repoussé des offres éblouissantes, et qui attendent stoïquement, dans un état voisin de la misère, que le gouvernement français veuille ou puisse les replacer.

Les professeurs de nos colléges communaux sont encore en grand nombre sur le pavé. Comme ils étaient payés douze ou quinze cents francs au bon temps, ils ne sauraient avoir de grosses économies devant eux. Aussi fatiguent-ils de leurs sollicitations le ministère de l'instruction publique, qui n'a pas le temps de répondre. Cependant, ils refusent de servir l'ennemi, et l'ennemi, qui veut à tout prix enrôler quelques Alsaciens pour la montre, est réduit à les prendre dans le rebut de la population. Il n'a pu ramasser qu'un seul professeur dans la boue de Saverne, c'est l'abbé Blaise. L'abbé Blaise, qu'on nomme abbé par dérision, est un fruit sec de séminaire, suspect de mœurs infâmes et manifestement adonné à l'ivrognerie : il mendiait deux sous pour aller boire. Cet affreux petit drôle n'est ni bachelier, ni pourvu du brevet d'instituteur primaire Les Prussiens l'ont nommé professeur au collége, avec le traitement d'un principal. Le jour où cette nomination a paru dans la feuille officielle, la ville n'a poussé qu'un cri, mais le sous-préfet allemand a fait la sourde oreille.

Nous avons à Saverne un curé, un pasteur et un

rabbin. De tout temps, ces trois prêtres ont vécu en bonne harmonie. Ils sont rivaux depuis un an, mais ils ne rivalisent que de patriotisme. C'est à qui se montrera meilleur Français.

Les quelques gros propriétaires que l'on citait ici, les Hoffmann, les Arth, les Seiler sont partis avec leurs enfants. L'aristocratie de la ville, réduite à sa plus simple expression, se compose des avocats et des officiers ministériels. Je n'en parlerai qu'en pesant tous les mots, car je touche au point délicat : c'est un peu là que le bât nous blesse. Le peuple et la bourgeoisie surveillent avec une certaine anxiété les moindres mouvements de ce petit monde qui gravite autour du tribunal.

Il faut dire d'abord que le patriotisme est moins facile aux officiers ministériels qu'aux autres citoyens de l'Alsace, parce qu'il peut leur coûter beaucoup plus cher.

Je n'ai pas besoin d'apprendre aux Français comment et à quel prix on devient officier ministériel en France. Ce qu'on ignore assez communément à Paris, c'est qu'en Prusse, un notaire et un avoué sont deux fonctionnaires nommés gratis par le roi. Les avoués et les notaires alsaciens, qui ont payé leur charge à beaux deniers comptants et qui souvent ne possèdent pas autre chose, seront probablement ruinés s'ils réclament la nationalité française. S'ils deviennent fonctionnaires prussiens, non-seulement on leur permet de continuer l'exercice de leur profession, à charge de rédiger les actes et les conclusions en allemand, mais M. de Bismarck pourra leur rembourser le prix de leurs charges, qui ne sont désormais plus transmissibles par voie de présentation. Je dis *pourra*, car le grand chancelier est maître absolu de leur sort. Il a dit au Reichstag qu'ayant été pour ainsi dire l'auteur de notre annexion, il se faisait un devoir d'assurer notre bonheur, et la Chambre, comme le roi, lui a donné carte blanche; il est de fait, le vice-empereur de l'Alsace et de la Lorraine. Sur sa proposition, nos vainqueurs ont dit qu'il *pourrait* indemniser les officiers ministériels, qu'il *pourrait* autoriser pour trois ans l'usage de la langue française devant les tribunaux : c'est ainsi qu'on a placé les notaires, les avoués et les avocats eux-mêmes dans sa main.

Si l'on expropriait tout simplement les officiers ministériels, ils prendraient le prix de leurs charges et l'emporteraient en France : c'est ce qu'on ne veut pas. De même qu'à Strasbourg et dans les autres villes démolies par le canon Krupp, on indemnise les propriétaires quand ils ont rebâti leurs maisons, on n'indemnisera les notaires et les avoués que s'ils conservent leurs études au titre allemand, comme fonctionnaires prussiens.

Que feront-ils ? Et vous, lecteur impartial, êtes-vous homme à dire au pied levé, sans réflexion, sans hésitation, ce que vous feriez à leur place?

Voici, par exemple, un vieillard qui a travaillé quarante ans pour payer le prix de son étude, en élevant trois fils. L'aîné est juge en France; le second, qui s'est bien battu sous les murs de Belfort, est percepteur en France; le troisième est aide-major dans l'armée française. Ces trois jeunes gens gagnent strictement leur vie; le père ne voudrait pas leur être à charge tant qu'il peut travailler lui-même. Exigez-vous qu'il abandonne, pour l'amour du pays, cette étude qui est son seul gagne-pain possible, son unique avoir et le fruit de toute une vie laborieuse? S'il prenait un parti si héroïque, il serait un grand citoyen, la France lui rendrait hommage, mais elle ne lui rendrait que cela.

Si tous les officiers ministériels de l'Alsace et de la Lorraine refusaient l'investiture prussienne, s'ils optaient tous pour la nationalité française, s'ils renonçaient à toute indemnité, s'ils se ruinaient généreusement pour l'honneur du pays, ce serait l'idéal de la résistance, et l'idéal n'est pas de ce monde. C'est déjà beaucoup qu'un grand nombre de notaires et d'avoués aient pris et publié cette résolution admirable; on ne peut pas compter qu'une règle surnaturelle ne rencontrera pas d'exception.

Nous ne sommes ici ni à Colmar, ni à Mulhouse, mais dans une petite ville déchue, où le moral des habitants n'a jamais dépassé certain niveau.

Si j'écrivais une œuvre d'imagination, j'aurais le droit de supprimer les demi-teintes et d'exposer en pleine lumière une Alsace sans tache, belle de tout point, partout égale à elle-même, rayonnante du plus pur éclat de la vertu. C'est la méthode antique. Les Grecs et les Romains la pratiquaient non-seulement dans leurs sculptures, mais dans leurs récits historiques, qui étaient aussi des œuvres d'art. Ils éliminaient avec soin, et sans aucun scrupule, toutes les imperfections de détail qui pouvaient déparer un type de beauté physique ou morale. C'est ainsi qu'ils nous ont légué des portraits tellement supérieurs à la nature que, si on les prenait au sérieux, il faudrait nier le progrès et croire que l'humanité marche à reculons.

Ces procédés ne sont pas abandonnés depuis longtemps, même en France, et l'histoire de notre grande Révolution, telle que nous l'avons lue, est quelque peu renouvelée des Grecs et des Romains. Elle déguise en héros antiques, c'est-à-dire en demi-dieux, beaucoup d'hommes qui, vus de près, ne paraîtraient peut-être pas meilleurs que Ferré, Gaillard ou Régère. L'esprit de notre époque est plus exact, et je croirais manquer à mes lecteurs, si je ne faisais pas un travail de conscience rigoureuse et de vérité pure, au risque de laisser quelques taches dans le tableau.

Il s'en faut que les Alsaciens soient des hommes tout d'une pièce. En présence de l'ennemi qui les observe et les juge concurremment avec nous, je dois avouer qu'ils ont du bon et du mauvais. Je n'ai pas entrepris de prouver par des sophismes d'avocat que tous les cultivateurs de nos campagnes et les bourgeois de nos petites villes étaient prêts à sacrifier aveuglément leurs biens et leurs vies pour l'amour de cette sainte abstraction qui s'appelle la patrie française.

Le paysan et le notaire assis devant leur poêle ne montrent ni le courage indomptable ni l'abnégation sublime dont leurs fils ont fait preuve hier encore, sous nos drapeaux, grâce à la discipline de l'armée et à l'entraînement de la lutte. Ils sont plus calmes, ils comptent, ils raisonnent, ils pèsent le pour et le contre et se tiennent en garde contre les accidents. Le martyre, et surtout le martyre à froid, ne les tente pas plus que les autres Français de leur classe et de leur éducation.

Ils savent au besoin tendre le dos si la tourmente est trop forte, sauf à se retourner et à faire tête dans un moment plus opportun. On les verra bien rarement entreprendre plus qu'ils ne peuvent, mais ils savent bien ce qu'ils veulent, et c'est beaucoup.

J'ai entendu de riches paysans déclarer qu'ils donneraient la moitié de leurs biens pour rester citoyens français. Ce sentiment est noble ; il m'a touché, j'en conviens, mais n'ayant pas trouvé une occasion de le mettre à l'épreuve, je n'y crois que sous bénéfice d'inventaire. Ce qui me persuade bien autrement, c'est l'unanimité des bonnes gens qui me disent sans phrase, en secouant la tête : « Ça ne va pas bien ! » Je crois sans hésiter ceux qui se plaignent des réquisitions, des garnisaires, de la rapacité prussienne, des impôts aggravés, de la roideur des nouveaux fonctionnaires, de la grossièreté allemande ; ceux qui témoignent une répugnance invicible à voir leurs enfants sous le casque pointu, malmenés et rossés par un soudard puant.

Je crois ceux qui me disent : « Nous avons bien taquiné les *Welches*, qui valaient cent fois mieux que les *Souabes*. Quant aux *Souabes*, nous les ferons mourir à petit feu, sans nous donner beaucoup de mouvement. » Cette phrase dit tout en peu de mots ; elle exprime leur goût pour l'autonomie absolue, leur préférence pour les Français comparés aux Allemands, et leur confiance illimitée dans cette force d'inertie dont la nature les a doués.

Nous avons à deux pas de Saverne un hameau du nom d'Ottersthal. Triste commune, beaucoup d'ivrognes, pas mal de braconniers, des maraudeurs en foule, énormément de filles perdues. Le maire, ancien et nouveau, seul possible, est un grand vieillard sec et rude comme un fagot d'épines, honnête homme au demeurant. Il a donné bien du fil à retordre aux sous-préfets de l'empire français. La semaine dernière, un Savernois appelé pour affaire à la sous-préfecture se croise avec le maire d'Ottersthal, qui sortait roide, froid, impassible. Il entre et trouve le sous-préfet haletant, tout en nage, tordant ses mains comme un désespéré, et criant : « Ce maudit maire me fera mourir ; c'est la résistance faite homme. Et dire qu'il ne sait pas un seul mot de français! »

Dans les villages bons et mauvais, dans les villes petites et grandes, ignorantes ou éclairées, les Alsaciens résisteront, je ne crains pas de le prédire, tant que l'annexion durera. Leur révolte sera le plus souvent passive, elle pourra mollir ici ou là, pour un temps, mais elle ne désarmera jamais. Elle a faibli un peu, cela s'explique assez, pendant les horreurs de la Commune, mais la victoire de M. Thiers a retrempé tous ses ressorts.

Les plus beaux caractères ont leurs jours de fatigue. N'avons-nous pas vu M. Küss, l'honorable et vaillant maire de Strasbourg, assister au *Te*

Deum allemand après la capitulation de la ville? Le général von Werder l'avait invité à s'y rendre, il craignit que son refus n'attirât quelques représailles sur ses administrés. C'était probablement une erreur, à coup sûr une faute. Strasbourg la lui pardonna, mais le digne homme ne se la pardonna point, il en mourut. Peut-être verra-t-on encore des citoyens également honnêtes et dévoués à la France se tromper comme lui, car le patriotisme alsacien n'est pas tout d'une pièce. Soyez sûrs qu'ils ne ploieront que pour se redresser avec force, et que le jeu de ces ressorts humains fatiguera nos ennemis.

J'ai parlé du danger qui menace nos officiers ministériels. C'est la ruine à courte échéance, ni plus ni moins. Ceux qui, l'année prochaine, à la fin de septembre, opteront pour la nationalité française, pourront être privés de leurs offices sans un centime d'indemnité. Il n'y en a pas un qui n'aspire à rester Français, mais beaucoup sont trop pauvres pour faire le sacrifice de leurs études, et les riches eux-mêmes, on le comprend, seraient charmés de ne rien perdre.

Leur première inspiration a été de tourner l'obstacle, sauf à l'aborder de front et à s'y briser en braves si l'on ne peut faire autrement. Ils ont envoyé une députation à Versailles pour demander l'avis de l'autorité compétente : « Qu'adviendrait-il de nous si nous restions en place jusqu'au payement de nos indemnités ? Si nous étions contraints d'accepter la nationalité allemande, quand et comment pourrions-nous redevenir Français ? Et si nous prêtions à Guillaume le serment qu'il exige des officiers ministériels, quelle serait la valeur de cet acte aux yeux du gouvernement français ? »

On raconte, mais je n'ai pu vérifier ce dire, que le ministre a tout permis, tout promis, déclaré que la France rendrait la qualité de citoyen à ceux qui l'auraient abdiquée pour éviter la ruine, et qu'aussitôt rentrés dans le giron de la patrie, on les relèverait d'un serment extorqué. J'ai peine à croire qu'un tel propos soit authentique de tout point. Si un gouvernement est toujours maître de naturaliser à nouveau ceux qui ont perdu le droit de cité sans méfaire, la question du serment est moins simple.

Je ne croirai jamais qu'un ministre ait le bras assez long pour déchirer à Versailles un contrat enregistré à la chancellerie de Berlin. Le droit de rendre une parole n'appartient qu'à celui qui l'a reçue. Les triumvirs de Tours, quoique grands fantaisistes et portés à gouverner pontificalement, se contentaient d'ouvrir leurs bras aux officiers parjures ; ils n'ont pas fait la simagrée de les délier de leur serment. On peut plaider que, dans l'espèce, nos officiers ministériels sont sous le coup d'une violence ; que la confiscation dont ils sont menacés est un acte de brigandage à main armée. N'importe : ce tripotage de conscience et d'intérêt ne sent pas bon. D'ailleurs, la ruse est éventée par des indiscrétions de toute sorte, et Bismarck le bien informé a dû se mettre en garde depuis longtemps. Comptez qu'il prendra ses mesures, et que s'il indemnise Pierre ou Paul, il le fera à bon escient. Le jour où la question sera posée sans ambages, on verra les grands côtés du caractère alsacien se dégager du brouillard qui les voile. Les notaires et les avoués qui ont d'autres moyens d'existence refuseront le serment, renonceront à l'indemnité, jetteront leurs charges à l'eau, et se retireront dans une médiocrité honnête et fière. Tout cela, posément, simplement, sans éclats, sans fanfaronnade : l'Est de la France est à mille lieues du Midi. Ceux qui seront contraints de passer sous les fourches caudines se soumettront avec dignité.

L'opinion publique fera la part des uns et des autres avec un bon sens qui l'honore : on plaindra ceux-ci, on redoublera d'estime pour ceux-là ; personne ne sera hué ni acclamé dans les rues. Cette race est pleine de sens ; elle admire les hommes qui luttent bravement contre le sort, elle n'accable pas ceux qui le subissent. Ce qu'elle exècre et flétrit sans pitié, c'est la bassesse active, le vil empressement des pleutres qui courent au-devant de la servitude pour en tirer quelque profit.

Notre petite ville, qui est assurément une des moins héroïques de l'Alsace, ne sait pas mauvais gré aux officiers ministériels que le besoin va transformer en fonctionnaires prussiens ; mais elle flétrit ceux qui hantent, sans nécessité, le tribunal ou la sous-préfecture. Elle a montré une profonde émotion le jour où quelques plats valets, en minorité, Dieu merci, ont tenté vainement d'admettre au Casino la magistrature allemande. Et la population entière a hurlé d'indignation lorsque les filles du concierge, deux vénérables coquines qui avaient dévoué leur jeunesse aux plaisirs des magistrats français, ont enguirlandé les abords du tribunal en l'honneur de la Prusse.

Puisque je tiens Saverne et son tribunal, je ne les lâcherai pas que nous n'ayons éclairci la grosse affaire de la pétition. Une ville de 5,400 âmes qui écrit à M. de Bismarck : « Nos origines, nos noms, nos mœurs, nos cœurs sont allemands » mérite de comparaître devant le tribunal de l'opinion publique. Nos ennemis ont exploité cet acte de faiblesse, les bons Français de l'Asace en ont gémi, mais personne, que je sache, ne s'est encore donné la peine de l'analyser.

De même que les Français se distinguent des autres nations par l'acharnement avec lequel ils poursuivent et retiennent les fonctions publiques, on peut dire que le caractère le plus saillant d'une ville vraiment française est un désir immodéré d'obtenir, ou de conserver quelque institution publique entretenue aux frais de l'État. Homère appelle l'Océan le *père des fleuves*, sans ajouter qu'il est alimenté par les fleuves. Les Français considèrent le budget comme le père des revenus collectifs et privés, sans songer que cet océan prend sa source dans toutes les poches. Après le bonheur d'émarger directement nous-mêmes, nous plaçons en première ligne la consolation de partager avec les heureux du budget, et de leur reprendre une partie de ce qu'ils ont touché. Voilà pourquoi les grandes villes se disputent les préfectures, les cours d'appel, les manufactures de l'État, les écoles nationales, tandis que les petites font des vœux pour obtenir un tribunal, s'enrichir d'une caserne, jouir d'une prison ! Une cité qui loge et nourrit un certain nombre de serviteurs publics regarde ses voisines de très-haut, comme si elle-même était peu ou prou fonctionnaire. La grande jalousie de la province contre Paris s'explique par le nombre des chefs de bureau que Paris accapare au détriment de la province.

La belle phrase des « cœurs et des mœurs » est donc au moins inexacte en un point. Les Savernois ont Français par les mœurs, puisqu'ils se sont cramponnés à leur tribunal avec une furie toute française. Nos maîtres de Berlin, qui cachent un certain fonds de malice sous leur couenne, avaient voulu tâter le moral du pays et se donner par surcroît le spectacle d'une émotion ridicule. Ils insinuèrent à petit bruit, par demi-mots, qu'il était question de transporter le tribunal à Sarre-Union, et la ville se crut perdue. Saverne, sans tribunal, n'était plus que l'ombre d'elle-même ; le dernier reflet de son antique splendeur allait s'éclipser pour toujours ; la ville des Rohan tombait au niveau de Wasselonne ou de Drulingen, les natifs de la rue de l'Oignon n'auraient plus dit, avec le légitime orgueil qui les caractérise : « Je suis moi-même de Saverne même. » Il fallait renverser le célèbre obélisque où l'on a marqué la distance de toutes les villes du monde, lorsque le nombril de la terre était évidemment la place du Château.

L'imminence et la grandeur du péril dictèrent une résolution désespérée. Le conseil municipal se réunit ; on parla d'adresser une pétition au chancelier, de soutenir énergiquement les droits de la ville. Si la pièce ne fut pas rédigée séance tenante, c'est que notre conseil, composé de fort honnêtes gens, compte plus d'aubergistes, de bouchers et de brasseurs que de journalistes : ce n'est pas le conseil municipal de Paris ! Tel membre qui jouit d'une légitime influence aurait besoin d'une demi-journée pour arrondir une phrase en bon français; or c'est en allemand qu'on écrit à M. de Bismarck, et la difficulté n'en est que plus grande. Si la plupart des conseillers parlent couramment le patois, il n'y en a pas deux qui sachent le haut allemand, la langue officielle, savante et quelque peu pédante, qui seule a cours dans les bureaux de la chancellerie. Bon gré mal gré, il fallut ajourner une affaire si urgente, et déléguer la tâche à des hommes capables; on ne vota que le principe de la pétition; c'était beaucoup; quand la ville le sut, elle se sentit déjà soulagée.

Les gens du peuple et les bourgeois, tous bons Français, se réjouissaient de dire son fait à M. de Bismarck, et de lui prouver que Saverne n'est pas ville à subir une injustice sans protester. Les habiles de la classe supérieure comptaient bien que le document serait conçu dans une forme très-courtoise. Les mots ne sont que des mots, pensaient-ils, tandis que les affaires sont les affaires. Tout le monde attendait la pétition avec impatience, non pour la discuter et la juger, mais pour la signer vite et parer le coup fatal s'il était temps encore.

Un petit avoué rachitique du nom de Fetter, gaillard sans préjugés, écrivit la pièce en français; il y mit tout le feu d'un homme qui plaide pour son pain et qui se moque du reste. La traduction fut savamment élucubrée par l'archéologue Dagobert Fischer. Celui-là n'est ni avoué, ni avocat, il n'a pas d'enfants à nourrir, c'est un vieux garçon, bien partagé de la fortune, soigneux conservateur de son patrimoine et qui n'a besoin de rien pour lui-même. J'ai sous les yeux une lettre qu'il écrivait la semaine dernière ; il y professe les meilleurs sentiments pour la France, « que nous considérons toujours, dit-il, comme notre patrie. » Ce n'est pas le langage d'un renégat. Mais ce brave homme, qui n'est plus jeune, a germanisé toute sa vie ; il a respiré la poussière de nos archives, il s'en est imprégné, il se meut dans le moyen âge alsacien, comme un vieux poisson rouge dans un bocal d'eau croupie. Son archéologie et sa littérature, médiocrement appréciées dans nos pays, ont obtenu quelque ombre de succès dans quelque coin de l'Allemagne. Il n'est guère qu'un maniaque à Saverne, il est un demi-savant et une façon d'homme de lettres sur la rive droite du Rhin. De là ses demi-sympathies pour l'Allemagne et l'espèce de complaisance qu'il met dans ses rapports avec l'ennemi. En traduisant les basses flatteries du petit Fetter, peut-être a-t-il rêvé que les érudits de sa sorte sont comme des ponts vivants que la Providence a jetés d'une nation à l'autre. Peut-être aussi les soins du mot à mot, le tour des phrases, le choix des expressions classiques, la satisfaction de prouver aux messieurs de Berlin que le culte du beau langage n'est pas mort en Alsace, en un mot, la niaiserie du pédant lui a-t-elle fait oublier qu'il traduisait des platitudes et se rendait complice d'une infamie.

La pétition ainsi faite et traduite, il restait à escamoter les signatures des habitants. Cela n'était pas malaisé dans une ville où l'allemand classique est lettre close pour quatre-vingt-dix-neuf personnes sur cent. On s'adressa d'abord au maire, qui, voyant trois pages d'écriture indéchiffrable dans une langue qu'il sait fort mal, eut plus tôt fait de signer que de lire. Je reproduis l'explication qu'il m'a donnée lui-même : « Pour comprendre la pétition, m'a-t-il dit, j'aurais eu besoin de piocher trois heures à coups de dictionnaire, et malheureusement, j'étais pressé. »

Il paraît certain que l'urgence fut pour beaucoup dans le succès de cette étrange opération. L'appariteur chargé de recueillir les signatures courait de maison en maison : « Voici la pétition, disait-il, signez vite. C'est pour le tribunal, il n'y a pas de temps à perdre ; le paquet part ce soir à quatre heures. » On avait choisi à dessein le jeudi, jour de marché, où personne n'est de loisir. Nos Alsaciens étaient intimidés, comme le maire, par la longueur du document, par l'écriture allemande, et par leur ignorance de la langue. La signature du maire rassura les conseillers municipaux: ils firent comme lui ; et toute la ville emboîta le pas derrière ses élus. Quelques femmes signèrent, à la bonne franquette, pour leurs maris absents : c'est un peu l'usage. Plusieurs *Welches* de mes amis, qui s'apprêtaient à quitter l'Alsace, signèrent pour faire nombre, et pour donner un dernier témoignage de sympathie à la ville.

La chose avait marché sans un seul choc jusqu'à trois heures et demie, lorsqu'un honnête industriel, qui sait l'allemand, voulut lire avant de signer : « Mais c'est une infamie ! » s'écria-t-il à la dernière page. Il jeta l'appariteur à la porte, courut chez ses amis, leur ouvrit les yeux, donna l'éveil, et mit toute la population sur pied. On s'émut, on cria ; chacun voulut reprendre sa signature. Trop tard ! la pétition roulait déjà sur la route de Berlin.

Que faire alors ? rédiger une contre-pétition ? se démentir du jour au lendemain ? écrire au chancelier : « Nos origines, nos mœurs, nos cœurs sont français ? » C'était provoquer la colère de M. de Bismarck ; c'était envoyer le tribunal de Saverne à Sarre-Union par la poste. Les résolutions extrêmes ne sont ni dans les goûts ni dans les habitudes de l'Alsace. On se consola en disant : « Nos signatures ont été surprises ; si M. de Bismarck s'imagine que nous avons le cœur allemand, il se trompe, et nous avons du temps devant nous pour lui prouver le contraire. » Le fait est que la ville n'a jamais fait moins d'accueil aux Allemands que depuis cette malencontreuse et sotte pétition. On se venge sur eux de la sottise qu'ils ont fait commettre. Et l'on garde le tribunal !

Le lecteur me pardonnera d'entrer si avant dans le détail de cet épisode. Je devais insister, car c'est le seul acte de défection collective qui se soit produit, en un an, dans toute l'Alsace, et il fallait l'étudier de près pour le réduire à ses justes proportions.

Quant aux trahisons isolées qui sont le fait d'un seul individu, on n'en a vu que deux à Saverne. encore la plus coupable vient-elle d'un Allemand établi dans le pays. Cet homme a fait son métier d'Allemand; ses compatriotes l'ont payé : il se promène la tête haute en compagnie des gendarmes prussiens, mais rien ne prouve qu'il ne recevra pas un jour, à la brune, quelque ample volée de bois vert. Ces corrections tombent du ciel à ceux qui les méritent, on en cite quelques exemples çà et là.

Il y a des mauvais drôles partout. Un misérable a livré pour trois cigares les canons de la Petite-Pierre (Lichtenstein), que nos soldats avaient pris soin d'enterrer. Un autre a vendu à l'ennemi les

conduites d'eau qui alimentaient la place de Phalsbourg. Mais ces petites infamies ne sauraient étonner les Parisiens : ils en ont vu tant d'autres pendant le siége! L'essentiel est que la masse des populations soit saine, loyale et française, et je l'ai
trouvée telle à Saverne, aussi bien que dans les
grandes villes de Strasbourg, de Colmar et de Mulhouse, où je vous conduirai dès demain

V

STRASBOURG

Aussi longtemps que je vivrai, ce beau nom, ce cher nom de Strasbourg, éveillera le plus radieux souvenir de ma jeunesse. La douleur et la honte n'ont pas pu l'assombrir, les larmes et le sang n'en ont pas effacé un seul trait.

C'était au milieu des vacances de 1846; j'étais un grand collégien vif et robuste. Après avoir couru les Vosges à pied, le sac au dos, j'entrais, tout palpitant d'impatiente curiosité, dans cette grande ville, et je la trouvais en fête. L'Alsace tout entière s'y était donné rendez-vous pour saluer le duc de Montpensier, dernier fils du roi, et fiancé d'une princesse espagnole. On se foulait à la porte des hôtels, où le service des tables d'hôtes recommençait d'heure en heure. Les places et les rues étaient encombrées de longs chariots pavoisés et fleuris, où les plus belles filles des villages étalaient leurs costumes éblouissants.

Autour de ces députations virginales, des milliers de grands gars aux cheveux blonds, espoir de la cavalerie française, faisaient caracoler leurs bêtes bien râblées. Quelques gros maires, au visage écarlate, drapaient fièrement leurs écharpes sur des habits du siècle dernier. C'était un joyeux carnaval de jupes vertes et rouges, de corsages brodés, de larges rubans étalés en ailes de papillon, de culottes courtes, de souliers à boucles, de gilets ruisselants de boutons, de harnais où le cuivre poli brillait en larges plaques aux rayons du soleil.

Les réjouissances se continuèrent durant deux jours et deux nuits, sans un intervalle de repos. Il y eut petite guerre au polygone, grand bal à la mairie, pont jeté sur le Rhin, spectacle de gala au grand théâtre avec *Robert le Diable*. Naturellement, nos amis, nos bons amis du grand-duché de Bade, prirent leur part de ces plaisirs; il n'y avait pas de belles fêtes sans eux. Je vois encore le fils du grand-duc, un beau garçon de vingt ans, entrer en ville avec notre jeune prince : ils passent le pont-levis côte à côte et les tambours battent aux champs.

On m'aurait, certes, bien scandalisé ce jour-là, si l'on m'eût dit que notre vieux roi, le roi bonhomme, serait détrôné dans dix-huit mois, comme le plus odieux tyran de l'histoire; mais ce qui m'eût semblé plus incroyable encore, c'est que ce prince allemand, à la figure honnête et douce, reconnaîtrait un jour l'hospitalité de Strasbourg en faisant bombarder la ville. Non, jamais mon esprit ne se serait ouvert à une si monstrueuse hypothèse, et, si quelque Cagliostro m'avait montré dans son miroir magique 565 maisons brûlées ou effondrées, 315 bourgeois de tout âge tués, 2,000 autres blessés ou mutilés chez eux ou dans la rue par les canons de ce jeune homme, que nous acclamions à l'envi, j'aurais brisé le miroir en l'appelant menteur infâme. Qui pouvait deviner la fermentation d'une haine implacable sous l'apparente cordialité de ces Badois?

Il paraît que nous sommes leurs ennemis héréditaires, mais du diable si l'on s'en doutait alors! et ils ne semblaient pas s'en douter plus que nous. Bien des fois, depuis cette époque, je les ai vus chez eux, je me suis assis à leur table en payant; j'ai couché dans leurs lits d'auberge, qui sont chers et mauvais, je leur ai donné des pourboires qu'ils serraient sur leur cœur comme les souvenirs d'un ami. Quels hommes sont-ils donc pour cacher si longtemps et si bien une rancune si féroce ! Ces sauvages patelins, ces Peaux-Rouges fardés d'honnête bonhomie, nous ont trompés jusqu'à la dernière heure. Je me rappelle fort bien qu'au début de cette malheureuse guerre on se flattait de les trouver sinon favorables, au moins neutres. La France ne leur voulait aucun mal. Le seul dissentiment entre eux et nous, c'est que nous ne souhaitions point qu'ils fussent mangés par la Prusse, tandis qu'ils avaient faim d'être mangés.

Ils ont brûlé Strasbourg pour plaire à celui qu'ils appellent, dans leur admiration naïve, l'homme de fer et de sang. Ils ont été les valets du bourreau, et, suivant un usage vénérable, ils se sont adjugé la chemise et les souliers du condamné. Aussitôt que l'Alsace a été vaincue et désarmée, on a vu les honnêtes citadins et les braves paysans badois accourir en pantoufles à la conquête des mobiliers français. Ils traînaient des fourgons derrière eux, comme au temps des grandes invasions germaniques, et ils dévalisaient de préférence leurs anciens amis, ceux dont ils avaient essayé le piano, dégusté la cave, admiré les armoires, envié le beau linge blanc. Estimables Badois, si ces biens mal acquis vous faisaient le profit que vous en espérez, la divine Providence perdrait son nom ; il faudrait l'appeler Complicité divine !

Mais c'est du présent qu'il s'agit. Voyons ce qu'ils

ont fait de la plus vaillante, de la plus studieuse, de la plus hospitalière, de la meilleure cité qui fût en France. Je ne connais personne qui ait habité ou simplement traversé Strasbourg sans s'y plaire; pas un homme qui n'en ait emporté une impression d'estime et d'amitié. La ville neuve et la vieille, et la citadelle elle-même, avaient une physionomie cordiale. Cette pauvre citadelle, dont on montre aujourd'hui les ruines pour de l'argent, je me souviens d'y être allé un jour à sept heures du matin pour défendre un brave garçon devant le conseil de guerre. Elle me fit l'effet d'une chartreuse, avec sa grande place aux trois quarts déserte, ses bâtiments du dix-septième siècle, ses petits jardins de curé, où des colonels en robe de chambre secouaient gravement leurs pruniers, et l'activité mécanique des soldats qui s'en allaient deçà, delà, mal éveillés. Pour la première fois, j'entrevis les douceurs inertes de la vie méthodique et cloîtrée; j'enviai le sort des vieux officiers du service des places, demi-clos dans les trous à rats que le génie leur a creusés partout.

Il faut dire aussi que Strasbourg, lorsqu'il ne s'écrivait pas Strassburg, était le paradis des militaires: ils y vivaient pour rien; ils y tenaient le haut du pavé; ils y étaient reçus dans toutes les familles, parce que les plus illustres et les plus riches avaient au moins un fils sous les drapeaux.

L'uniforme fleurissait sur les places, dans les rues, dans les salons, comme une plante qui a trouvé son vrai terrain. Et les bonnes filles du cru, qui auraient pu être blasées sur ces splendeurs, s'en montraient si naïvement éblouies! Un homme qui avait savouré les délices de cette heureuse garnison en conservait le goût jusqu'à l'heure de la retraite, et toute une population d'anciens officiers venaient finir la vie à Strasbourg. On les reconnaissait à la moustache grise, au ruban rouge, à la tournure, au pas cadencé, à la voix. Et si on ne leur ôtait pas son chapeau, ce qui eût été fatigant, pour les chapeaux surtout, on les saluait au fond du cœur, et l'on se disait : Voilà encore un brave homme qui a dépensé trente années, ses meilleures, au service de notre pays!

Je vais faire un aveu qui semblera peut-être puéril : au moment où le train qui me ramenait à Strasbourg, après quatorze mois d'absence, franchit l'enceinte des remparts, j'étais moins occupé des ruines qui m'attendaient que de la physionomie nouvelle des rues. Je pensais en moi-même que Strasbourg, sans soldats français, devait être bien triste. Eh bien, l'impression fut encore plus poignante que je ne l'avais cru. J'avais oublié la garnison allemande! Pour sentir toute la honte et toute l'horreur de notre sort, il faut avoir vu Strasbourg peuplé de soldats ennemis, Strasbourg avec un billet de logement placardé sur toutes les portes, Strasbourg avec une botte de prussien sur chaque pavé !

Je ne décrirai pas les ruines, à quoi bon ? Tout le monde sait maintenant à quoi ressemble une maison bombardée. Les Allemands, après leurs victoires de Forbach et de Wœrth, ont pu s'approcher impunément et établir presque sans danger leurs batteries d'attaque. La ville n'avait pas dix mille hommes de garnison et, dans le nombre, il faut compter une foule de soldats débandés, abattus, démoralisés, qui s'y étaient réfugiés le 7 août. Avec des éléments si peu solides, il était difficile de défendre un seul jour les abords de la place. On ferma les portes, et l'on attendit un destin désormais inévitable si l'on n'était secouru à temps.

L'ennemi dirigea son principal effort sur la Porte-de-Pierre, qui est au nord, entre la gare et cette caserne de la Finckmatt où Louis-Napoléon se fit prendre comme dans une souricière. Établi fortement et en nombre dans les villages qui s'étendent du nord à l'ouest, entre Schiltigheim et Kœnigshofen, il avança ses parallèles jusqu'au pied du rempart, tandis qu'à l'est les batteries de Kehl couvraient de feux la citadelle, l'esplanade et l'arsenal.

Je ne vous ai promis que les notes d'un observateur attentif et véridique. On pourrait me taxer de présomption si j'entreprenais au pied levé l'histoire du siége de Strasbourg. Mais cette histoire se raconte elle-même au passant par tant de témoignages en tout genre, elle envahit si fortement son âme, il en est tellement saturé au bout de vingt-quatre heures, qu'à son tour, il la laisse échapper par tous les pores. Sans faire concurrence aux écrivains qui ont traité et traiteront encore ce noble sujet, je vous livre mes impressions dans leur vivacité native.

Le siége de Strasbourg, envisagé du point de vue où je suis, est un chef-d'œuvre de froide cruauté et un miracle d'héroïsme passif. Cruauté allemande, cela s'entend de reste, aux prises avec l'héroïsme français.

Pour les généraux assiégeants, la place aussitôt investie était prise d'avance, à moins d'un secours imprévu, peu vraisemblable après Reichshofen, et tout à fait impossible après Sedan. Werder avait le choix de la réduire par famine comme Paris, ou d'y entrer par la brèche, au bout d'un mois ou deux. Le bombardement des maisons fut donc un luxe de barbarie aussi inutile que l'envoi des boulets qui ont touché Saint-Sulpice et le Panthéon.

Il fut bien autrement odieux, car il dura trente et un jours; et ce n'est pas par un accident plus ou moins justifiable qu'une ville reçoit deux cent mille obus dans ses rues. Pour faire tout le mal qu'ils ont fait, les Allemands n'avaient pas d'autre excuse que la hâte d'en finir, l'espérance de lasser la population civile et d'exercer par elle une pression sur les chefs militaires. Ils réussirent à rendre les rues impraticables, à refouler quelques habitants dans leurs caves, à blesser ou à tuer beaucoup d'enfants, de femmes, de bourgeois inoffensifs, à détruire ou à mutiler les monuments les plus précieux, à raser tout un quartier, à en dévaster plusieurs autres; mais leur but principal fut manqué, car le moral du peuple s'exaltait à mesure qu'ils s'efforçaient de l'abattre.

Je crois qu'il serait puéril de leur imputer à crime la destruction de tel ou tel édifice, comme la Bibliothèque, le Théâtre et la Préfecture. C'est malgré eux, j'en suis certain, qu'ils ont incendié le Théâtre, car ils le regrettent beaucoup, et ils pressent la municipalité de le rebâtir au plus vite. La Préfecture a pu brûler par accident le lendemain du jour où M. Valentin en avait pris possession; rien ne prouve qu'ils fussent avertis de l'arrivée du nouveau préfet. C'est peut-être aussi le hasard qui attirait une pluie de projectiles sur le conseil municipal, en quelque lieu qu'il se réunît, et quelque soin qu'il prît de changer l'heure de ses séances. Si la cathédrale a servi de point de mire aux canons ennemis, la faute en est un peu aux chefs de la défense, qui avaient mis leur observatoire en vue sur la plate-forme, au lieu de la cacher dans une tour. Mais le crime des assiégeants, leur crime barbare et stupide, est d'avoir criblé de mitraille une population qu'ils se proposaient d'annexer.

En faisant éclater des milliers de boîtes à balles au milieu des rues de Strasbourg, ils ont trahi leur profonde ignorance du caractère français; ils ont prouvé qu'ils nous jugeaient d'après eux-mêmes. Les Allemands, grands et petits, ont le respect et le culte de la force : ils lèchent la main qui les assomme. Plus un vainqueur leur a fait de mal, plus leur bassesse naturelle les porte à l'admirer, à le servir, à lui complaire : témoin ces misérables Bavarois, qui se sont fait hacher, en 1870, pour l'homme qui les avait battus à coups de crosse en 1866; témoin l'Autriche allemande, qui, cinq ans après Sadowa, rampe ostensiblement vers la Prusse. Nos Alsaciens sont d'autres hommes, Dieu merci !

On peut se rendre compte des dangers qu'ont courus les Strasbourgeois, si l'on suit le bord du canal depuis l'angle de quai Kellermann, en face de la gare, jusqu'aux ruines de la Préfecture. Les murailles qui restent debout sont criblées de balles et d'éclats, comme à Paris l'angle d'une maison où les insurgés ont tenu tête à la troupe. Sur toute cette longueur il n'y a pas une place de

2 mètres de haut sur 50 centimètres de large où l'on eût pu se tenir debout sans risquer la mort. Une brigade d'infanterie, alignée en permanence sur ce front de bataille, eût péri jusqu'au dernier homme.

Parcourez en tous sens cette ville de 84,000 âmes, vous ne trouverez pas une rue où la mitraille du roi Guillaume n'ait frappé quelque chose ou quelqu'un, tandis que les remparts ont relativement peu souffert, et que la brèche ouverte à la Porte-de-Pierre n'a jamais été praticable. Tout le faubourg de Pierre était rasé jusqu'à l'angle de la Finckmatt; il n'en restait pas une maison à droite, pas une à gauche, quand le mur d'enceinte était encore debout et solide. C'est donc aux habitants, à la population civile, à ses futurs sujets, que le héros de l'Allemagne a fait la guerre. Il a voulu leur inculquer le patriotisme allemand par la terreur, devenir à leurs yeux une sorte de Jupiter tonnant, dieu de la poudre et de la mitraille.

Mauvais calcul, en somme : les Allemands s'en aperçoivent, mais trop tard. A leur approche, le moral des citoyens n'était peut-être pas unanimement héroïque. Tous ces fuyards de l'aile droite de Mac-Mahon qui se jetèrent dans la ville avaient communiqué à plus d'un habitant la terreur dont ils étaient pleins. On se comptait, on raisonnait ;

quelques-uns osaient dire à demi-voix que la résistance était impossible, et que le plus court serait d'ouvrir les portes. Le matin du 10 août, lorsque le général Uhrich déclara que la ville se défendrait tant qu'il resterait un soldat, une cartouche et un biscuit, bien des gens murmurèrent à la lecture de son affiche, et jugèrent qu'il allait un peu loin.

La garde nationale prit les armes sans hésiter, un corps de francs-tireurs s'organisa, prêt à bien faire; on vit des êtres doux et pacifiques comme cet excellent Liès-Bodard, professeur de chimie à la Faculté, endosser l'uniforme et conduire bravement de petites sorties. Toutefois les premiers obus qui tombèrent en ville le 13, le 14 et le 15 août, la vue de pauvres gens blessés dans leur lit ou dans la rue, un carnage de petites filles à l'orphelinat, quelques incendies isolés, la mort du vaillant colonel Fiévet et la perte de trois canons dans une sortie malheureuse, troublèrent bien des cœurs et amollirent quelques courages.

Mais quand une nouvelle affiche signée du général, du maire et du préfet annonça, le 23 août, que le moment solennel était arrivé; quand les ennemis commencèrent ce qu'ils nommaient dans leurs sommations officielles, le bombardement régulier; quand une grêle de projectiles s'abattit sans interruption sur les maisons, les hôpitaux, les ambulances, les églises, tuant à tort et à travers les vieillards, les enfants, les femmes, les blessés, un héroïque désespoir s'empara de tout le peuple, et chacun fit sans marchander le sacrifice de sa vie. Les plus tièdes devinrent les plus ardents; l'indignation, le mépris et la haine enivrèrent les plus timides.

Durant un mois entier, cette honnête, paisible et douce population vécut au milieu des flammes, et elle s'y acclimata comme les salamandres de la fable. Les oreilles s'habituèrent au sifflement des obus, au fracas des explosions, les cœurs s'endurcirent à l'idée de cette mort subite qui pleuvait çà et là, frappant aujourd'hui l'un, demain l'autre. Lorsqu'un éclat de quelques kilogrammes venait briser le miroir d'une jeune fille à sa toilette, couper le livre entre les mains d'un vieux savant, la jeune fille achevait de se coiffer devant un débris, en disant: Je l'ai échappé belle: le vieux savant prenait un autre livre.

Je connais des familles qui ont fui leurs maisons incendiées en courant sur les toits, et qui parlent de cette promenade comme d'un événement tout naturel. Une mère dont le fils était garde mobile à la citadelle est allée le voir chaque jour, en traversant l'esplanade où les obus tombaient à toute heure. Quoiqu'il fût impossible de faire cent pas dans la rue sans voir éclater une bombe, on sortait, on allait à ses devoirs, à ses affaires, et même à ses plaisirs. Je sais une maison où trois ou quatre amis venaient faire le whist pour se distraire. Les enterrements étaient suivis du cortége accoutumé. Les pompiers éteignaient les incendies sous une pluie de projectiles, et luttaient corps à corps avec la destruction.

Lorsque, le 11 septembre, les Suisses, nos seuls amis en Europe, obtinrent du général ennemi l'autorisation d'emmener les femmes, les enfants, les vieillards et les malades, la ville accueillit leurs honorables et courageux délégués avec une ardente reconnaissance; mais des milliers de femmes refusèrent de quitter leurs maris. Quant aux hommes, ils s'affermirent dans leur devoir et flétrirent, par une résolution du conseil municipal, tout citoyen valide qui s'était soustrait au danger. Plus la ville devenait inhabitable, plus on se cramponnait à ses ruines, et plus on repoussait l'idée d'ouvrir la porte aux destructeurs.

Cependant la garnison était à bout de forces : elle comptait 700 morts, 1300 blessés ou malades, beaucoup de canons hors de service; et les chefs militaires, moins enflammés que la population civile, pensaient qu'il était temps d'en finir. Le difficile fut de convaincre les habitants. Au premier mot de capitulation, les femmes elles-mêmes bondirent : « Nous n'avons pas assez souffert, nous pouvons endurer mille fois plus de maux, nous voulons mourir ici ! Tout plutôt que de rendre la place aux Allemands ; dès qu'ils seront entrés à Strasbourg, ils n'en voudront plus sortir, et nous serons perdus pour la France ! »

Parmi les conseillers municipaux qui refusèrent le plus énergiquement de se rendre, le brasseur Lipp mérite une mention spéciale. Il habitait le faubourg de Pierre ; l'incendie méthodique des assiégeants n'était plus qu'à deux portes de sa maison. Ce digne homme repoussa de toutes ses forces les premières ouvertures relatives à la capitulation ; deux jours après, sa fortune était réduite en cendres.

Les Allemands entrèrent le 28 septembre avant midi. Toute la ville protestait : hommes et femmes juraient à l'unisson qu'on pouvait, qu'on devait tenir encore ; que la France viendrait au secours. L'événement a fait voir qu'une plus longue résistance n'eût rien sauvé, et pourtant le patriotisme de Strasbourg murmure encore contre le vaillant et malheureux Uhrich.

On rend justice à son courage, mais on ne lui en sait pas gré, parce que tout le monde a été brave et que la plus précieuse denrée s'avilit quand elle surabonde. Qui est-ce qui avait peur de la mort ? Ce n'était pas le maire Humann, épicurien assez vulgaire en d'autres temps ; il a fort bien payé de sa personne. Ce n'était pas le petit baron Pron, préfet des plus salés, des plus fringants et des plus capricants sous l'empire : en présence de l'ennemi, ce danseur administratif fit des miracles d'intrépidité gaie; ses ennemis eux-mêmes confessent qu'il fut un héros, trop régence peut-être et presque gamin par moments, mais solide comme la vieille garde. N'est pas gamin qui veut devant la mort, et ce tempérament n'est pas des plus communs, même en France. Le conseil municipal, composé, en très-grande majorité, d'hommes tranquilles et froids, d'honnêtes buveurs de bière, ne fut ni moins stoïque, ni moins grand, dans sa simplicité bourgeoise, que les sénateurs romains du bon temps. Des jeunes gens obscurs, voués aux professions les plus pacifiques, mêlaient leur sang avec joie au sang des soldats et des marins.

Le général Uhrich s'est exposé comme les autres défenseurs, et même un peu plus que les autres : on ne l'accuse pas d'avoir pris trop grand soin de sa vie. S'il a commis quelque péché de négligence, oublié de tenir un journal des opérations du siége, et violé ainsi l'article 253 du règlement sur le service des places, c'est un détail que les Alsaciens ne prennent pas la peine d'éclaircir. Non, son seul tort aux yeux du peuple est de n'avoir pas fait tuer assez de monde, d'avoir hissé le drapeau blanc lorsque la brèche n'était qu'à moitié praticable, et qu'on avait encore de la poudre et du pain pour quelques jours. Voilà pourquoi la ville est presque ingrate envers ce loyal vieillard et conteste un peu les honneurs qu'on lui a prodigués à Paris. J'ai dû noter cette impression, parce qu'elle montre à quel point le patriotisme est encore nerveux et frémissant dans Strasbourg.

Si le lecteur est curieux d'apprendre ce que tant de braves gens sont devenus, leur ville prise, les choses se passèrent tout simplement, personne ne demanda au voisin ce qui restait à faire. Comme la guerre n'était pas finie, tous les jeunes gens et bon nombre d'hommes mûrs s'échappèrent, malgré l'étroite surveillance du vainqueur, et rejoignirent l'armée française. Les uns ont assisté aux combats de la Loire, les autres ont défendu le terrain pied à pied, jusqu'au dernier moment, dans le Jura ou dans les Vosges : tous ont fait deux campagnes, et Dieu sait si la deuxième fut rude! Ces défenseurs obstinés d'une cause perdue n'étaient pas endurcis dès l'enfance au froid, à la fatigue, aux privations. C'étaient des avocats, comme Victor Mallarmé; de magistrats; comme Edgar Kolb; de gros bourgeois, comme le brasseur Lipp, du faubourg de Pierre, celui qui a sacrifié sa maison pour retarder la capitulation de huit jours. Ils s'engageaient comme simples soldats, sous le premier drapeau qui se rencontrait sur leur route : régiment de marche ou corps franc, tout leur était bon, pourvu qu'ils pussent risquer leur vie et lutter jusqu'au bout pour l'indépendance du sol natal. Le corps où M. Edgar Kolb, juge suppléant, gagna ses galons de capitaine, a perdu 450 hommes sur 600.

Le dentiste Wisner, de Strasbourg, a cinq fils, dont voici l'histoire édifiante : 1° Philippe Wisner, 27 ans, incorporé au 84° de ligne le 27 juillet 1870, blessé d'un coup de feu à Gravelotte le 16 août, soldat troisième secrétaire au trésorier le 14 septembre, caporal-fourrier le 16 octobre, évadé de Metz le 29, sergent-fourrier le 4 septembre, sergent-major le 26, blessé grièvement par un éclat d'obus le 10 décembre, sous-lieutenant proposé pour la croix le 19 décembre ; a quitté le service aussitôt la paix signée. — 2° Arthur Wisner, 24 ans, engagé volontaire du 4 août 1870, campagne de Sedan et siège de Paris. — 3° Ferdinand Wisner, engagé volontaire du 14 octobre, campagne de la Loire. — 4° Maurice Wisner, 21 ans, garde mobile du Bas-Rhin ; siège de Strasbourg, échappé après la capitulation, entre au 16° de ligne et fait la campagne de l'Est sous Bourbaki. — 5° Léon Wisner, 19 ans, garde mobile ; siège de Strasbourg, échappé après la capitulation, rentré aussitôt en campagne avec le 45° de ligne. Le père de ces jeunes gens a été mis en prison comme complice de l'évasion des deux derniers, et condamné à une amende de 1500 francs qu'il n'a jamais voulu payer.

Un pays où la bourgeoisie donne de tels exemples, un pays où l'on trouve encore des familles uniformément héroïques comme les Wisner, n'est pas un pays pourri, n'en déplaise à M. de Bismarck et à ses moralistes gagistes..

On me contait hier l'histoire de deux fils de famille, MM. Hecht, dont le père dirige une grande usine auprès de Naples. A la première nouvelle de l'invasion, ils accourent en France et s'engagent. L'aîné, qui est ingénieur, entre dans le génie, fait la campagne de l'Est et mérite les galons de lieutenant. Le cadet, débarqué à Toulon, se laisse prendre, comme un enfant qu'il est, par l'infanterie de marine : on l'envoie à la Martinique en passant par le Sénégal! Il a beau dire qu'il est Alsacien, que s'il s'est engagé pour la durée de la guerre, c'est dans l'espoir de combattre les Allemands et de sacrifier sa vie à la défense de son pays ; on lui répond qu'il est soldat pour obéir, et que la France a besoin de lui à la Martinique. Il y est bel et bien allé : ces Alsaciens sont vraiment l'élite de l'armée française, car ils ont autant de respect pour la discipline que de mépris pour le danger.

Toutefois, comme la perfection n'est pas de ce monde, ils ont un grand défaut, que je cacherais avec soin si je ne m'étais engagé à tout dire, le bien et le mal : depuis que le traité de paix les a livrés à l'Allemagne, ils sont affreusement gambettistes.

Pardonnez-leur : ils jugent le grand chef de la République radicale avec le cœur plutôt qu'avec la raison ; ils n'ont pas vu de près les fautes de sa dictature. Ce qu'ils ont su par les journaux, c'est que le citoyen Gambetta ne s'est jamais lassé de décréter la victoire ; qu'il a voté contre la paix ; qu'il eût laissé brûler la France entière plutôt que d'en céder une parcelle à l'ennemi... Cette obstination les touche. Ils n'examinent pas si le gouvernement de Tours a bien ou mal employé les ressources du pays ; s'il a conduit la guerre par principes ou par boutades ; s'il a fait acte de courage ou de témérité insensée ; si c'était véritablement résister aux Prussiens que d'accumuler sur leur route de grands troupeaux d'hommes, mal nourris, mal chaussés, armés pour la forme, exercés en huit jours, et commandés en dépit du sens commun. Ce qu'ils voient clairement, c'est que la guerre est finie et que Gambetta voulait la pousser à outrance ; c'est que leur province est livrée, et que Gambetta voulait la garder à tout prix ; c'est qu'ils sont les plus malheureux des hommes, et que Gambetta s'est flatté, jusqu'à la dernière heure, de les sauver, sans dire comment. Voilà pourquoi le dictateur de Tours et de Bordeaux sera toujours un grand citoyen en Alsace.

Les Allemands n'ont rien compris à cette exaltation des âmes. Quelques-uns demandent encore naïvement pourquoi on les reçoit si mal : « Est-ce que vous ne nous avez pas appelés? disent-ils. Tous nos journaux affirment depuis dix ans que vous êtes opprimés par la France, et que vos bras se tendent vers nous. »

D'autres s'étonnent que l'Alsace n'accepte pas plus docilement la loi du plus fort : « Quant à nous, nous étions tout prêts à devenir Français dans le Palatinat ; c'était une affaire arrêtée. Nous ne le désirions pas, mais on se serait résigné : c'est la guerre. Est-ce que nous nous sommes fait prier sous le premier empire? avons-nous fait des simagrées? Napoléon nous avait battus et conquis : nous sommes devenus Français, très-bons Français, et même le goût de la France nous est resté assez longtemps encore après 1815 ; »

Une dame de Strasbourg, qui est née en Allemagne, mais qui aime la France à cœur perdu, me faisait part des remontrances de sa famille. On lui écrit : « Que signifie ce patriotisme? Est-ce que nous t'avons enseigné des sentiments si farouches? Rappelle-toi donc, malheureuse enfant, que ton grand-père était un des meilleurs Allemands de Mayence, et qu'aussitôt après la cession de la ville, il a été charmé de devenir fonctionnaire français. Et il a mis ses fils au lycée de Metz, quand il pouvait si bien les faire instruire en Allemagne ! »

Les Bavarois, les Wurtembergeois, le gens du Sud, quand on leur reproche d'avoir trompé nos espérances en servant le roi de Prusse, leur ennemi d'hier, contre nous, répondent naïvement : « C'est que la guerre a été mal engagée. Si vous aviez gagné les premières batailles, il y avait bien des chances pour que nous fussions vos alliés. » Toujours le culte de la force.

La grande-duchesse de Bade, fille du roi de Prusse, est venue à Strasbourg peu de temps après la capitulation. Elle a joué son rôle de princesse et de femme avec assez de grâce, mais sans aucun succès. A l'hôpital, tous les blessés, tous les malades qui pouvaient se remuer sur leurs lits se retournèrent à son entrée, et elle n'en vit pas un en face. Malgré ce rude accueil, l'encombrement des salles et l'insalubrité du lieu l'émurent de pitié ; elle offrit de faire transporter et de soigner à ses frais, dans une maison plus commode, tous ceux qui ne se trouvaient pas bien. Pas un seul n'accepta l'hospitalité allemande. La princesse exprima devant une dame de Strasbourg le chagrin qu'elle en éprouvait : « Je croyais que ce peuple avait de meilleurs sentiments pour nous.

— Madame, lui répondit-on, nos sentiments ont été trop bombardés pour qu'ils s'en relèvent jamais. L'Allemagne doit en faire son deuil. »

Je viens de parcourir en tous sens cette grande ville populeuse où, l'an dernier encore, il m'était difficile de faire vingt pas dans la rue sans rencontrer un ami. Je n'y reconnais pas un visage, et certain mot de Chateaubriand me revient en mémoire: il me semble, en vérité, que je parcours un *désert d'hommes*. Ceux qui rentrent dans leur pays après une absence de vingt ans doivent éprouver le vertige qui m'éblouit par moments : on croit se noyer dans la foule, on saisit au hasard, çà et là, quelque ressemblance trompeuse, comme une branche morte qui se brise dans la main. Ce n'est pas sans raison que la superstition populaire désignait autrefois les revenants sous le nom d'âmes en peine : il est pénible d'errer à l'aventure dans un monde dont on n'est plus. Cependant, sur la place Gutenberg, j'ai été abordé par un homme. Je ne sais pas son nom, mais son visage ne m'était pas tout à fait nouveau. C'est, je pense, un brocanteur juif, à qui j'aurai acheté quelque chose en passant. Il m'a dit à brûle-pourpoint : « Est-ce que ça peut durer longtemps, à votre avis ? Que voulez-vous que je devienne? J'ai deux fils qui m'aident à gagner ma vie ; si je les garde ici, les Prussiens en feront des soldats contre la France. Et si je les envoie en France, je ne les aurai plus. Nous avons bien la ressource de nous en aller tous ensemble, mais où? D'ailleurs on n'emporte pas sa clientèle et son crédit avec soi. »

Le faubourg de Pierre, par où j'ai commencé ma triste promenade, est encore une vaste ruine. On a rebâti quelques maisons en façade dans le voisinage du quai; mais les trois quarts des terrains semblent abandonnés par leurs propriétaires. Ce n'est pas faute d'argent, puisque les ennemis ont offert de payer et payent en effet la reconstruction à mesure qu'on l'exécute; mais la main-d'œuvre fait défaut. Les ouvriers de Strasbourg ont été de tout temps bons Français et honnêtes gens; s'ils avaient eu la colonne Vendôme à garder, ils ne l'auraient pas abattue sur un lit de fumier. Le contact des Prussiens leur soulève le cœur : ils vont en France. On ne s'accorde pas ici sur le total de l'émigration : les uns la portent à 30,000 âmes, les autres la réduisent à 8 ou 10,000. Il sera toujours impossible d'obtenir un renseignement exact, car les pères de famille qui envoient leurs fils à l'intérieur ne vont pas, et pour cause, le déclarer à la police. Mais on sait plus exactement le compte des étrangers qui s'installent à la place de nos émigrants; et s'il est vrai, comme on me l'assure, que 17,000 Allemands ont élu domicile à Strasbourg, c'est qu'autant d'Alsaciens ont laissé leurs logements vides. Il faudrait ajouter à ce chiffre un nombre de 4 à 5,000 personnes, représentant la population des maisons détruites. Je crois donc, sans l'affirmer trop positivement, que la ville a perdu 21 ou 22,000 Français sur 84,000. Combien en restera-t-il l'an prochain, au 1ᵉʳ octobre, lorsque les lois prussiennes sur le recrutement deviendront applicables en Alsace? On n'ose y penser.

La *Toussaint*, quoiqu'elle touche au malheureux faubourg de Pierre, est encore debout: j'en suis bien aise. Couvent, refuge, hospice, hôpital, sous quelque titre qu'on la désigne, cette maison a sa place marquée dans l'histoire de la chirurgie française. C'est là qu'Eugène Kœberlé a fait ses miracles d'ovariotomie; c'est là que le plus audacieux des praticiens et le plus timide des hommes a sauvé cinquante incurables par une opération de boucherie transcendante, dont la seule idée épouvantait les grands maîtres de Paris. Depuis une dizaine d'années qu'il y dissèque le corps vivant, il y a su créer autour de lui, à son usage, des aides incomparables. Que deviendra cet atelier de guérisons fabuleuses, de résurrections inouïes? Et Kœberlé lui-même, où ira-t-il, maintenant que la Prusse confisque tout, sans excepter la Faculté des sciences? On parle d'une grande école indépendante que les vainqueurs ont promis de tolérer, mais la foi germanique est sujette à caution, et il n'y a pas de lendemain assuré pour les savants français, sous le bon plaisir de Guillaume.

Dans la rue de la *Nuée bleue* (un joli nom, n'est-il pas vrai?), je rencontre à ma gauche les ruines du Palais de Justice. C'est très-correctement brûlé; les communeux de Paris n'ont rien fait de plus achevé. Je cherche en vain quelque vestige d'une rampe en ferronnerie que j'admirais autrefois en allant au jury. Triste fragilité des belles choses qui semblaient faites pour durer! Plus triste vanité des opinions qui nous étaient chères, et que nous nous flattions de professer jusqu'au dernier soupir! Ces feuillages et ces bouquets de fer forgé, qui n'existent plus que dans ma mémoire, sont étroitement enchaînés, pour moi du moins, à tous les arguments qui combattent la peine de mort. Dans la session où je fis à Strasbourg mon apprentissage de juré, trois assassins devaient comparaître ensemble. Ils étaient à peu près aussi intéressants que leur compatriote Troppmann : l'accusation établissait qu'un beau jour ils étaient entrés chez un vieillard dans une maison isolée; qu'ils lui avaient demandé l'hospitalité; que ce bonhomme, cordialement, leur avait donné le vivre et le couvert, et qu'ils l'avaient assassiné à coups de hache pour lui voler son argent. Je n'en aurais pas fait autant, et peut-être me croirez-vous sur parole si je dis que j'abominais leur crime. Mais j'abominais presque autant la peine de mort. L'idée qu'un matin, à sept heures, le bourreau couperait froidement ces trois têtes, fort ignobles d'ailleurs, et répandrait sur le pavé plusieurs litres de sang humain me faisait frissonner comme M. Jules Simon lui-même. Dans les temps calmes, au milieu de la paix et de la sécurité générales, la vie humaine prend une valeur tout à fait exorbitante; c'est une affaire énorme que de tuer en public une créature plus ou moins semblable à soi. Les dernières rigueurs de la justice semblent alors non-seulement barbares et surannées, mais inutiles et lâches : est-ce que la société n'est pas invincible? est-ce que le bon ordre n'est pas assuré pour toujours? N'avons-nous pas des prisons si bien construites et si fidèlement gardées, qu'elles seront inviolables jusqu'à la fin des siècles? Cela étant, que sert-il d'égorger les assassins, qui sont des fous furieux, lorsqu'on a tout en main pour les mettre dans l'impossibilité de nuire?

Je croyais à cet évangile selon Victor Hugo et quelques autres rêveurs, et je fis les efforts les plus méritoires pour convertir mes collègues du jury. Que de fois, dans le vestibule, au pied de cet escalier qui n'est plus, je serrai le bouton aux plus tenaces et je réfutai, bien ou mal, le célèbre argument d'Alphonse Karr! Mon zèle fut récompensé, et quoique le ministère public eût pris soin de me récuser, mes trois horribles scélérats obtinrent le bénéfice des circonstances atténuantes.

Aujourd'hui, l'avouerai-je? rien ne me semble plus naturel et plus logique que la peine de mort appliquée aux assassins. La guerre a renversé mes idées, la vue du sang versé à flots m'a guéri de cette sensibilité tant soit peu maladive que les délices énervantes d'une longue paix développent dans les âmes. Qu'est-ce que la guerre, sinon la peine de mort appliquée sur une grande échelle à des milliers d'innocents? Comment! nous avons vu périr de mort violente, en quelques mois, plus de cent mille hommes de cœur, l'élite de la nation, la fleur de la jeunesse, l'espérance du pays, et nous pourrions nous apitoyer sur le sort d'un infâme gredin qui a tué son père ou sa mère! Nous voyons que la fin du dix-neuvième siècle sera ensanglantée par des luttes gigantesques, meurtrières, formidables : les Prussiens, en foulant aux pieds l'éternelle justice et le droit sacré des nations, nous condamnent à élever nos fils pour tuer et pour être tués; et l'on perdrait son temps, on userait son éloquence à disputer au bourreau quelques litres de sang inhumain! Autres temps, autres idées... j'allais dire : autres vérités !

Les Allemands ne se hâtent pas de reconstruire le Palais de Justice; mais, en revanche, nos avocats et nos avoués eux-mêmes s'empressent de le quitter. Je l'ai vu très-brillant, au temps des Engelhardt, des Masse, des Pfortner, des Kugler, des Mallarmé père et fils. Il eût fallu courir bien loin pour trouver dans les tribunaux de province un barreau comparable au nôtre. Le ministère public semblait assez petit garçon en face de tels avocats. Ils émigrent tous à la file : aujourd'hui l'un, demain l'autre. J'ai sous les yeux le tableau de l'ordre pour l'année judiciaire 1870-71 : il comprend 26 avocats et 22 stagiaires, en tout 48. Le tableau de l'année 1871-72, tel qu'on l'avait dressé la semaine dernière, ne portait plus que 12 avocats et 6 stagiaires, total 18. Mais M. Popp, l'*ober-procurator* allemand, a su le réduire encore.

Le jour où les nouveaux magistrats ont prêté serment en séance publique, ce M. Popp a jugé bon de prononcer un discours d'énergumène où il insultait si grossièrement la France, où il piétinait si lourdement sur la malheureuse Alsace, que plusieurs avocats, résolus de tout temps à opter l'an prochain pour la nationalité française, ont avancé leur décision et quitté la partie *hic et nunc*. En tête de ces bons citoyens, on cite deux anciens bâtonniers, MM. Mallarmé père et Kugler. Quant au fils Mallarmé, il plaide depuis longtemps devant la cour d'Alger.

L'arrogance du ministère public allemand fut

si prodigieuse, que le renégat Traut, ancien conseiller de préfecture, chevalier de la Légion d'honneur, disait en sortant de l'audience : « Ce discours m'a serré la gorge ; je le sens encore là. » Quelqu'un lui répondit : « Cela vous passera, monsieur ; vous avez avalé bien autre chose... »

En somme, le barreau de Strasbourg paraît définitivement réduit à treize membres, stagiaires compris, et la baroche ne compte plus que quatre avoués : tous les autres ont purement et simplement fermé leurs études, sans demander ni attendre un sou d'indemnité. Un notaire, M. Momy, a fait de même ; il ne sera pas le seul, dit-on.

Ce qu'on peut encore prévoir dès aujourd'hui, c'est une grève des plaideurs, qui épuiseront tous les moyens de conciliation avant de réclamer la justice allemande. Il y a des précédents. Par exemple, à Sarreguemines, durant plusieurs mois, M. Richert, ancien président du tribunal français, a été contraint de juger plus de quarante procès civils. Les plaideurs le relançaient dans son domicile privé, ils lui disaient : « Nous n'acceptons pas la juridiction de l'ennemi. Nés citoyens français, fermement résolus à vivre et à mourir dans le culte de la patrie, nous ne nous soumettrons qu'à la justice française, et c'est vous qui la représentez ici : jugez-nous ! Celui que vous aurez condamné s'exécutera de bonne grâce, et sans appel. » Cette touchante illégalité n'a pris fin que le jour où la police prussienne expulsa le brave Richert.

Les bureaux de la recette générale sont occupés par une banque d'Alsace-Lorraine, établissement tout neuf, mais déjà digne de respect.

Le gouvernement français a voulu que les rentiers et les pensionnaires de l'État pussent toucher leurs arrérages et leurs revenus comme par le passé, sans sortir de la Lorraine et de l'Alsace. Pour atteindre ce but, il a pris des arrangements avec les maisons les plus honorables de la Suisse et du pays annexé, qui feront désormais les opérations de trésorerie, moyennant la commission qu'on allouait jadis aux receveurs généraux.

Il suffit de jeter les yeux sur la liste du conseil d'administration pour estimer à sa valeur la banque d'Alsace-Lorraine; voici les noms qui la composent : Oswald, Kauffmann, Ringwald et Stœhlin, de Bâle; Chenevière, de Genève; Klose, Grouvel, Bastien, Blum, E. Lauth et Œsinger, de Strasbourg; Mégière, de Blamont; Paganetto, de Haguenau; J. Sée, de Colmar; R. de Turckheim, de Niederbronn; J. Salles et H. Thors, de la banque de Paris et des Pays-Bas.

Je côtoie, sans le saluer, l'hôtel de la « Ville de Paris, » le plus cher et le plus mauvais de l'Europe. De tout temps, on y a mal dormi et dîné pour la forme, mais le voyageur qui s'y égare est passé en revue par douze ou quinze palauds en cravate blanche, qui prennent des airs de diplomate en se fourrant les doigts dans le nez. Les Allemands sont très sensibles à ce luxe de valetaille, ils envahissent la « Ville de Paris », ils y sont en majorité et rendent la circulation dangereuse pendant la nuit, car les souliers placés devant leurs portes se croisent au milieu des couloirs.

Ces hôteliers n'ont pas donné, dit-on, l'exemple du plus ardent patriotisme. Cela s'explique ; ils sont un peu cosmopolites par état. Mais les limonadiers, qui auraient pu alléguer les mêmes excuses, ont fait des efforts méritoires pour repousser l'ennemi. Par exemple, le propriétaire d'un des cafés les plus élégants et les plus confortables de Strasbourg, a su parfaitement éliminer la clientèle prussienne en élevant ses prix outre mesure. Les Allemands se récriaient à pleins poumons: « C'est impossible, disaient-ils ; on n'a jamais payé si cher que ça !

— En effet, ce sont des tarifs spéciaux, à votre usage, messieurs. Vous avez bombardé ma maison. J'ai d'autres prix pour les Français, mes concitoyens, qui ne l'ont pas bombardée. D'ailleurs, rien ne vous force à subir ces conditions vexatoires. Voici justement à ma porte un établissement de troisième ordre où vous serez comme chez vous. »

Bon gré mal gré, les Prussiens ont fini par quitter la place. L'honnête limonadier pouvait s'enrichir à leurs dépens, comme tant d'autres l'ont fait à Versailles et ailleurs ; il aime mieux se ruiner et rester bon Français.

On peut dire que tout le commerce de Strasbourg, sauf quelques rares exceptions, a tenu la même conduite. Les Allemands n'ont pas le droit de dire qu'on spécule sur eux, que nous exploitons l'ennemi ; car on fait ouvertement tout ce qu'on peut pour ne rien leur vendre et les tenir à l'écart des moindres boutiques. Sur un mot d'ordre parti on ne sait d'où, tantôt les étalages se pavoisent des trois couleurs nationales ; tantôt, pour célébrer quelque anniversaire douloureux, les magasins se drapent de crêpe noir et prennent le grand deuil. La police allemande a beau proscrire les cocardes et les nœuds tricolores, il est toujours facile de rapprocher, comme par hasard dans une même vitrine, des tissus ou des papiers bleus, blancs et rouges.

L'acheteur allemand qui se fourvoie dans un magasin français s'expose à mille impertinences, d'autant plus sensibles qu'elles sont souvent spirituelles et de bon goût. Un marchand qui est forcé de répondre à un Prussien baisse les yeux avec persistance, et fixe ses regards sur les longs pieds de son interlocuteur. Il n'en faut pas davantage pour que l'autre, attaqué par son côté faible, se trouble, bégaye et quelquefois sorte furieux sans rien acheter. Un cordonnier qui s'agenouille devant une nouvelle cliente n'a qu'à pousser un cri d'admiration : « Oh ! oh ! » pour la mettre en fuite. Michel Carré, le poëte dramatique, a un frère qui vend des nouveautés à Strasbourg. Une Allemande entre chez lui pour choisir une robe et quelques garnitures, et ajoute malicieusement : « Vous entendez ? je ne veux pas avoir l'air d'une Française. » On lui répond avec beaucoup de politesse : « N'ayez pas peur, madame, cet air-là, nous ne pourrions jamais vous le donner. »

Ces jours derniers, la femme d'un fonctionnaire prussien sortait d'une boutique en mordant son mouchoir. Elle rencontre une amie, éclate en sanglots, et lui dit : « C'est horrible ! je ne vivrai jamais ici, il faut que mon mari demande son changement, ou donne sa démission.

— Eh ! que vous a-t-on fait ?

— Rien, et tout. J'entre là, j'aperçois une fillette de seize ans, gentille, accorte et gracieuse, qui servait une Française avec force révérences. A ma vue, elle grandit de deux pieds, prend des airs de reine offensée, m'écoute en détournant la tête, me jette sa marchandise comme un os à un chien, et pousse mon argent avec un chiffon de papier jusqu'à l'ouverture du comptoir ! »

Voilà comment les Alsaciens vendent aux Allemands. Voici comment ils leur achètent. La semaine passée, le voyageur d'un grand droguiste de Carlsruhe entre chez M. Daur, pharmacien de Niederbronn, pour faire ses offres de service. On lui répond poliment qu'on a besoin de bien des choses, mais qu'on ne lui demandera rien.

« Cependant, répond-il, vous auriez tout profit à prendre nos marchandises ; la douane...

— Il est vrai, les produits français coûteront désormais bien plus cher que les vôtres, mais j'aime mieux les payer cher.

— Que diable ! monsieur Daur, nous sommes de vieilles connaissances, et tout Allemand que je suis, j'ai eu l'honneur de vous vendre souvent.

— Je m'en souviens, mais en ce temps-là vous n'étiez ni mon ennemi, ni mon vainqueur, et vous n'aviez pas conquis l'Alsace.

— *Tu quoque !* Eh bien, puisque vous êtes si résolu, je vais vous faire un aveu. Il y a deux mois que j'ai repris mes voyages, deux mois que je parcours l'Alsace en tous sens, et dans toutes les maisons où je suis entré, j'ai reçu le même accueil. Autrefois je faisais beaucoup d'affaires avec votre pays ; je vais retourner à Carlsruhe sans avoir pris une seule commission. Voulez-vous voir mon carnet ? Il est blanc. »

La promenade du Broglie était jadis animée et brillante à toute heure, mais surtout à l'heure de la musique. Depuis qu'elle s'étend entre les ruines de la maison Fietta et les ruines du théâtre, elle est peu fréquentée le matin, et absolument vide de Français à l'heure de la musique prussienne. On ne cite que deux dames de Strasbourg qui se soient fourvoyées à trois heures dans la foule des officiers ennemis, et je ne citerai pas leurs noms, car les maris ne sont peut-être pas complices de ces honteuses faiblesses.

Ce matin, j'ai vu quelques Français dont deux ou trois portaient l'ordre de la Légion d'honneur à leur boutonnière. On assure que ce petit bout de ruban agace les nerfs du vainqueur, et que la chancellerie allemande va soumettre nos légionnaires au régime de l'autorisation préalable. Le côté plaisant de l'affaire est que M. de Bismark vise le décret de Napoléon III sur le port des décorations étrangères. La Légion d'honneur est devenue un ordre étranger en Alsace, comme l'ordre du Honduras à Paris!

Les ruines du théâtre seront relevées d'urgence, paraît-il. Nos Allemands s'ennuient; ils n'ont pas la ressource de passer leur soirée dans le monde; et la brasserie, toujours la brasserie ! finit par lasser l'estomac. On a donc invité la mairie à livrer dans les cinq jours les plans et les devis d'une restauration du théâtre, sous peine de perdre tous ses droits à l'indemnité. La mairie s'est exécutée en toute hâte; mais qu'arrivera-t-il quand l'édifice sera réparé? Une troupe prussienne en prendra possession, rien de plus simple : reste à savoir si elle y gagnera sa vie. Les officiers allemands ont l'habitude d'aller à l'Opéra pour dix ou douze sous ; les fonctionnaires sont chiches; ils ne manqueront pas de s'adjuger les bonnes places à prix réduit ; quant à l'ancienne clientèle du théâtre, la seule qui puisse soutenir une entreprise dramatique ou lyrique, il n'y faut pas compter. Une population en deuil ne va pas au spectacle.

Il y a quelque temps, on put croire que les vainqueurs et les vaincus se rencontreraient dans un concert au profit d'une œuvre pie : toute la ville avait souscrit. Mais, à l'heure indiquée par les affiches, nos honnêtes et bons Strasbourgeois se contentèrent de sortir dans les rues avec leur billet au chapeau, à la boutonnière ou à la main. Chacun salua ses amis, on échangea des politesses, on parla un peu de la France et l'on rentra chez soi. La bonne œuvre était faite, et, par surcroît, on s'était donné le plaisir d'isoler les Allemands dans une salle aux trois quarts vide.

Entre les ruines du théâtre et les ruines de la préfecture, on rencontre les ruines d'une statue. C'est le marquis de Lesay-Marnésia, préfet du premier empire. Les projectiles allemands l'ont criblé sur son piédestal, dans son costume officiel ; on dirait qu'il a été fusillé en culotte courte, comme le maréchal Ney.

Ici, le hasard ou la pente des vieilles habitudes me pousse un moment hors de la ville. Lorsque Strasbourg était à nous, je n'y venais guère sans aller jusqu'au Contades, qui continue vaguement le Broglie, comme à Paris les Champs-Élysées font suite au boulevard. Le rempart et les ouvrages extérieurs qui séparent ces deux belles promenades ne m'ennuyaient jamais : d'abord, la vieille architecture militaire est pittoresque à sa façon, et puis ces remparts sans canons, ces fossés pleins de longues herbes, et les soldats désœuvrés qu'on rencontrait par-ci par-là, tout respirait la confiance, le sentiment de notre force. Les défenses d'une ville imprenable, ou qui se croit telle, ont une honnête et bonne physionomie de gros chien.

Aujourd'hui les remparts et ceux qui les gardent ont l'air uniformément rébarbatif. Quant à la zone militaire, elle est lugubre ; on n'y voit que les fondations des maisons rasées et la souche des arbres abattus. Cette banlieue immédiate de Strasbourg brillait surtout par un grand luxe de végétation : la richesse du sol et l'humidité du climat entretenaient partout une verdure admirable ; les assiégeants et les défenseurs de la place ont tout fauché à qui mieux mieux. Le regard, déconcerté par la triste nouveauté des objets, cherche en vain, sur la gauche, les avenues et les ombrages de la Robertsau : il n'en reste pas même une trace.

Je ne sais par quel privilége les vieux arbres du Contades sont encore debout ; on dirait que les belligérants ont respecté, d'un commun accord, leur majesté un peu caduque. Voici même le jardin Lips, ce paradis de la marmaille, avec les jeux et les curiosités qui l'encombraient au vieux temps, et la très-confortable guinguette du bonhomme K..., où les bacheliers se donnaient des récréations plus viriles. Ces deux jolis coins sont intacts, il me semble que j'en jouirais pleinement et que leur ombre me rajeunirait de quelques années, si la présence des ennemis ne gâtait tout. Le jardin Lips fourmille de Prussiens ; un grand concert militaire est affiché contre la porte. Dans le jardin du père K..., je vois des officiers prussiens en partie fine ; ils vont casser les reins à quelque hareng saur. O vieux K..., est-ce vous qui prostituez votre incomparable cuisine à ces estomacs de pacotille ? Dieu vous punira, mon brave ; il flétira le nez radieux dont il lui avait plu de décorer votre visage en récompense de vos longs et patriotiques services !

Au milieu de cette belle imprécation, trois officiers prussiens passent au grand galop, et m'obligent à me ranger dans une haie. C'en est assez, et même trop. Adieu, Contades ! nous ne nous reverrons que le jour où le pantalon rouge refleurira dans tes massifs.

À cinq cents pas de la ville, un maraîcher, qui a surpris mes regards curieux et mon air badaud, me dit :

« Vous cherchez probablement la lunette où les marins se sont si bien battus ? C'est là-bas, du côté de la Robertsau. Ils étaient soixante-dix ; il n'en est pas resté quarante ; mais ils ont fait du mal aux Prussiens, ceux-là ! Si seulement nous en avions eu beaucoup ! Nous nous souviendrons de l'amiral Exelmans et du commandant Dupetit-Thouars. Voilà des hommes ! »

Il paraît que décidément la marine a donné le même exemple partout. Cela me rappelle le *fâcheux* de Molière qui voulait mettre en ports de mer toutes les côtes de France, et je me demande, chemin faisant, s'il n'y aurait pas un moyen de transformer en marins tous nos soldats de l'armée de terre. Pourquoi la discipline est-elle restée si forte dans les corps de marins débarqués, quand elle faiblissait à vue d'œil dans les autres troupes ? Ne serait-ce point parce que le marin est forcé de reconnaître la supériorité morale de ses chefs ? Quand il se trouve à trois cents lieues au large, il sait que, par lui-même, il serait incapable de manier le sextant, de déterminer la position du navire et de diriger sa marche. Le sentiment de son ignorance le soumet à l'officier comme un enfant à son père. Il est sûr que personne à bord ne porte l'épaulette sans avoir étudié beaucoup et attesté par des examens sérieux une instruction supérieure. Ses officiers sont donc, à ses yeux, d'autres hommes que lui, son ignorance rend hommage à leur savoir ; il trouve tout naturel qu'un enseigne de vingt ans le tutoie et le traite avec une familiarité amicale. Il n'entrera jamais dans son esprit que l'inégalité des conditions à bord ait sa source dans le hasard ou la faveur; vous ne l'entendrez pas murmurer, et dire comme les frondeurs de corps de garde : « La seule différence entre nos officiers et nous, c'est qu'ils vont au café et nous au cabaret; nommez-moi capitaine et j'irai au café tout comme un autre ! » Veut-on que le respect de la hiérarchie soit aussi profond dans l'armée que dans la marine, il faut creuser entre les officiers et les soldats un fossé large et profond, que le mérite seul puisse franchir dans une épreuve publique. Il faut instruire les officiers pour discipliner les soldats.

La discipline prussienne, dont je rencontre un nouvel exemple au coin de toutes les rues, chaque fois qu'un soldat s'arrête comme pétrifié à la vue d'un officier, cette discipline de fer et de bois, toute mécanique et passive, a son principe dans l'inégalité des castes. Il ne faut donc pas espérer de l'introduire en France, mais la démocratie n'a pas encore aboli, grâce à Dieu, l'inégalité des talents.

En ruminant ces graves questions, je suis arrivé sur la place du Dôme. On dit que les Prussiens, lorsqu'ils entrèrent dans la ville, furent tout étonnés de voir la cathédrale debout. « Comment ! disaient-ils, nous n'avons pas fait plus de mal ? » Il est certain que la beauté de l'édifice survit entièrement au désastre, quoique mille et mille détails aient péri. Les grandes choses comme celle-là valent surtout par leur ensemble, et notre esprit les voit telles que l'artiste les a conçues, sans s'arrêter outre mesure aux lacunes de l'exécution. Mais lorsqu'il faudra tout remettre en état, remplacer les statues que les obus ont dénichées, refaire les angles écornés, réparer les dentelles de pierre, renouveler ces merveilleuses colonnettes qui sont tombées en mille morceaux sur le pavé de la place, nos ennemis rendront justice à M. Krupp, et avoueront que le canon d'acier est un destructeur sans rival.

Le culte catholique est encore en possession des autels que Louis XIV lui a donnés par la capitulation de 1681 ; mais, patience ! je serai bien surpris si l'empereur Guillaume, en mémoire de Louis XIV, ne les rend pas un de ces jours au culte réformé.

Les Allemands ont installé la direction des postes impériales dans les bâtiments de l'École de médecine militaire. Strasbourg regrettera longtemps ces petits soldats carabins qui étaient la jeunesse et la gaieté de la ville, et qui ont si bravement versé leur sang pour la défendre.

On ne sait pas encore à quel usage est réservé le château impérial ; j'y ai vu transporter des équipements militaires. Les vainqueurs n'auront pas de peine à en tirer meilleur parti que nous. Sous le règne de Napoléon III, ce beau palais n'a servi, si je ne me trompe, qu'à justifier la petite pension de Marco Saint-Hilaire. Il y était bibliothécaire sans livres aux appointements de 2,000 francs.

Le lycée impérial n'a pas changé de nom. Seulement, on y compte 12 internes au lieu de 200, et 145 élèves en tout, au lieu de 6 ou 700. Les Allemands, qui y professent par droit de conquête, ne seront pas surchargés d'ouvrage. En revanche, le gymnase protestant, où les cours se font en français, ne sait où fourrer ses élèves, et une petite école française qui végétait sur la place Saint-Pierre le Jeune, s'est vue prise d'assaut le jour de la rentrée par cent gamins qu'elle n'attendait pas.

Les professeurs de notre vieille université ont été à Strasbourg, comme partout, admirables. Les ennemis, en conséquence, les ont indignement traités. Après leur avoir prodigué sans succès les offres les plus séduisantes, on les a, non-seulement jetés sur le pavé, mais chassés de la ville et de l'Alsace, non pas en huit jours, comme des laquais, mais dans les vingt-quatre heures, comme des pestiférés. L'un d'eux, Alsacien, marié à une honnête et courageuse Allemande, était retenu au chevet d'un enfant malade ; il sollicitait un répit de quelques jours. Les Allemands ont cru qu'ils le tenaient ; on est venu à lui, on lui a dit d'un air aimable : « Pourquoi quitteriez-vous Strasbourg ? Vous avez des parents chez nous, votre femme est Allemande ; nous vous ferons un sort que M. Jules Simon n'oserait pas même vous promettre. » Il n'a rien écouté, il a laissé son fils, il s'est fait expulser ; il est venu attendre en France, sans argent, avec une nombreuse famille, le bon plaisir du ministère de l'instruction publique, qui s'est fait attendre longtemps. Ce brave homme et ce bon Français s'appelle Rieder ; je m'honore d'avoir été à l'École normale avec lui.

Il est impossible de citer tous les fonctionnaires publics qui ont fait leur devoir en refusant de servir l'ennemi ; le plus simple est de dire que tous ceux de Strasbourg, sauf M. de Turckheim, sous-inspecteur des forêts, ont repoussé avec dégoût le Méphistophélès allemand : plusieurs ont dédaigné des offres magnifiques, comme M. Hugot, directeur des contributions directes, qui n'avait qu'à rester en place pour voir son traitement triplé.

Mais il n'est malheureusement pas inutile de répéter sur tous les tons à nos ministres que beaucoup d'employés alsaciens sont encore à la disposition du gouvernement ; que plusieurs ont épuisé leurs dernières ressources ; que les bureaux ne daignent pas répondre à leurs lettres désespérées, et que la politique est d'accord avec la justice et l'humanité pour conseiller une autre conduite. Gardons-nous de justifier les Allemands qui disent à ces loyaux fonctionnaires : « La France se moque bien de votre fidélité ! »

Les quelques actes de faiblesse ou de défection qu'on a pu relever à la charge des indigènes sont des phénomènes si rares et si prodigieux, ils tranchent tellement sur le fond du sentiment général, qu'ils prennent une importance énorme dans le tableau par un inévitable effet d'optique.

Qu'un polisson de pasteur protestant, nommé Reichardt, dans un discours public, glorifie l'armée de Werder et la loue d'avoir arrêté les *hordes* de Bourbaki, le sentiment public se soulève en tempête, et tous les protestants en masse seront battus par le flot pendant trois jours. Mais on se calme, on réfléchit, on se rappelle que la population protestante et ses pasteurs, et M. Braun, le digne président du directoire, ont donné les exemples du plus fier patriotisme. Bientôt les communions rivales se réconcilient ; on s'embrasse, et les catholiques avouent qu'ils étaient fous de condamner tout le troupeau pour une brebis galeuse.

Que M. Jules Sengenwald, un niais et un important du plus piètre caractère, s'en aille saluer le roi de Prusse à Berlin, au nom de la chambre de commerce, voilà tout le haut commerce suspect d'intelligences avec le vainqueur. Pensez donc, c'est le président de la chambre, l'homme qui personnifie le commerce de Strasbourg ! Les journaux allemands abondent en détails sur son ambassade : il a visité celui-ci, dîné chez celui-là, rempli Berlin de ses courbettes... Mais tout s'explique au bout de quelques jours : on apprend que M. Jules Sengenwald ne s'est inspiré que de sa propre sottise, qu'il a tout pris sur lui, que la chambre de commerce le désavoue officiellement, et tout rentre dans l'ordre accoutumé, sauf notre ambassadeur fantaisiste, qui reste au ban de l'opinion publique.

Les faiblesses dont la France pourrait se plaindre sont strictement personnelles ; elles ne s'étendent pas même à une famille. On cite un M. Hecht qui a mal tourné ; mais tous les autres Hecht, et Dieu sait s'ils sont nombreux ! le renient. Un père de famille qui se laisse prussifier par ambition, par avarice, ou simplement par faiblesse, n'entraîne pas sa femme et ses enfants dans sa chute. Par exemple, M. Jules Sengenwald, qui n'est pas un méchant homme, a jadis adopté la fille d'un ouvrier de Paris ; il l'a parfaitement élevée, et l'on sait qu'il s'apprête à la doter richement. Eh bien, à l'heure où j'écris, cette jeune Françoise ne craint pas d'afficher les sentiments les plus patriotiques ; elle est prête à renoncer à tout plutôt que d'épouser un Prussien.

J'avais entrepris de dresser la statistique complète des défections qui ont ému Strasbourg ; je n'en ai pas trouvé dix, et je me suis rappelé la phrase de Bossuet sur les clous plantés dans une muraille : on les arrache, on les rassemble, et l'on n'en a pas plein la main.

L'intérêt, un invincible attachement à des propriétés héréditaires, la longueur et la difficulté des liquidations, décideront sans doute un certain nombre de familles à subir, l'an prochain, la nationalité allemande. Mais M. de Bismark aurait tort de faire grand fond sur la sincérité de semblables conversions. Les Alsaciens ne seront pas meilleurs Allemands que les juifs convertis par l'inquisition espagnole ne devenaient bons catholiques.

Je prends la liberté de recommander aux vainqueurs un excellent critérium du sentiment populaire. Le jour où un soldat vêtu de l'uniforme français traversera Strasbourg dans sa longueur sans être acclamé, applaudi, entouré, fêté, embrassé par tous les passants, Strasbourg pourra compter parmi les villes allemandes.

Mais nous n'en sommes pas là, Dieu merci ! Le

feu latent qui couve dans les âmes éclate chaque jour en gerbes éblouissantes, il se rallume à tout propos: la plus futile occasion, un enterrement, un mariage français, donne carrière aux manifestations patriotiques. Les libraires ont déjà commandé à Paris des milliers de livres d'étrennes : ils savent qu'au 1ᵉʳ janvier de l'an prochain les seuls présents autorisés par le bon goût seront des livres français.

Il serait superflu d'indiquer à nos ennemis l'épreuve qui consiste à promener un traître dans la ville pour mesurer l'intensité des fureurs populaires en les provoquant. Ce système, plus ingénieux que moral, leur est connu ; ils l'ont déjà mis en pratique, à Strasbourg même, avec tout le succès désirable. Un déserteur, ancien chef de musique dans notre armée, était dressé à parcourir les promenades publiques pour récolter les injures et les soufflets. Quatre Prussiens en uniforme le suivaient sans affectation pour empoigner les délinquants : ils en prirent beaucoup, quoique le piége fût d'une simplicité biblique, et le conseil de guerre eut le plaisir de condamner quelques patriotes trop vifs. On m'a cité, entre autres victimes, un officier qui rentrait de captivité, et qui obtint un supplément de vingt jours de prison *pour avoir regardé avec mépris* ce traître infâme!

Les sentences des conseils de guerre prussiens seront un jour coordonnées et publiées pour l'édification de l'Europe. Il est bon que les étrangers connaissent la moralité d'un peuple auquel ils ont sacrifié la France. Ce renseignement intéresse surtout la Hollande, la Belgique et l'Angleterre, qui pourront être envahies après nous.

Quoique le colportage des journaux français soit interdit dans les rues de Strasbourg, quoiqu'ils soient proscrits à la gare, et que les employés de la poste allemande ne se fassent pas scrupule de confisquer souvent le service des abonnés, j'espère que ces lignes passeront sous les yeux des amis que j'ai laissés dans la ville. Ils verront que j'ai fait un usage discret de leurs confidences, et que je me suis même interdit de rendre hommage à leur patriotisme : il était impossible de signaler leurs noms à la reconnaissance des Français sans les désigner aux rancunes de l'ennemi.

On lit sur la porte Nationale une inscription du quinzième siècle ainsi conçue :

« Par ma foi ! nul ne saurait sonder la miséricorde de Dieu, la cupidité des clercs et la méchanceté des paysans ! » Un jour viendra, j'en ai la ferme espérance, où la nation écrira sous cette vieillerie satirique : « Par ma foi ! la France a sondé le courage et le dévouement de Strasbourg, et elle n'en a pas trouvé le fond ! »

V

COLMAR

Je ne cherche pas les contrastes, je les rencontre; c'est la guerre qui les a faits. Nous avons vu ce pays si heureux et si libre, et nous le retrouvons si misérable! Nous y avons ri de si bon cœur, et il nous est presque impossible d'y faire un pas, d'y échanger deux paroles sans que les larmes nous montent aux yeux! Une vieille fleur de rhétorique que je n'ai jamais cultivée, Dieu merci! l'antithèse, s'impose à moi, me poursuit partout où je vais, s'épanouit obstinément sous le talon de mes bottes.

Pour la seconde fois de ma vie, me voici en route pour Colmar. Quel hasard m'y avait conduit dans l'automne de 1865? C'est toute une histoire à conter. Vous la dirai-je ? Au fait, tâchons de vivre une minute dans le passé ; ce sera autant de pris sur l'ennemi.

Donc le 28 septembre 1865, juste cinq ans avant l'entrée des Prussiens à Strasbourg, six ans avant le jour où nous avons commencé ce triste voyage, je partais de Saverne avec ma femme et notre premier enfant pour aller au couvent de Sainte-Odile. Gustave Doré m'avait dit plus de vingt fois : « Viens donc passer huit jours d'automne à Sainte-Odile : c'est un pèlerinage pour les simples d'esprit, une partie de plaisir pour les artistes. On loge dans un couvent qui est une auberge, on y boit le vin de l'évêque au milieu de ruines splendides, à quatre pas du *mur païen*, et dans un paysage dont tu me diras des nouvelles. »

La beauté peu commune de la saison nous décida : nos grands bois n'avaient pas perdu une feuille et leur verdure commençait à se barioler un peu partout ; la chaleur des jours était tiède et la fraîcheur des soirs délicieuse. Je fis charger une malle sur la vieille carriole de la Schlitt, on attela cette pauvre Bichette, que les derniers cuirassiers de Reichshofen ont culbutée, couronnée et presque tuée dans leur retraite au galop sur la côte de Phalsbourg. Une jolie Alsacienne portait notre petite Valentine, qui devait peu jouir du spectacle de la nature avec ses yeux de trois mois, mais qui trouvait un intérêt de haute gourmandise à ne point s'éloigner de sa mère.

Au moment de lever le fouet, j'eus l'idée d'emmener Camille. Camille était un orphelin que les destins amis nous avaient envoyé et qui passait ses vacances chez nous ; un charmant enfant de seize ans, blond, rose et d'une maigreur transparente, mais dur à la fatigue et toujours prêt. Il ne se fit pas appeler deux fois, il dégringola d'un trapèze où il prenait ses ébats et sauta en voiture avec sa tunique du lycée, une seule bretelle et point de gilet. Cette tenue ne lui serait plus permise à l'heure où j'écris, car un capitaine doit l'exemple à ses hommes, et Camille a gagné ses épaulettes à vingt-deux ans sous les ordres du brave Denfert, aux avant-postes de Belfort.

La carriole ainsi lestée s'achemina au petit trot vers le village de Marmoutier que les exploits du sergent Hoff n'avaient pas encore rendu célèbre. Nous ne nous doutions guère, en voyant la jeunesse du cru bayer aux corneilles sur la route, qu'elle récolterait trois croix et sept médailles militaires dans la campagne de 1870, et qu'elle laisserait cinq morts à Gravelotte seulement, sans préjudice des autres batailles !

Après Marmoutier, Wasselonne, où nous descendions de voiture pour prendre le chemin de fer à deux sous. On désignait sous ce titre familier un petit railway départemental, construit aux frais des habitants et exploité par la Compagnie de l'Est. Nos centimes additionnels avait payé tous les travaux. La plupart des propriétaires riverains, au lieu de spéculer sur l'expropriation, avaient cédé leurs terrains gratis ou à vil prix : ce trait vous peint l'esprit pratique et les sentiments généreux de l'Alsace. Aussi les paysans s'admiraient-ils de bonne foi dans leur œuvre collective ; ils disaient : « nos chemins de fer, les chemins de fer que nous avons faits. » Il en usaient autant par gloriole que par nécessité : l'ouvrier, le cultivateur, se faisaient transporter d'une station à l'autre moyennant dix centimes, avec leurs outils, pour un oui, pour un non, pour remettre un carreau cassé, pour biner quatre pieds de pommes de terre.

Mais dans cette joyeuse saison d'automne, il semblait que la plupart des voyageurs fussent des touristes, des amoureux de la nature, en vacances comme nous. L'Alsacien aime son pays autrement que le Parisien n'aime Paris : il se pique de le connaître, il en possède l'histoire et même les légendes, ces naïves enluminures de l'histoire ; il se fait un point d'honneur de visiter les vieux châteaux qui pullulent dans la province, de parcourir les forêts célèbres, de gravir le sommet des principales montagnes. Dès l'âge de dix ans, souvent plus tôt, les bambins exercent leur corps aux longues marches, aux ascensions, aux promenades aventureuses, et ce régime leur réussit fort bien, car on voit des vieillards qui le suivent encore à soixante-dix ans sonnés. Une famille entière se met en route pour la cascade du Nideck, ou pour le Champ du Feu, comme vous prenez une loge à l'Opéra. Cela coûte moins cher, et l'on revient plus content ; peut-être avec un peu de lassitude dans les jambes et quelques ampoules aux pieds, mais l'esprit soulagé, les poumons dilatés, le sang rougi. La misérable hospitalité des montagnes a des charmes piquants, d'âpres délices que l'on ne soupçonne pas à la ville. Une croûte cassée au bord de quelque source, un gros plat de châtaignes fumantes, partagé avec des charbonniers, une nuit de sommeil sur des copeaux, dans une scierie qui tremble au cours du torrent, une tasse de lait échangée contre une poignée de tabac, voilà des plaisirs simples et vulgaires s'il en fut jamais. J'en ai connu de plus raffinés, je n'en connais pas de plus vrais, de plus nets, ni dont l'arrière-goût reste aussi franc dans la mémoire. Marcher, gravir, rouler sur des pentes rapides, avoir chaud et trouver un ombrage, être las et s'étendre, avoir soif et boire à longs traits, humer l'air vif à pleine bouche, ouvrir des yeux tout ronds devant un beau paysage, aspirer l'odeur âcre des chênes, écouter le vent qui chuchote dans les branches du pin sylvestre, c'est la vie animale dans sa plus humble simplicité; mais les meilleurs moments de la vie sont ceux où largement, pleinement, sans souci, ni scrupule, ni arrière-pensée, on s'est senti vivre.

Contre l'usage des touristes alsaciens, nous avions préparé très-sommairement notre voyage et nous laissions une part assez large au hasard. Ainsi, de deux stations qui sont également distantes de Sainte-Odile, je choisis la première sans savoir pourquoi, et je descendis avec mon petit monde à Obernai. Mal nous en prit : tout Obernai était en proie à la fièvre des vendanges; pas un cheval qui ne fût aux vignes. L'unique loueur du pays nous offrait poliment trois ou quatre voitures passables, mais il eût fallu nous atteler nous-mêmes pour les conduire à destination. Notre embarras éveillait déjà la curiosité et l'intérêt du public; les passants s'arrêtaient autour de nous, de braves gens nous offraient leurs services, il pleuvait des conseils. J'eus la faiblesse d'en écouter un qui aurait pu être meilleur. Le pharmacien de la grand' place opina qu'au retour des vendanges, c'est-à-dire vers les cinq ou six heures du soir, on trouverait un cheval assez dispos pour nous conduire au village d'Ottrott. Il ajoutait que le village était au pied de la montagne; que d'Ottrott au couvent il n'y avait que la distance d'une petite promenade à pied; qu'autant la route des voitures était longue et fatigante avec ses interminables lacets, autant le chemin des piétons était court et agréable. « Mes deux enfants vont d'Obernai à Sainte-Odile et en reviennent avant le déjeuner, pour se dégourdir les jambes et s'ouvrir l'appétit. » Une belle jeune fille de seize ans, debout sur ses petits pieds au seuil de l'officine, confirmait tous les dires de son père. Cet être charmant et frêle ne semblait pas construit pour les courses laborieuses; sa vue me persuada qu'il nous serait facile de monter au couvent le soir même, en portant le *baby* tour à tour. Au pis aller, si quelqu'un se trouvait las, ou si la lune était voilée par les nuages, il serait toujours temps de coucher à l'auberge d'Ottrott. Notre plan de campagne ainsi dressé, on attendit patiemment le cheval de bonne volonté qui devait nous tirer d'affaire. Il se présenta tout attelé vers cinq heures et demie ; et six heures sonnaient quand il nous déposa, nous et notre bagage, au pied de la montagne.

Le jour tirait à sa fin, mais la lune brillait dans un ciel pur : un paysan d'Ottrott prit notre malle sur ses épaules et se chargea de nous conduire au couvent en quelques enjambées. Je le crus sur parole, d'autant plus volontiers qu'un poteau indicateur et menteur nous disait : « Sainte-Odile, 4 kilomètres. » L'enfant dormait comme un amour.

Nous voilà donc lancés dans un chemin montant, escarpé, rocailleux, mais toujours pittoresque, qui tantôt rampe sur les flancs des hautes collines, tantôt descend en pente rapide dans les vallées, et s'enfonce parfois sous des voûtes de sapins où il doit faire nuit en plein jour. La variété des spectacles, les petits incidents de la route, la fuite effarée d'un chevreuil, l'apparition de quelque prairie basse où les brouillards accumulés semblaient former un lac, la découverte successive de deux ou trois sommets dentelés comme des ruines, et qu'on prenait toujours pour Sainte-Odile ; enfin par-dessus tout la jeunesse de mes compagnons et notre gaieté naturelle nous préservaient de la fatigue. Quelques groupes de promeneurs redescendaient la montagne au galop, tandis que nous la gravissions au pas. Les premiers nous souhaitaient le bonsoir, sans réflexion ; les suivants laissèrent voir un peu d'étonnement ; les derniers, si toutefois j'ai bien entendu leur langage, s'éloignaient en disant : « Ces gens sont fous de courir les forêts à pareille heure avec un enfant sur les bras. »

Ce jugement, saisi au vol, me fit faire un retour sur moi-même. Je tirai ma montre : il était plus de sept heures. Je hélai le guide, qui courait à plus de cent pas en avant, comme si notre malle eût été du tissu dont la nature fait les ailes.

« Eh ! mon brave homme, lui dis-je, nous devons arriver bientôt ?

— Certainement, monsieur ; encore dix minutes, et nous serons à moitié chemin. »

Ce fut un coup de foudre : les deux femmes se laissèrent aller sur le tapis de mousse. Quant au bambin (pardon, capitaine !), il éclata de rire. Valentine dormait à poings fermés. Mais moi, je m'en voulais d'avoir cru si naïvement aux témoignage des poteaux et des guides.

« Çà, dis-je au paysan, vous m'avez dit que la route était de quatre kilomètres.

— Oui, monsieur, quatre kilomètres. Et puis, vous l'avez lu, c'est écrit.

— C'est écrit, mais depuis une heure que nous marchons, nous les avons archifaits, ces quatre kilomètres.

— Sans aucun doute, monsieur, quatre kilomètres.

— Mais si nous arrivons seulement à mi-chemin, c'est quatre kilomètres de plus.

— Oui, oui, quatre kilomètres.

— Mais quatre et quatre font huit, le savez-vous, oui ou non ?

— Eh ! je le sais tout comme un autre, monsieur.

— Alors, pourquoi ne nous avez-vous pas avertis ?

— Quelques pas de plus ou de moins ne sont pas une affaire, et puis, c'est la mesure du pays.

— Ainsi, vos kilomètres à vous sont de deux kilomètres ?

— Non ; nous comptions par lieues, il y en a de courtes et de longues ; celle d'Ottrott à Sainte-Odile n'est pas des plus courtes, c'est vrai, mais on ne l'a jamais comptée que pour une. Et une lieue, réduite en nouvelles mesures, vaut quatre kilomètres : le compte y est.

— Il n'y est que trop, ventrebleu !

— Bah ! bah ! marchez toujours. Plus la course vous paraît longue, plus vous serez content d'être au bout. »

Cette philosophie brochant sur cette arithmétique nous désarma. On lui dit qu'il avait raison ; il répondit naïvement que tous les voyageurs finissaient par se rendre à l'évidence. Au point où nous étions arrivés, il fallait aller de l'avant, puisque dans les deux sens il restait une lieue à faire. Ma vaillante petite femme en prit gaiement son parti, quoiqu'elle ne fût pas chaussée pour escalader les montagnes. Je me chargeai de Valentine, qui, bercée par la course, dormait mieux que dans un lit. Son sommeil me parut même assez pesant, et je me promis bien de demander au prochain physiologiste pourquoi les enfants endormis sont plus lourds que les enfants éveillés.

La deuxième heure du voyage fut bien de 75 à 80 minutes, ce qui ne paraît pas miraculeux dans un pays où le mètre est long d'une toise. Après nous avoir fait traverser au pas de course un plateau déboisé où le vent séchait notre linge un peu trop vite, le guide nous montra une masse énorme de pierres noirâtres où pas une fenêtre éclairée n'indiquait la présence des vivants. « Nous y sommes, » dit-il. Il sonna, les chiens aboyèrent, puis il se fit un silence inquiétant, et enfin, derrière un judas grillé, je vis poindre, à la lueur d'une chandelle, un respectable nez encadré de fortes lunettes. C'était la supérieure, ou *Frau Mutter* en personne, qui venait prudemment reconnaître et questionner ses hôtes inattendus. L'arrivée providentielle de madame Doré et de son fils Gustave abrégea notre interrogatoire, et nous pûmes franchir le seuil du couvent sans trop parlementer. On fit nos lits, et la *Frau Mutter* nous servit de ses mains bises, sur la toile cirée du réfectoire, une vague apparence de nourriture, qu'elle appelait naïvement notre souper. Quant au guide, il vida un verre de vin et regagna Ottrott *en se promenant*, pour être à son ouvrage avant le lever du soleil.

De ce moment commença pour nous une série de plaisirs plus que simples, presque sauvages, mais exquis et dont je garderai le bon souvenir toute ma vie. Nous étions mal couchés, dévorés par les puces, plus mal et plus malproprement nourris que dans une auberge de rouliers ; je n'avais jamais vu pareille négation du confort le plus élémentaire, quoique j'aie été aussi pauvre que pas un et que j'aie voyagé dans des pays où l'homme n'a point ses aises. On faisait maigre deux fois par semaine, et quel maigre ! On brûlait des chandelles infectes ; si le petit vin de l'évêque était bon, l'eau manquait : nous en avions tout juste assez pour les plus stricts devoirs de la toilette. La règle du couvent défendait de fumer, de chanter, de faire aucune musique ; il fallait se coucher à dix heures précises, sous peine d'être réprimandé par M. le directeur. Eh bien, j'y voudrais être encore, et je suis sûr que presque tous nos compagnons de cet automne regrettent ce bon temps comme moi.

Nous nous levions au petit jour, on chaussait les souliers de chasse ; on s'appelait les uns les autres ; on se réunissait au réfectoire pour tremper un morceau de pain dans le lait, dans le vin, ou dans un détestable café, et l'on partait. Il faisait toujours beau ; tout le monde se portait bien ; personne n'avait peur des longues courses ; on ne connaissait pas la fatigue. D'élégance ou de coquetterie, il n'en était pas question : hommes et femmes ne songeaient qu'à marcher, à voir, à crier, à rire, à s'ébattre au grand air. A peine avait-on fait la promenade du matin qu'on se lestait à la hâte pour en recommencer bien vite une autre. Chacune de nos sorties avait pour but une ruine célèbre ou un site pittoresque, et souvent les deux à la fois ; quelques excursions prenaient un jour entier, ou davantage. C'est dans ces conditions de bonne humeur et de santé que nous vîmes le Mennelstein, les Dreistein, Lutzelbourg, Ratsamhausen, le Kæpfel, le Niedermunster, Beckenfels, le Hagelschloss, Truttenhausen, Andlau, le Spesbourg, le Hanhnatterschloss ! Tous ces noms vous semblent barbares; il n'y en a pas un qui ne sonne agréablement à mon oreille en me rappelant un beau jour. Nos débauches de mouvement nous avaient si bien entraînés que nous ne comptions plus les kilomètres : on descendait à Barr ou à Obernai pour un rien ; le futur capitaine et deux autres adolescents de son âge arpentaient quatre lieues en courant, pour nous aller quérir un paquet de tabac. La nuit venue, on se trémoussait encore en vertu de la vitesse acquise ; on tirait des feux d'artifice, on allumait des feux de Bengale dans les ruines, on improvisait des charades dans une grande salle où chacun apportait sa chaise et sa chandelle.

Si nos logis particuliers n'étaient ni beaux ni confortables, la grande hôtellerie épiscopale avait pourtant assez grand air. Un couvent du septième siècle dont les abbesses avaient rang de princesses, un vieux pèlerinage miraculeux qui se souvient d'avoir hébergé Charlemagne, Frédéric Barberousse, Richard Cœur de lion, et Gœthe, cette autre majesté, nous fascinait par la grandeur des souvenirs et par un arrière-goût de mystère. Le site est un des plus imposants qu'on puisse rencontrer en France. Du haut de la terrasse qui s'allonge au-dessus d'une voie romaine, on embrasse d'un seul coup d'œil un infini de montagnes et de forêts, et cette magnifique vallée de l'Alsace jusqu'à la ligne azurée du Rhin. Un matin que le ciel était un peu voilé, nous nous trouvions au nombre de sept ou huit sur les pierres druidiques du Mennelstein, quand Gustave Doré nous fit voir à l'horizon un massif de montagnes argentées : c'était la Suisse.

Le charme et l'intérêt de la compagnie sont sans doute pour beaucoup dans l'impression que j'ai gardée. Je me rappelle entre autres choses que ce jour-là, sur le Mennelstein, un digne homme de général nous contait mille détails curieux sur l'esprit et les mœurs de Lyon, où il commandait une brigade. C'était le pauvre Abel Douay, qui est mort au combat de Wissembourg.

Le général Lichtlin venait aussi de temps en temps rendre visite à sa charmante femme, qui faisait une saison de bains d'air dans les Vosges, comme en d'autres pays on prend les bains de mer.

Nous avions la famille de M. Durrieu, notre receveur général, qui a laissé les meilleurs souvenirs en Alsace, et celle de M. Degousée, l'ingénieur des puits artésiens du Sahara, et Bérger-Levrault, le grand imprimeur de Strasbourg, et Schutzenberger, l'aimable peintre alsacien, et le bon Adolpe Leleux, qui s'était laissé entraîner par Doré, et qui n'en avait nul regret. Arthur Kratz, alors auditeur au conseil d'État, aujourd'hui référendaire à la cour des comptes, lâchait la bride à ses instincts agrestes, et s'ébattait en vrai sylvain. Les montagnes du pays natal n'ont pas de secrets pour lui : il sait l'histoire, la légende et même la chronique des vieux burgs; il connaît par leur nom les pierres et les plantes ; tous les chemins lui sont familiers ; il s'oriente infailliblement à toute heure dans les cantons les plus sauvages ; et si quelqu'un de ses compagnons se perd en route, il le rappelle par un cri prodigieux, inimitable, qui effraye les coqs de bruyère, ébranle le mur païen sur sa base, et fait tressaillir les dryades sous l'écorce moussue des vieux chênes.

Quoique les hôtes du couvent fussent assez nombreux et assez intelligents pour vivre sur eux-mêmes, notre existence était animée et comme renouvelée tous les jours par le va-et-vient d'une colonie flottante. On voyait arriver des pèlerins, vrais chrétiens du moyen âge, qui avaient marché quinze jours en dévidant leur chapelet pour venir se laver les yeux à la fontaine de Sainte-Odile et faire une économie de dix sous sur le pharmacien. L'instant d'après, c'était un déballage de bons vivants échappés des chalets du Hohwald, ou des confortables auberges de Barr. Mais le contingent le plus sûr et le plus régulier se composait de braves, de modestes et studieuses familles voyageant à peu de frais pour l'instruction des enfants, pour la récréation des adultes et pour la santé de tous ; employés, professeurs, gens de condition sédentaire. C'est ainsi que j'ai fait connaissance avec cet admirable Kœberlé et avec le cher et vénéré couple des vieux Ehrmann.

Le père Ehrmann était alors doyen de la faculté de médecine ; il jouissait d'une grande et légitime réputation dans le monde savant ; d'ailleurs, la modestie et la simplicité mêmes. C'est lui que l'Académie de médecine de Paris a bravement élu comme correspondant *français*, après la prise de Strasbourg. Sa digne femme était, avec infiniment d'esprit et de distinction, un type de bonté sans mélange, de bienveillance épanouie : la chaleur de cette âme exquise rayonnait autour d'elle ; on ne l'approchait pas sans en être touché. Les deux vieillards s'aimaient de cette tendre amitié des vrais ménages, qui n'est pas de l'amour éteint, mais de l'amour transfiguré. Ils étaient pleinement absolument heureux; ils avaient une fille aimable, spirituelle, mariée à un homme de bien, et un fils que toutes les familles de Strasbourg leur enviaient à juste titre.

C'était plaisir de les entendre parler de lui, de les voir en contemplation devant le portrait de leur Albert. Albert était le plus brillant élève du père Ehrmann; on en avait fait un savant et un soldat, un vrai savant et un soldat intrépide. Lorsque je rencontrai ses vieux parents à Sainte-Odile, il comptait déjà de beaux états de service, plusieurs campagnes en Afrique, l'expédition de Syrie; il était médecin en chef de l'armée du Mexique et président de la commission scientifique; il avait affronté la fièvre jaune, il l'avait prise, et il s'en était guéri; le plus brillant avenir s'ouvrait devant ce beau, brave et laborieux jeune homme. Il est mort médecin principal de 1re classe et officier de la Légion d'honneur au milieu de la dernière campagne; une maladie contractée dans les hôpitaux de Metz l'a tué quelques jours après la capitulation de Bazaine, tandis qu'il courait offrir le dernier reste de ses forces au gouvernement de Tours. Je n'ai pas eu le courage d'aller voir, à Strasbourg, les pauvres vieux parents qui lui survivent. Un premier mouvement m'avait conduit jusqu'à leur porte: je me suis arrêté sur le seuil, de peur de réveiller une douleur que je ne pouvais consoler

Dans la foule qui allait et venait autour de Sainte-Odile, je reconnus un jour Auguste Bartholdi, le statuaire de Colmar : « C'est à vous que j'en ai, me dit-il ; vous ne connaissez pas le Haut-Rhin, il faut absolument que je vous en montre quelques échantillons. Ma mère vous attend, vous, Doré, et deux ou trois autres. Vous verrez un beau pays, une ville curieuse et les plus braves gens du monde. »

Je ne me fis prier que pour la forme, et je partis le jour même avec lui.

Les circonstances de ce petit voyage avaient-elles tourné mon esprit à l'optimisme ? étais-je devenu sans le savoir un disciple du docteur Pangloss ? Il se pourrait : je ne réponds de rien, je ne me charge pas de discerner dans mes premières impressions sur Colmar le subjectif de l'objectif. Ce que je sais pertinemment, c'est que la vieille cité du Haut-Rhin me laissa un souvenir *sui generis*, que je n'avais emporté d'aucune autre, quoique j'en eusse visité de plus antiques et de plus glorieuses. Non, vraiment, pas une ville de France ou de l'étranger ne m'a inspiré plus d'estime et de vénération.

Lorsque je tente d'analyser ce sentiment, je me heurte à des objections de toute sorte. Colmar n'a pas la majesté des grandes villes : comme étendue et comme population, c'est un quart de Strasbourg.

On n'y rencontre pas de monuments prodigieux ; les quartiers du centre sont ceux d'un bon chef-lieu de troisième classe, et les faubourgs ont çà et là des airs de grand village. Si l'on y garde quelques précieux débris du moyen âge et de la Renaissance, comme le cloître des Unterlinden et la maison Pfister, le reste a beaucoup moins de caractère et les bâtisses de pacotille abondent de tous côtés.

Une grande coquine de préfecture, ruineuse et inhabitable, comme toutes les constructions officielles du second empire, a gâté la plus belle place sous prétexte de l'embellir. L'ensemble est moins pittoresque et moins pur de style que tel bourg de Bretagne ; il faudrait être fou pour parler ici de Nuremberg, ce musée d'architecture religieuse et civile. Et cependant, Colmar vous domine par je ne sais quel air de sérénité imposante, en même temps que sa bonhomie vous attache par un charme pénétrant.

C'est une ville de tradition, d'étude et de conscience. La bourgeoisie de Colmar conserve soigneusement la maison de ses pères, leur bibliothèque, leur cave et leur foi. Les hommes sont religieux, éclairés et réfléchis ; ils ne dédaignent pas le confort ; ils vivent en famille, ils pratiquent l'épargne, ils ne se soucient ni du luxe, ni du bruit. Les journées sont ici de vingt-quatre heures au moins, chacun les remplit de son mieux, à son goût, personne n'a l'air de les trouver trop longues.

Les grandes industries du Haut-Rhin se développent autour de la ville sans l'envahir ; les fortunes ne s'y font ni ne s'y défont à la hâte ; chacun s'applique à garder ce qu'il possède, à bien élever ses enfants, à les pousser honnêtement dans une carrière tranquille et sûre.

La ville doit fournir beaucoup de fonctionnaires, et de bons : ce n'est ni par hasard ni par caprice que l'État y a mis un de ces lycées où les trois quarts des élèves sont boursiers. Mais ce n'est pas seulement au lycée qu'on s'instruit; les Colmariens travaillent à tout âge. Je ne sais pas de ville où les études soient en plus grand honneur : études de jurisprudence, comme dans toutes les villes de parlement, études de théologie, d'histoire, d'archéologie, de médecine, d'agriculture, de géologie, de botanique, de peinture, de musique : il y en a pour tous les tempéraments.

Le gagne-pain n'absorbe pas les gens au point de leur faire oublier tout le reste ; chacun se cultive soi-même et prend soin de son esprit. On est juge et numismate; substitut et entomologiste, avocat et géologue, médecin et violoncelliste, négociant et ténor. Cette population d'amateurs ou de *dilettanti* en tout genre se réunit par affinités en groupes littéraires, artistiques ou scientifiques. Je ne suis pas en état de mesurer exactement le travail utile qui s'y produit, mais j'ai pu voir que la somme de tant d'efforts patients, modestes et désintéressés fa | de Colmar un milieu aimable et distingué s'il en fut.

Il n'est pas impossible que je m'exagère un peu les mérites de ces bons Colmariens; si je me trompe, c'est leur faute et non la mienne. Pourquoi nous ont-ils fait si bon accueil ? Je suis encore sous le charme de la première impression, qu'aucune autre n'est venue effacer jusqu'à cette heure.

Nous étions arrivés fort tard, à nuit close, après quelques traverses gaiement acceptées. Je ne sais plus par quelle combinaison savante on avait imaginé de gagner Schlestadt en voiture, au lieu de prendre le chemin de fer à Benfeld. La voiture était un carrosse à trente-six portières, rembourré de trois bottes de paille; le cocher, un paysan pris de vin, qui ne voulait ni fouetter ses chevaux ni permettre qu'on les fouettât pour lui; nous lui avions livré bataille, la conquête de son fouet avait été une épopée comique, et l'ivrogne, conduit en prisonnier sur sa propre charrette, nous avait dit fièrement à la gare de Schlestadt : « Moi aussi, je vous aurais bien fait manquer le train, si vous m'aviez laissé conduire ! »

Où est le temps où un seul mot plaisant nous défrayait de gaieté durant trois ou quatre heures, et rira-t-on jamais en Alsace comme nous y avons ri ?

Les silhouettes de Colmar, entrevues à travers notre bonne humeur, nous parurent merveilleuses, et quoique le pavé pointu nous rappelât sensiblement la promenade à pied que nous avions faite le matin, nous prîmes un plaisir d'enfants à courir çà et là pendant une heure, tandis que le dîner refroidissait chez madame Bartholdi.

Quel dîner ! quelle maison ! et quel accueil à la fois noble et cordial ! Je vois encore la maîtresse du logis, debout sur le seuil, et semblable à une statue de l'hospitalité. C'était une grande femme d'environ soixante ans; sa physionomie, voilée par un deuil inconsolable, annonçait beaucoup de courage et infiniment de bonté. On n'avait pas besoin de voir son portrait, peint en pied par Ary Scheffer, pour deviner qu'elle avait été belle ; elle l'était encore, de cette beauté des âmes d'élite que l'âge et le malheur transforment sans la flétrir. Cette mère, comme on en trouverait peu, même dans notre Alsace patriarcale, a consacré ses plus belles années à l'éducation de ses deux fils ; elle s'est soumise avec eux au labeur le plus ingrat des études classiques ; elle a appris le latin pour les aider à l'apprendre ; elle en a fait deux hommes cultivés et distingués entre tous, sans négliger le soin de leurs affaires et sans cesser d'être un seul jour l'intendant de leur fortune. De ces deux jeunes gens, l'un, Charles Bartholdi, était un peintre, un écrivain, un archéologue célèbre au delà de son pays, quand l'abus du travail éteignit sa belle intelligence et termina prématurément sa vie; l'autre est un statuaire, un érudit, un lettré, et, quand il le faut, un soldat ; il s'est bravement battu pour notre Alsace, après l'avoir brillamment décorée.

Mais qui est-ce qui pensait à la guerre en 1865? Les malades eux-mêmes, dans le cauchemar de la fièvre, ne rêvaient pas d'invasion et de conquête ; la plus fière sérénité régnait sur la frontière comme partout. Colmar se félicitait d'être une ville ouverte ; on faisait voir aux étrangers les traces des remparts et les restes de la citadelle, comme des monuments d'un âge barbare. La maison où nous fûmes si bien reçus était hors de la vieille enceinte, construite sur le bord des anciens fossés, au milieu d'un jardin magnifique. La vaste et haute salle où le dîner nous attendait respirait le culte du passé et la confiance dans l'avenir. Un luxe respectable, antique, patrimonial, s'y étalait sans craindre les profanations de la guerre étrangère ou civile ; la lourde argenterie du vieux temps brillait sur la nappe de Saxe, au milieu des cristaux taillés, des faïences peintes, et des bouteilles cachetées en 1811, 1819, 1825 ! Autour de nous, sur les parois, s'étalaient deux ou trois générations de braves gens, rasés, frisés, poudrés, habillés de velours, de taffetas ou de satin, agrémentés de broderies et de dentelles : c'est la galerie des ancêtres. A la richesse de l'habit on les prendrait pour des gens de cour, si l'éclat du teint, la redondance de la chair, la vigueur de l'ossature, un air de gaillardise et de bonhomie ne trahissaient le sang bourgeois. Mais ce sont des bourgeois de distinction, la fine fleur de la classe moyenne : ils ont été magistrats, avocats, échevins, *stettmeister* ou bourgmestres.

Leurs visages placides et souriants nous annoncent que nous sommes chez eux, et que nous y sommes les bienvenus. On croit les entendre parler et dire avec ce brave accent qui ne perd jamais ses droits : « Prenez donc place... Donnez-vous la peine... Il faut revenir aux perdreaux, puisque vous les trouvez bons... Encore un verre de Ribeauvillé ! » Ces braves gens ont vécu ici, nous mangeons le potage dans les cuillers qu'ils ont usées, nous buvons dans leurs verres ; tous les meubles qui nous environnent leur ont servi : ils ont miré leurs honnêtes figures dans ces glaces d'un éclat verdâtre, ils ont consulté ce grand baromètre de bois doré ; cette horloge de marqueterie leur a carillonné les heures. La digne madame Bartholdi, qui vit seule au milieu d'eux pendant une partie de l'année, nous raconte qu'elle ne s'ennuie jamais en leur compagnie ; elle les connaît tous intimement ; elle a lu toutes leurs lettres, qui sont conservées et rangées en bon ordre dans les archives de la famille ; elle sait les procès de celui-ci, les bâtisses de celui-là, les chagrins du gros homme en velours vert, le roman de l'habit bleu barbeau et de la robe cuisse de nymphe émue qu'un père dénaturé (en drap de soie grenat) ne voulait point marier ensemble.

Tous ces souvenirs d'un autre âge sont empreints d'un charme poignant. Pour un rien, le sourire qu'ils éveillent chez nous se tremperait de larmes. Ce n'est pas que les hommes du siècle dernier fussent sensiblement meilleurs que nous, ni même que leurs mœurs et leurs actions s'embellissent à nos yeux par une illusion d'optique. Non ; ce qui est beau, rare et touchant par-dessus tout, c'est la tradition, l'hérédité, l'esprit de suite, cette continuité de la vie après la mort, cette solidarité des générations successives, cette conservation de la propriété par la famille, et de la famille par la propriété !

Les paradoxes monstrueux qui ont failli tuer Paris en 1871 tomberaient à plat sur le seuil de cet honnête et respectable logis comme des ballons dégonflés. Le bon sens français peut se consoler des folies et des crimes qui l'outragent, en pensant que de telles maisons ne sont pas rares en province, et qu'on rencontre un peu partout des jeunes gens élevés dans l'amour du vrai et du bien par une digne mère, sous le regard souriant des vieux parents encadrés.

Mais je n'ai pas le droit de m'endormir dans ces estimables délices, ni même d'en savourer l'arrière-goût à loisir. Il faut passer au galop sur ce bon temps, trop vite écoulé, sur nos belles promenades, sur notre ascension au lac Blanc, ce glacier *éteint*, sur notre visite au musée, où je fis connaissance avec le peintre Martin Schœngauer, dit Martin Schœn, digne rival d'Albert Dürer, et sur le monument exquis que notre ami Auguste Bartholdi a élevé, dans le cloître des *Unterlinden*, à la gloire de Martin Schœn. Un vrai bijou, cette statue entourée de quatre images symboliques dans le goût de la Renaissance première. Depuis le sol jusqu'au bonnet de la figure principale, tout est de la même main et d'une main savante autant que spirituelle; le sculpteur s'est fait architecte, il a exécuté son œuvre *ad unguem*, sans rien livrer au hasard des collaborations, et incrusté sa pensée dans les moindres détails.

Colmar a d'autres œuvres du même artiste : une bonne statue du général Rapp, un monument grandiose à la gloire de l'amiral Bruat, une délicieuse fontaine dont le corps représente un jeune vigneron buvant à la tonne; mais le Martin Schœn est son premier péché, et les petits enfants d'Auguste Bartholdi, s'il en a, retrouveront dans cette sculpture l'ivresse à la fois innocente et capiteuse qui distingue le premier péché de tous les autres.

Hélas ! il ne s'agit plus aujourd'hui ni du passé ni même de l'avenir, qui pourra réparer bien des choses, mais du présent lugubre qui attriste tout, sans excepter le paysage. J'ai pris seul, sans amis, le chemin de fer à Strasbourg. Le marchand de journaux, sur le quai de la gare, m'a offert toutes les feuilles de Berlin, depuis la *Gazette de la croix* jusqu'au *Kladderadatsch*, ce charivari lourd et brutal comme le pied d'un cheval mecklembourgeois posé à plat sur les verres de Venise dans l'étalage féerique d'un Salviati. Sur notre droite, à l'horizon, j'ai revu les chers profils des Vosges alsaciennes ; j'ai salué de loin les vieux châteaux en ruines que les Français ne visitent pas cet automne, car le temps des joyeuses promenades est passé.

Parmi les voyageurs qui font route avec moi, je n'ai reconnu personne et personne ne m'a reconnu. Les noms mêmes des stations m'étonnent par leur apparence exotique et rébarbative. A Schlestadt, qui s'appelle Schlettstadt, l'ennui de ma solitude m'a pris : vous savez qu'en Allemagne, il faut être prince ou Français pour voyager dans les wagons de première classe, et nous sommes en Allemagne, paraît-il. Je suis donc monté en troisième, et j'ai eu la bonne fortune d'entendre célébrer, par un gros paysan, l'esprit pratique de nos ennemis.

« Quels gaillards ! disait-il. On en met beaucoup à Toulon qui ne sont pas aussi roués. J'avais dans ma ferme un hauptman, ou capitaine, avec dix hommes et leurs chevaux. Belles bêtes, les chevaux, et d'un appétit formidable. Il nous fallait nourrir tout ça : le foin, l'avoine et la litière, tout allait d'un train de poste, et je fournissais tout sur bons de réquisition, c'est-à-dire pour le roi de Prusse. Un matin, le hauptman m'appelle dans la cour, et me montre un tas de fumier qui pouvait faire dix voitures. — Combien m'en donnes-tu ? — De mon fumier ? — Du nôtre : c'est le travail des chevaux prussiens, bonhomme ! — Mais, sous votre respect, capitaine, vos chevaux n'ont rendu que ce qu'il m'avaient pris, et je crois qu'en bonne justice... — Justice ou non, ce fumier est à vendre. Si tu en veux, dis-le ; sinon, nous le vendrons à un autre, et tu le transporteras chez l'acquéreur par réquisition... » Cette idée m'a paru si drôle, mais si drôle, que j'en ai ri à faire sauter deux boutons de ma culotte, et que j'ai donné au hauptman le prix qu'il a lui-même demandé... »

Un petit bourgeois de Schlestadt, ou de Colmar, reprit avec bonhomie :

« Oui, le proverbe a raison de dire que l'on est

désarmé lorsqu'on a ri. Moi qui vous parle, je logeais un officier par réquisition, et de plus je le nourrissais par pitié. Ce n'est pas que je sois riche, mais cet homme paraissait bien plus pauvre que moi ; il mangeait et buvait comme pour réparer toute une vie de privations, et je pensais en moi-même que nourrir un ennemi affamé, rendre le bien pour le mal, c'est faire œuvre agréable à Dieu et pratiquer la loi de l'Évangile. Mais un jour, à la brasserie, j'apprends, devinez quoi ? Que mon pensionnaire recevait quinze francs de *Tagegeld*, comme tous les officiers de son grade, et aux frais de la ville, encore ; si bien que par le fait je le nourrissais deux fois. L'idée d'avoir été sa dupe pendant trois semaines et plus m'échauffa les oreilles ; je rentrai furieux à la maison, et je trouvai mon gaillard devant ma table, la fourchette au poing. « Bon appétit ! lui dis-je ; soupez bien, car c'est le dernier repas que vous prendrez ici. N'êtes-vous pas honteux d'escroquer le pain d'un brave homme qui n'a pas quatre thalers d'argent de poche comme vous ? Je ne sais ce qui me retient d'ôter votre couvert et de vous envoyer finir ce repas à l'auberge. Je suis trop bon, je vous permets d'achever, puisque vous avez commencé, mais que le ciel me foudroie si vous tâtez encore de mon pain ! » Le capitaine écoutait mes imprécations en baissant la tête sur son assiette, sans toutefois perdre un coup de dent. Lorsqu'il me vit un peu soulagé du trop plein de mon cœur, il joignit les mains, et me dit d'une voix insinuante et lamentable : — Monsieur Muntz ! cher monsieur Muntz ! vous me donnerez bien encore le café au lait demain matin? Ce mot fit tomber ma colère, je pouffai de rire, et je répondis : — Oui, capitaine, le café au lait, vous l'aurez ; vous m'avez dit une parole qui vaut un hectolitre de café au lait. »

Cette anecdocte fut suivie de beaucoup d'autres ; la conversation devint générale, et chacun dit son mot. La principale vertu des Allemands, l'économie, défrayera longtemps les veillées du Haut-Rhin. Les pères raconteront à leurs enfants que M. de Moltke a daigné se donner à lui-même un billet de logement, plutôt que de payer sa note aux *Deux-Clés*; que le prince Guillaume de Bade, installé, lui aussi, par billet de logement dans cette antique et confortable hôtellerie, y offrit un banquet à tous ses officiers pour la fête du grand-duc. La ville de Colmar paya les frais de cette agape, toujours en vertu du billet de logement.

Le sens moral de nos vainqueurs approuve cette large interprétation des lois de la guerre. Il faut bien que les Allemands envisagent le bien et le mal sous un autre angle que nous, puisque l'université de Fribourg en Brisgau décerna au général de Werder un diplôme de docteur en philosophie, dès qu'il eut incendié la blibliothèque de Strasbourg !

On cite quelques officiers allemands comme de vrais scapins armés en guerre. Il est certain que l'histoire du sopha est un trait d'avarice ingénieuse que Molière n'eût pas inventée. Voici le fait :

Le major prussien X... marchandait depuis quinze jours un appartement de deux chambres meublées. Après un débat acharné, on s'était mis d'accord sur le chiffre de trente francs par mois, mais au moment de conclure, le major se frappe le front.

— Un moment ! dit-il. Je vais avoir des visites à faire ; on me les rendra : il faut donc que vous me donniez un sopha.

Le propriétaire réfléchit et dit :

— Soit, je puis faire ce que vous désirez.

— Sans augmentation de prix ?

— Assurément.

— J'en prends acte. Mais le sopha ne me sera utile que pendant un mois, car une fois les visites échangées...

— Soit, on vous l'ôtera dès que vous n'en voudrez plus.

— Mais alors, vous me ferez une réduction de trois francs par mois.

— À quel propos, grand Dieu ?

— Tiens ! parce que je n'aurai plus le sopha.

Si j'en crois les récits de mes compagnons de

voyage, c'est un peu la nécessité qui donne tant d'esprit à ces gens-là. La vie est chère dans le Haut-Rhin, pays riche, et le bon temps des *Tagegelder* est passé. Lorsque le plus modeste lieutenant recevait tous les jours 12 fr. 50 d'argent de poche, on faisait sauter les bouchons. Depuis que la population des villes n'est plus contrainte de donner pour boire à ses vainqueurs, on a vu les vainqueurs dégringoler d'hôtel en hôtel jusqu'aux auberges du dernier ordre, et finalement installer une malheureuse popote pour laquelle ils demandent une cuisinière dans le journal. Les magistrats de la Cour, obérés par la dépense de chapeaux neufs (ils étaient arrivés en chapeaux mous) sont en instance pour obtenir une réduction de cinquante centimes sur le tarif de la table d'hôte.

Ces pauvres magistrats n'ont pas échappé à la fatalité des pendules qui poursuit les Allemands depuis le début de la guerre. Le premier président, par mégarde, ou plutôt par instinct, a fait main-basse sur un magnifique cartel qui décorait la salle des séances, pour en orner son cabinet. Les mauvais plaisants disent qu'il demande tous les jours à voir le *ressort* de Colmar, dont on parle partout et qu'on ne montre jamais.

Ce qui n'est pas de pure invention, c'est que, les employés des finances prussiennes s'étant fait représenter les quittances d'impôt de 1860, et ayant poursuivi ceux qui les avaient perdues, le premier bourgeois de Colmar qui se laissa poursuivre et saisir plutôt que de payer deux fois, fut violemment exproprié de sa pendule ! Les Allemands ont beau se mettre en garde contre leur premier mouvement ; l'horlogerie les attire malgré eux par une action magnétique.

Les taquineries à la mode vénitienne sont en honneur à Colmar comme dans toute l'Alsace ; ces procédés, qui constituent la petite résistance, se renouvellent chaque jour. On évite la musique militaire comme un fléau ; non-seulement on évacue les brasseries dès que l'orchestre prussien s'y introduit, et l'on fait des détours énormes pour éviter les places publiques où il s'installe, mais lorsqu'un colonel se fait donner un concert dans sa cour, tous les volets se ferment avec fracas, et la maison devient aveugle et sourde. Une femme du peuple qui s'était fourvoyée à proximité d'un orchestre militaire en plein vent, s'approche des musiciens dans l'intervalle de deux morceaux, et leur dit : — Pauvres gens ! vous avez un double travail ; il faut que vous fassiez cette musique et encore que vous l'écoutiez vous-mêmes !

Dans les premiers temps de l'invasion, lorsqu'un officier se promenait en traînant son sabre sur le pavé, un gamin le suivait en murmurant :

— Monsieur ! pour deux sous ! pour deux sous !

— Pour deux sous, quoi ?...

— Pour deux sous, monsieur, je vous porterai ce morceau de fer qui vous gêne.

Aujourd'hui, le jeu favori de la marmaille est la petite guerre. On se divise en deux camps, derrière la préfecture : les uns font les Prussiens, les autres sont les Français, et lorsque les Prussiens ont l'avantage, ils retournent les poches des vaincus. Un officier ennemi rencontre un gamin tout en larmes. « Qu'as-tu donc, mon bonhomme ?

— J'ai, monsieur l'officier, que j'avais trois sous dans ma poche, et que les Prussiens me les ont volés : ils n'en font jamais d'autres ! »

Les cocardes tricolores, les képis, la *Marseillaise*, les cris de *Vive la France!* vont leur train à Colmar comme par toute l'Alsace. Les manifestations pacifiques, et d'autant plus agaçantes pour l'ennemi, s'y succèdent de jour en jour Un capitaine français épouse une jeune fille de la ville ; toute la population s'invite aux noces, emplit l'église et l'assiége avec des bouquets d'immortelles et autres accessoires symboliques. Une fille majeure et séchée sur pied, sans grâce, sans beauté, sans esprit, brouillée avec toute une moitié du genre humain à la suite de plusieurs mariages manqués, se jette à la tête d'un officier allemand et l'épouse. Aussitôt le quatrain suivant est mis en circulation dans la ville :

L'appétit des Germains, que rien ne scandalise,
Accomplit chaque jour un miracle nouveau,
Et voici qu'un dragon, en épousant Élise,
Nous enlève, ma foi ! jusqu'aux os et la peau.

Une autre transfuge, mademoiselle R., dînait à l'insu de ses amis chez le préfet prussien. Elle reconnaît dans la livrée un de ces garçons d'extra qui vont de maison en maison et qui servent tous les repas de cérémonie. La peur la prend, elle se voit déjà dénoncée par cet homme, et honnie dans toute la ville. Il faut amadouer Bastien, obtenir qu'il se taise, acheter son silence au besoin. Elle saisit le moment où Bastien, seul debout devant elle seule, lui présente le café sur un plateau :

— Eh ! mon brave ami, lui dit-elle, vous êtes étonné de me rencontrer ici ?

— Pourquoi donc ça, mademoiselle ? J'y suis bien, moi !

Si Bastien a compris ce qu'il disait, c'est le sublime de l'ironie.

Ces anecdotes m'ont mis en goût, je fais causer mes compagnons anonymes, je pratique sur eux la maïeutique de Socrate avec un plein succès, car ils ne demandent qu'à parler. Il est même assez remarquable qu'un peuple conquis d'hier, gardé à vue, livré sans défense à la police et à la soldatesque, et toujours sous le coup d'une terreur relative, exprime si librement en public sa haine et son mépris du vainqueur.

On me raconte l'entrée des Badois à Colmar, la résistance qu'ils ont rencontrée au pont de Horbourg, la mort de quelques braves gardes nationnaux, qui, soutenus par une ou deux compagnies de francs-tireurs, sauvèrent au moins l'honneur de la ville.

L'histoire des réquisitions vient ensuite ; il y en a d'odieuses par l'exagération et de plaisantes par la forme. L'état-major victorieux n'a pas requis ici, comme à Mulhouse, trente kilogrammes d'un baume adopté par la thérapeutique secrète, mais il a réclamé 5,000 gilets de flanelle pour ces braves Badois, que les coups de poing et les coups de pieds de leurs chefs ne réchauffaient pas suffisamment, paraît-il. Et comme le maire jurait que 5,000 gilets de flanelle ne s'étaient jamais trouvés réunis dans la ville, l'officier déroula la liste des drapiers de Colmar, et dit fièrement en français : « Donnez toujours l'étoffe ; quant aux gilets, *nous les construirons déjà.* »

Tandis que les Allemands prennent soin de leurs lourdes personnes et passent un hiver agréable à nos frais, la jeunesse de la ville émigre en masse vers l'armée française ; les fils de famille et les pauvres gens, pêle-mêle, vont tuer des Prussiens sur la Loire, ou se faire tuer.

L'armistice signé, la paix votée, quelques-uns reviennent au gîte sans savoir s'ils y resteront plus d'un an ; beaucoup s'éloignent sans esprit de retour, la ville est pleine de maisons à vendre et de maisons à louer. La cour d'appel et le tribunal se peuplent d'Allemands entremêlés de quelques renégats ; les gens de cœur abandonnent leurs sièges ; quelques-uns sont brutalement expulsés par l'ennemi.

Il serait naturel, il serait même de stricte justice, que tout avancement fût suspendu dans la magistrature tant que les Alsaciens et les Lorrains ne seront pas replacés. Mais on n'a pas songé à prendre cette décision au ministère, et bon nombre de juges et de conseillers très-méritants restent encore sur le pavé. Quelques-uns sont soutenus tant bien que mal par des indemnités temporaires, d'autres ont épuisé leurs dernières ressources et ne vivent que d'emprunts. Il serait grand temps d'aviser ; je ne sais pas si le gouvernement de Versailles est éclairé sur l'horreur de cette situation.

— Mes voisins de wagon me livrent un détail curieux sur les renégats de la Cour. Il paraît qu'au début de la guerre, ces messieurs escomptaient la victoire en se partageant par avance les meilleurs sièges des provinces rhénanes : l'un prenait Trèves, l'autre Mayence, celui-ci plus modeste, se contentait d'une présidence à Sarrebruck. Surpris par les malheurs de la patrie, ils se sont retournés le plus lestement du monde, et ne pouvant jouer le rôle de magistrats français en Allemagne, ils se sont faits, sans plus de scrupule, magistrats allemands en France.

On m'assure que M. Kern, notre ancien procureur impérial à Saverne, est plus particulièrement méprisé que les autres, soit parce que la France l'avait mieux traité, en le nommant d'urgence avocat général à Limoges, soit parce qu'il avait joué le patriotisme avec quelque succès dans les salons de Bâle. Son père s'était réfugié en Suisse, jurant tout haut qu'il ne reverrait pas la patrie tant qu'elle serait souillée par l'invasion. Ces sentiments lui firent une sorte de popularité dont le fils profita lorsqu'il eut passé la frontière à son tour. Les maisons les plus honorables ouvrirent leurs portes au jeune homme ; il s'assit à tous les pianos et fit pleurer les plus beaux yeux de la ville en chantant : *Triste exilé sur la terre étrangère.* Depuis qu'il chante la palinodie, les Alsaciens et probablement aussi les bons Suisses se font un devoir de le siffler. C'est justice.

Je me suis enquis des raisons qu'il pouvait alléguer à l'appui de son apostasie, car enfin un homme d'un certain monde et d'une certaine éducation ne forfait pas à l'honneur sans se disculper bien ou mal. Celui-ci, me dit-on, a deux systèmes de défense selon l'occasion, c'est-à-dire selon les gens. Il dit aux uns : Mes vieux parents mourraient de nostalgie s'il leur fallait quitter le pays ; la tendresse et le devoir me défendent de les y laisser seuls et ma fortune ne me permet pas de vivre sans rien faire. Il dit à d'autres qu'en acceptant le service du gouvernement prussien, il a prouvé son dévouement à la patrie alsacienne, que tout bon citoyen devrait agir ainsi et que si tout le monde s'enfuit à qui mieux mieux, l'Alsace dans deux ans ne sera plus elle-même.

Méfions-nous de cette théorie, et tenons-nous en garde contre ceux qui nous disent : Je suis Alsacien avant tout! Notre plus dangereux ennemi, pour le moment, n'est pas M. de Bismark, c'est le particularisme adopté par quelques hommes trop intelligents, dans l'intérêt de leur fortune privée. Tel avocat illustre, tel ancien député de la démocratie alsacienne, tel puissant manufacturier, affichent une étrange impartialité, et se tiennent entre la France et l'Allemagne, sans pencher d'un côté, ni de l'autre, comme autrefois le journal *le Siècle* entre Versailles et la Commune. Il faut combattre énergiquement cette tendance et prouver que le patriotisme alsacien, au point où nous en sommes, est l'antipode du patriotisme. L'homme qui dit : Je suis Alsacien avant tout ! n'est déjà plus Français. Il ne tardera guère à solliciter un emploi pour mieux servir l'Alsace, et un traitement en thalers pour reprendre une partie de nos cinq milliards ; et il tombera dans le marécage où les Kern, les Dollinger, les Traut et les Klœckler barbotent, le bec ouvert, comme des canards ivres de boue.

Mais grâce à Dieu l'honnête population du Haut-Rhin met la patrie au-dessus de tous les intérêts. Non-seulement elle refuse à l'ennemi tout ce qu'elle peut lui refuser sans risque ; elle tient les Allemands à l'écart, elle leur interdit l'entrée des cercles et de toutes les réunions privées, elle a trouvé moyen de les exclure à Colmar de la société de chasse, à Mulhouse de la société d'équitation et de la société d'horticulture ; mais encore il se trouve dans cet admirable pays des hommes assez courageux pour sacrifier leur fortune entière plutôt que de céder à l'ennemi. Un digne notaire de Colmar, le plus capable et le plus estimé de tous, a déclaré qu'il abandonnerait son étude, c'est-à-dire un revenu de 20 à 25,000 francs, le jour où il faudrait prêter serment au roi Guillaume. On assure que tous ses collègues, entraînés par l'exemple, ont pris le même engagement les uns envers les autres, et qu'ils se sont même interdit de discuter séparément avec l'autorité prussienne les intérêts et les droits de leur corporation.

Ce chapelet d'anecdotes, plus ou moins authentiques, mais qui ne laissaient aucun doute sur le patriotisme des conteurs, fut brusquement coupé par l'arrêt du train. Nous étions à la gare de Colmar.

Mon ami Bartholdi, que j'avais pris soin d'avertir de mon arrivée, ne m'attendait pas, et pour cause : depuis plus de trois mois, il se promenait sur le chemin du Pacifique, entre New-York et San-Francisco. Mais je n'eus pas de peine à trouver sa digne mère : je revis le beau jardin du faubourg et cette aimable maison de campagne où les ancêtres en drap de soie, toujours souriants dans leurs cadres, ignorent, les bienheureux ! tout ce qui s'est passé.

La maîtresse du logis m'accueillit avec cette grâce noble que j'avais admirée dans des jours plus sereins, mais elle ne réussit point à me cacher sa profonde tristesse. Elle prévoyait que son fils ne viendrait plus à Colmar que pour opter et repartir ; il avait défendu le pont d'Horbourg à la tête des gardes nationaux, il avait fait la campagne des Vosges, en qualité de chef d'escadron, dans l'état-major de Garibaldi ; ses antécédents, son talent, sa glorieuse notoriété l'expulsaient par avance du pays annexé, quand même il ne l'eût pas quitté spontanément par patriotisme. A peine prendrait-il le temps d'élever un tombeau à ses anciens compagnons d'armes ; mais ce monument lui tenait au cœur, il l'avait esquissé en pleine guerre, il s'était juré à lui-même de le construire et de l'inaugurer dans le cimetière de Colmar. Le projet que je vis alors me parut vraiment dramatique dans sa simplicité : c'était un bras, rien qu'un bras, soulevant la dalle du sépulcre pour saisir une épée tombée à terre.

Madame Bartholdi, en me montrant l'atelier de son fils, me disait par quel ingénieux et touchant stratagème ce brave garçon avait su la rassurer jusqu'au dernier jour de la guerre. Tandis qu'il se battait en Bourgogne, elle le croyait installé chaudement dans les bureaux d'un ministère : elle recevait des chefs-d'œuvre de lettres rédigées dans le style du parfait employé.

Et bientôt il lui faudra se séparer d'un tel fils ! vivre pour lui, mais sans lui, durant la plus grande partie de l'année ! Il y a des intérêts à surveiller dans le pays, des fermes à faire valoir, des rentrées à poursuivre, des immeubles à réparer, et la vaillante mère se dévoue ; elle accomplira jusqu'au bout ses devoirs de bon intendant.

« Que voulez-vous? me disait-elle. Nous ne sommes pas assez riches pour laisser notre patrimoine à l'état de non-valeur. Mais ces soins dont je m'acquittais naguère avec bonheur seront quelquefois bien pénibles. Hier, par exemple, un officier de la nouvelle garnison vient louer un appartement dans notre maison de ville. Nous avions débattu l'affaire point par point, nous étions d'accord, il ne me restait plus qu'à dire oui. Mais lorsqu'il me demanda, fort poliment d'ailleurs, s'il pouvait se considérer comme mon locataire, les larmes me montèrent aux yeux, la parole me manqua, *vox faucibus hæsit !* Je vis en imagination tous les portraits de la famille ; il me sembla que ces braves gens, si bons Français, avaient les yeux sur moi, qu'ils me demandaient compte de ce marché, et qu'ils me défendaient d'ouvrir leur vieille maison à l'ennemi de leur patrie ! Je le ferai pourtant un jour ou l'autre, car il le faut. »

Quelques amis de la famille, gens d'esprit et chauds patriotes, vinrent passer la soirée avec nous. Madame Bartholdi, toujours ingénieuse dans son hospitalité, les avait priés à la hâte, pour mettre en quelque sorte sous main les lumières que je cherchais.

Tout ce que j'entendis dans ces trois bonnes heures de causerie affermit solidement mes premières impressions. L'esprit public était admirable dans le Haut-Rhin ; riches et pauvres tenaient tête au vainqueur avec une égale énergie. Les plus gros seigneurs d'Allemagne promenaient leur couronne ou leur casque dans les rues de Colmar, sans qu'un seul gamin, pour les voir, se détournât de sa route ; le seul effet des apparitions princières était la pose d'une seconde sentinelle devant le vénérable hôtel des *Deux-Clés*. On savait déjà que l'option serait à peu près unanime, et l'émigration des meilleures familles avait commencé. La nouvelle du jour était la fière réponse du notaire Rencker qui aimait mieux sacrifier son étude que d'écrire un seul acte sur le papier timbré des Prussiens. La défection de quelques magistrats, fort rares, Dieu merci, soulevait un dégoût unanime. Si j'avais pu noter au vol tout ce que j'entendis ce soir-là sur le Camille Schlumberger, le Scheuch, le Dollinger, le Kern, le Muntz, les Klœckler et le Burguburu, j'éprouverais un plaisir d'entomologiste à piquer cette collection d'animaux rares dans une vitrine *ad hoc*. Mais la Ligue d'Alsace, en son troizième bulletin, m'a consolé de manquer de mémoire ; on ne me saura pas mauvais gré d'y choisir quelques types çà et là..

« Strasbourgeois de naissance, fils d'un ancien avoué enrichi par des spéculations douteuses, lauréat de l'École de droit, grand, maigre, blond, sans barbe, les lèvres minces, les yeux cachés par des lunettes, les habits trop courts, malpropre, laid, ridicule, possesseur à quarante ans d'une fortune de plus de deux millions, cet être sordide, que la presse française a déjà noté d'infamie, a trahi sa patrie par avarice. C'est pour la somme de sept mille francs par an que, encouragé par sa digne compagne, Salomé K. de Wasselonne, *Dollinger*, l'archimillionnaire, s'est fait le serviteur des bandits...

« Marié, père de trois enfants auxquels il laissera son déshonneur à laver, M. *Schlumberger* n'a pas la pauvreté pour excuse. Il jouit d'une aisance attestée par l'élégante habitation qu'il s'est fait construire derrière la préfecture ; c'est là qu'il vit en promiscuité avec le directeur du district.

« M. *Kern* a été l'un des premiers magistrats alsaciens replacés en France. Nommé substitut du procureur général à Limoges, il a préféré se mettre au service de la Prusse. M. *Kern* est célibataire, il est riche, c'est-à-dire absolument indépendant ; il s'est signalé par la désinvolture badine avec laquelle il a prêté serment aux incendiaires de Strasbourg. M. *Kern* n'est pas vieux, il n'a que quarante ans ; de longues années d'ignominie devant lui. La nature, presque toujours logique, l'a fait laid, remarquablement laid. M. *Kern* chante ; il dansera quelque jour.

« *Burguburu*, personnage aussi lourd que son nom, est absolument étranger à toutes les matières judiciaires ; nature épaisse, rivé du matin au soir au fourneau de sa pipe, réduit à la valeur d'un appareil digestif, *Burguburu*, chargé de trente et quelques années tout au plus, sommeille lourdement dans sa bauge pavée de quarante mille livres de rente. La France ne le réclame point à la Prusse : ces natures ne sont ni traîtresses, ni fidèles ; on les prime aux concours régionaux. »

Voilà de quelle encre on écrit la vérité sur nos renégats ; le ton dont on en parle est, s'il se peut, plus vif encore. L'énormité du crime et la vigueur d'un honnête ressentiment font excuser le trait hardi et la grosse couleur de ces ébauches.

Mais il faut voir avec quel tact et quelle délicatesse nos Colmariens estompent le contour et ménagent la demi-teinte, lorsqu'il s'agit de peindre la figure équivoque et savamment voilée d'un habile. Interrogez-les sur quelqu'un de ces citoyens douteux qui ont aimé la France dans sa splendeur, qui l'ont servie à charge de revanche, et qui, du jour au lendemain, se sont épris d'un amour spécial, aveugle, exclusif pour la province où ils ont leur fortune et leur clientèle. Demandez ce qu'on pense de ces grands particularistes, nobles ou roturiers, qu'une illumination soudaine a convertis comme saint Paul sur le chemin de leur château, et qui sont devenus mille fois plus Alsaciens que l'Alsace. Les mêmes gens d'esprit qui jetaient sans façon Burguburu dans le saloir, prendront délicatement entre deux doigts le politique le plus madré, le dépouilleront de tout prétexte, le larderont à petits coups et en un tour de main vous l'assaisonneront du plus fin sel attique.

VII

MULHOUSE

J'avais employé tout le jour à voir des ateliers, des manufactures, des usines énormes dont une seule a déjà lancé 1,500 locomotives sur les chemins de fer de l'Europe. La ville n'est ni belle ni laide, elle est vaste et vivante. Autour d'un vieux noyau qui contenait 6,000 habitants, mal logés, à la fin du dernier siècle, les filateurs, les tisserands, les imprimeurs sur étoffes, les teinturiers, les constructeurs de machines se sont groupés successivement; leurs bâtiments, plantés l'un après l'autre sans grand souci de la symétrie, ont fini par couvrir une immense étendue de terrain plat. Il s'est fait des fortunes, et naturellement les heureux ont élevé, dans le voisinage de leurs fabriques, de belles maisons, entourées de jardins agréables. Ceux qui avaient le plus d'argent et de temps se sont donné des parcs et des châteaux dans la banlieue. La physionomie générale de ces habitations, tant à la ville qu'à la campagne, est sérieuse, discrète et digne ; on y sent la gravité des mœurs protestantes et le voisinage de la Suisse. Aucun sacrifice à la mode, rien qui puisse éveiller l'envie dans le cœur des passants ; mais on devine un intérieur confortable. Nous sommes dans une ruche de bourgeois laborieux, qui se marient de bonne heure, qui ont beaucoup d'enfants et qui vivent en famille. Un désœuvré serait de trop ici, il ne saurait où passer son temps ; on n'y connaît que les plaisirs sévères ; on y voit des musées, des écoles, des bibliothèques, des laboratoires, une salle de conférences, et point de théâtre. Le casino, grandiose et bien décoré, éteint son gaz bien avant l'heure où les clubs s'éveillent à Paris. La jolie promenade du Tannenwald est déserte en semaine ; je n'y ai rencontré qu'un jeune prêtre qui disait son bréviaire.

Après la ville des patrons, j'avais visité en détail les cités ouvrières, ce chef-d'œuvre de quelques hommes de bien qui sont par surcroît des gens d'esprit. En aucun lieu du monde, on n'a tant et si bien travaillé à réconcilier les prolétaires avec leur sort et à les élever peu à peu vers une condition supérieure. Ils deviennent propriétaires en quatorze ans, propriétaires d'une petite maison commode et d'un charmant jardinet, dans un quartier aéré comme les Champs-Élysées. Et pour monter en grade, pour s'élever à la petite bourgeoisie, ils n'ont qu'à payer régulièrement un loyer de 18 à 25 francs par mois. Est-ce trop cher à votre avis? C'est le remboursement exact du prix coûtant; la *Société Mulhousienne* s'est interdit de gagner un centime sur eux. Ajoutez que l'épargne leur est bien plus facile qu'aux ouvriers de Paris, puisqu'ils ont tous les profits de la coopération sans en courir les dangers. Un patronage intelligent a mis à leur portée, outre les écoles gratuites et la salle d'asile, un lavoir, un établissement de bains chauds à 15 centimes, linge compris, une boulangerie économique, un fourneau où l'on trouve des repas suffisants à quelques sous par tête, et un magasin où l'habillement, le petit mobilier, la quincaillerie et l'épicerie se débitent au prix coûtant. Voilà comment cette bourgeoisie de Mulhouse aide les travailleurs, à la condition qu'ils s'aideront eux-mêmes; c'est ainsi qu'elle leur tend une main fraternelle sans exiger aucun sacrifice de liberté ni de dignité.

A la tête de cette institution et de toutes les œuvres de prévoyante bonté, qui seront l'éternel honneur de Mulhouse, on trouve régulièrement quelques noms, toujours les mêmes : c'est Dollfus, c'est Kœchlin, c'est Mieg, c'est Siegfried, c'est Thierry ; j'en passe ; une douzaine de familles, dont quelques-unes possèdent dix ou quinze millions, sont comme les fondements sur lesquels la ville est bâtie. Mais la pierre angulaire est M. Jean Dollfus, que les riches et les pauvres désignent familièrement sous le nom du père Jean, d'abord parce qu'il est un des pères de l'industrie moderne, et surtout parce qu'il a été, durant une longue carrière, le père de ses ouvriers et de ses administrés. Il est bien difficile de faire cinquante pas dans Mulhouse sans rencontrer la trace de ce vieux roi débonnaire que le suffrage universel a stupidement détrôné en 1869.

Cette journée active et presque trop bien remplie se termina délicieusement. Je me vois encore au milieu de la famille Delmas-Thierry, après un de ces dîners dont la cuisine provinciale a gardé le secret. Dans un salon d'une élégance toute parisienne, deux belles jeunes femmes, vêtues de noir, portaient au col un nœud tricolore ; le maître du logis avait sa boutonnière ornée du modeste ruban de la médaille militaire. Riche, heureux, père de deux jolis enfants, allié à une des grandes familles de Mulhouse, engagé personnellement dans une usine de premier ordre, agent consulaire d'une grande nation, ce jeune homme a tout quitté pour se jeter dans les ambulances et bientôt après dans l'armée. Entre ces deux campagnes également courageuses, il a trouvé le temps d'écrire sur le pouce un charmant petit livre intitulé : *De Reichshofen à Sedan*. Aujourd'hui, il s'apprête à choisir une nouvelle carrière. Laquelle ? je ne sais ; il l'ignore lui-même, mais il émigrera en France avant le 1" octobre prochain, voilà qui est sûr. Et il affirme que toute la haute industrie, sauf quelques rares et scandaleuses exceptions, est aussi française que lui.

Parmi les réflexions qu'il nous a communiquées ce soir, en voici une que j'ai notée : « Lorsqu'on dit : Il n'y a qu'une France au monde, on a l'air de rabâcher un *truism* vide de sens. Et pourtant admirez la force d'attraction que la patrie française exerce sur nous ! Il n'y a pas plus de soixante-treize ans que Mulhouse, ville libre, alliée des treize cantons, s'est réunie à la France dans un intérêt purement commercial. La France nous a cédés à son vainqueur sans avoir pu nous défendre, sans nous avoir donné les moyens de nous défendre nous-mêmes, car dix mille fusils à piston ne sont pas des armes sérieuses devant le dreyse et le krupp. Nos intérêts commerciaux ont été jetés par-dessus bord avec une désinvolture étonnante par le gouvernement de Versailles : c'est tout au plus si l'on a ménagé une transition entre l'ancien régime douanier qui favorisait nos produits et le nouveau qui les proscrira demain comme étrangers. Nous ne nous plaignons de rien, nous n'accusons personne, nous ne parlons de la France qu'avec amour, nous baisons la main qui nous frappe après nous avoir donnés, parce que c'est la main de la patrie. Les Allemands ne nous ont pas bombardés, ils nous ont rançonnés avec une modération remarquable, car le total de leurs réquisitions tant en argent qu'en nature ne dépasse pas un million dans une ville de 60,000 âmes où les millionnaires se comptent par douzaines. Cependant tous nos hommes valides ont couru s'enrôler contre eux, et la paix de Francfort, en arrachant les armes de nos mains, n'a pas éteint l'ardeur de notre haine. Avouez que la France est la seule patrie assez belle et assez attachante pour qu'un peuple annexé d'hier s'identifie si cordialement avec elle. »

Faquin qui eût dit le contraire ! Nous étions tous du même avis.

A propos des réquisitions prussiennes, je recueillis dans cette soirée certains détails qui prendront quelque jour une place dans l'histoire.

L'ennemi ne s'établit pas d'abord à poste fixe chez les habitants de Mulhouse. Pendant tout près d'un mois, on le vit aller et venir, prendre ses cantonnements et les quitter le lendemain pour battre la campagne. Il s'éloignait généralement le samedi, comme s'il eût spéculé sur le chômage du dimanche pour amener un conflit entre les ouvriers et les patrons : on sortait d'une grève terrible. Mais le patriotisme des ouvriers déjoua tous calculs. Seulement, un samedi soir, dans ce malheureux mois d'octobre, tandis que le 81ᵉ de ligne sortait de la ville sous les ordres du colonel von Loos, la population des fabriques échangea quelques mots désagréables avec l'arrière-garde. La légende prétend que le dernier fourgon, chargé d'un butin suspect, avait provoqué des observations malsonnantes. Les soldats répondirent de leur mieux, mais quand ils furent à bout de raisons, ils tirèrent sur la foule. Quelques victimes périrent, et dans le nombre un Suisse, et deux Badois. Cette échauffourée se produisit aux environs de la filature Kœchlin-Schwartz.

Huit jours après, quand la très-légitime irritation du peuple commençait à se calmer, ce beau 81ᵉ prussien reparut, colonel en tête, et, prenant position devant la manufacture, il fit savoir aux autorités qu'en réparation de l'outrage commis envers les soldats du roi, il réclamait 50,000 francs, 5,000 chemises de flanelle, 80 paires de chevaux attelés à 80 charrettes, et divers autres approvisionnements, le tout livrable dans une heure.

Faute de quoi, le 81ᵉ brûlerait la filature de M. Kœchlin et les cités ouvrières, sans préjudice du surplus.

L'indignation fut générale, mais pas un homme de trente ans ne se montra plus courroucé que M. Jean Dollfus. Brûler les cités ouvrières! L'œuvre et la gloire de sa vie! Le temps de prendre sa croix de l'aigle rouge, une croix de commandeur obtenue à la suite de je ne sais quelle exposition, il accourut aussi vite que ses jambes de soixante-dix ans voulurent le porter. Arrivé, il entreprit les officiers prussiens avec toute la vigueur d'une âme honnête et toute l'autorité d'une vie exemplaire ; il leur prouva que si une réparation était due, c'était par les vainqueurs aux vaincus et qu'il serait monstrueux de rançonner les gens après les avoir assassinés.

Le colonel, sourd aux bonnes raisons, comme tout Allemand qui se sent le plus fort, maintint ses prétentions sans en rabattre un centime, et le père Jean, s'échauffant par degrés, lui dit : « J'ai donc affaire à des barbares? Eh bien! reprenez donc cette croix que j'avais cru pouvoir accepter de votre maître, dans le temps où la Prusse comptait encore au rang des peuples civilisés! Rendez-la-lui ; dites-lui que je ne pourrais plus la porter sans honte et que je vous l'ai jetée à la face! » Le geste suivit la parole, et les insignes de l'aigle rouge, après avoir frappé la poitrine du colonel, tombèrent dans la boue.

Ce sacrilége exaspéra si bien les officiers du roi Guillaume, qu'un ou deux fanatiques du droit divin parlèrent de fusiller M. Dollfus.

— Oui, cria-t-il, fusillez-moi ! ayez le misérable courage de commander le feu contre un vieillard ! alors au moins le monde civilisé connaîtra qui vous êtes. Je n'ai que faire de la vie, et j'ai besoin qu'on sache à quelle race d'hommes est livré mon pauvre pays !

Les Prussiens furent-ils désarmés par ce courage ou simplement par le désir d'empocher 50,000 fr.? ils ne fusillèrent personne, mais la réquisition fut payée jusqu'au dernier sou.

Elle fut même payée deux fois, car la ville n'a jamais donné ni un thaler ni une chemise à l'ennemi sans en envoyer tout autant soit à Belfort, soit à quelque autre garnison française. Cette comptabilité en partie double fait grand honneur à l'imagination et au caractère de M. Kœchlin-Schwartz, le meilleur Français de Mulhouse. Après avoir fait de son mieux pour repousser l'ennemi, il fut le grand avocat des intérêts nationaux dans le conseil municipal et un groupe de gens de cœur s'y forma autour de lui par affinité morale. On peut dire que ces endiablés, jusqu'au dernier jour de la guerre, ne se lassèrent pas de renforcer et de ravitailler l'armée française, à la barbe du Prussien qui n'y voyait goutte.

Après une rapide excursion dans le passé, nous abordons des questions plus actuelles. L'événement du jour est un petit coup d'État de la chancellerie allemande qui brusquement, sans avis préalable, a retiré l'*exequatur* à tous les agents consulaires : M. de Bismark n'entend pas qu'un Français soit couvert par une immunité diplomatique dans ses nouvelles provinces.

Les écoles et les colléges de la ville ont rouvert leurs portes, mais tout l'enseignement est bouleversé. Un nouveau personnel, envoyé de Berlin, remplace les anciens maîtres, si bons Français ; on fait la classe en allemand devant un auditoire de pauvres enfants qui n'y comprennent rien. L'enseignement obligatoire, ainsi pratiqué, abrutirait en peu de temps des générations entières. Mais le patriotisme des habitants a trouvé remède à la chose. Les dames de Mulhouse, ces simples, ces modestes, ces studieuses personnes, se feront maîtresses d'école ; chacune d'elles enrôle dix bambins dans son voisinage ; ils viendront tous les jours à l'heure du goûter ; on leur distribuera des gâteaux ou des confitures, et on leur apprendra à lire, à écrire, à parler le français.

Tout le peuple court au devant de ce bienfait avec une vive reconnaissance. Les ouvriers sont admirables, on m'en raconte des traits bien touchants dans leur naïveté. Ces braves gens ont fondé des réunions du soir où ils s'interdisent de prononcer un seul mot d'allemand. Mais comme la plupart ne savent pas le français, leur règlement, en fait, les condamne au silence. N'importe, ils tiennent bon; ils passent leurs soirées à fumer une pauvre pipe en vidant un verre de bière, sans mot dire. De temps à autre, une grosse voix s'écrie, avec l'accent que vous savez : « C'est égal, sacrebleu, vive la France! » Et l'on répond en chœur : « Vive la France! » Voilà les divertissements populaires de Mulhouse en octobre 1871 !

Je ne pouvais pas visiter cette admirable ville sans pousser jusqu'à Dornach et sans voir la photographie de M. Braun, unique en Europe.

M. Braun est un artiste que les circonstances ont transformé en grand industriel. Il a fondé aux portes de Mulhouse une vaste et magnifique usine où tous les chefs-d'œuvre des galeries publiques sont reproduits, multipliés, vulgarisés sans passer par l'interprétation toujours malheureuse du copiste. Plus de 300,000 clichés obtenus directement comme des planches gravées par la lumière elle-même, servent à tirer des millions d'épreuves exactes, parfaites et ineffaçables. Toutes les fresques de l'Italie, tous les tableaux des musées, tous les cartons et les dessins des grands maîtres sont réunis chez M. Braun comme en un vaste réservoir qui les répand à bon marché dans les cinq parties du monde. Un amateur intelligent peut aujourd'hui, sans sortir de son cabinet, faire ample connaissance avec Raphaël, Michel Ange, Léonard de Vinci et tous les maîtres du dessin ; il peut s'entourer de leurs œuvres les plus exquises et vivre dans un milieu aussi divin que l'Olympe du vieil Homère.

En parcourant les ateliers de M. Braun, j'ai remarqué un grand nombre d'éclopés, presque tous jeunes; quelques-uns n'avaient pas vingt ans. Vous les choisissez donc? lui demandai-je.

Il me répondit : Non, je les prends tels que la guerre les a laissés. Ce jeune homme a eu les mains gelées ; cette autre a reçu une balle dans la jambe au combat de Villersexel ; mes deux fils ont fait cette campagne, eux aussi, et si vous les aviez vus au retour !

J'ai pris congé de Mulhouse et de ses braves habitants dont beaucoup, je le vois, n'y seront plus l'année prochaine. Le travail me rappelait à Paris, j'ai traversé l'Alsace en toute hâte et je ne me suis arrêté à Saverne que pour prendre ma famille et fermer notre chère maison.

Voici comment nous avons arrangé nos affaires La maison restera telle qu'elle est, toute meublée, et nous la laisserons ainsi jusqu'au jour proche ou lointain de la revanche nationale. J'établis dans un coin des communs un brave paysan, et je lui loue gratuitement, par un bail de trois, six ou neuf années, le peu de terre que nous avons, environ six hectares, sans autre obligation ni redevance que de tenir les Prussiens à l'écart et de respecter nos beaux arbres. Je suis sûr de sa conscience et de son dévouement; je n'ai plus rien à faire en Alsace. Adieu donc, cher pays, où nous avons été si heureux et si malheureux ! Adieu, jusqu'au jour où la France, ayant retrouvé ses vertus, viendra reprendre ses frontières !

1872

Non, je n'avais plus rien à faire en Alsace, mais j'y avais encore à voir, à apprendre et à souffrir. Le mouvement provoqué par l'échéance imminente du 1ᵉʳ octobre 1872 m'attira par cette sorte de fascination qui jette les hommes dans les gouffres. Je cédai à l'irrésistible et poignante curiosité de voir les drames de l'option, d'assister à l'émancipation des mineurs, de contempler le grand spectacle de cette émigration patriotique qui coupe en deux les familles les plus unies et fait le vide autour des patriarches navrés.

Ma chère et courageuse femme, qui est devenue en huit ans aussi Alsacienne que moi, voulut goûter sa part de cette amertume; elle emporta de Paris à Saverne un enfant de cinq mois qu'elle nourrissait. Nos deux filles aînées nous supplièrent de les prendre avec nous; elles sont nées là-bas, et à leurs yeux rien n'est plus beau, plus grand, plus admirable que cette humble maison perdue dans un coin de forêt.

Nous arrivions chez nous le 3 septembre au matin, par

un temps magnifique, et nous y retrouvions, sinon le plein contentement des jours heureux, au moins la solitude, les souvenirs, le calme et cette douceur secrète qui se mêle aux plus rudes misères de la vie pour ceux qui n'ont perdu ni le courage ni l'espoir.

Mais je n'avais pas quitté Paris pour me laisser aller au courant des émotions passives, et, dès le second jour, je me mis en campagne, observant, écoutant, interrogeant les hommes, voyant tout par moi-même, et parcourant l'Alsace en tout sens, villes et campagnes, depuis Saverne jusqu'à Belfort.

VIII

L'ÉMIGRATION

I

Les nombreux Allemands et les rares Français qui regardaient naguère encore la population alsacienne et les Lorrains de la frontière comme des Germains séparés, reviendront tous de cette erreur s'ils assistent, même à distance, au grand drame de l'émigration.

Pour éclairer les esprits les plus prévenus, il suffira de comparer la conduite des annexés de 1866 à la résistance énergique, désespérée, qui sera l'éternel honneur des annexés de 1871.

Lorsque le roi Guillaume, après avoir vaincu l'Autriche à Sadowa, imposa sa suzeraineté ou Hanovre, à la Saxe, aux villes libres et à toute l'Allemagne septentrionale, c'est à peine si l'on entendit en Europe un bruit timide et discret de protestations isolées. Quelques princes boudèrent, quelques sujets firent les mécontents, mais bientôt la Confédération du Nord se précipita tout entière au-devant d'une servitude qui leur promettait l'unité, la grandeur et la force.

Ces bottiers allemands ont toujours rêvé bottes. Après le plaisir insolent de fouler sous leurs bottes un plus faible qui n'en peut mais, ils mettent au premier rang l'honneur de se vautrer eux-mêmes sous la botte d'un grand, gros homme, lourd et fort.

Aussi les Germains du Midi, catholiques et protestants, bavarois, wurtembergeois et badois, pêle-mêle, rois et peuples, sauf peut-être le petit mélomane quinteux qui encense Wagner à Munich, furent-ils prussifiés par miracle aussitôt qu'ils furent rossés. Ils se jetèrent sur le bâton qui les avait battus comme une bande d'enfants mal élevés sur un sucre de pomme, et quelques millions d'Autrichiens seraient venus en lécher leur part, si la fierté hongroise ne les eût menacés du fouet.

Non-seulement les Allemands conquis ou à conquérir se sont offerts avec joie au despotisme brutal de la Prusse, mais le jour où M. de Bismarck ouvrit la chasse contre nos provinces, nos

milliards et nos pendules, toute la nation courut
aux armes comme un seul homme. Les pères et
les fils se rangèrent sous ce drapeau noir et blanc
qui leur avait fait si grand'peur en 1866 ; ils sui-
virent, comme un troupeau, le général de Moltke,
qui avait canonné quatre ans plus tôt leurs frères
ou leurs fils, et qui les conduisit tambour battant
à de nouvelles boucheries.

Entre les Brandebourgeois du prince Frédéric-
Charles, les Bavarois de von der Tann et les Badois
de von Werder, nos départements envahis n'ont
pu faire aucune différence : c'était la même brutalité, la même gloutonnerie, le même culte pour
un vieux fétiche couronné, le roi Guillaume. Le patriotisme saxon, hanovrien, hessois, wurtembergeois s'évanouit pour faire place à je ne sais quelle
adoration servile. Les proscrits de la Prusse qui
avaient trouvé un refuge au milieu de nous ne se
souvinrent de notre hospitalité que pour guider
leurs anciens persécuteurs et pour leur dénoncer
les maisons riches.

Voilà le véritable esprit des Allemands ; ce peuple ne sait rien refuser au vainqueur ; il a pratiqué de tout temps la religion de la force. Guillaume ne le verra jamais plus rampant que Napoléon
ne l'a vu, dans Berlin même, après Iéna.

Maintenant, reportez vos yeux sur l'Alsace ou
sur cette partie de la Lorraine qu'ils appellent

impudemment allemande. Si la population du pays annexé avait la moindre parenté morale avec la race germanique, je ne dis pas qu'elle se fût jetée dans les bras de ces nouveaux maîtres, mais il est certain qu'en deux ans elle aurait eu le temps de se résigner.

Sortir d'une nation écrasée pour s'incorporer à un peuple qui fait la loi à l'Europe ; échanger les lourdes charges qui pèsent et pèseront longtemps sur les contribuables français, contre les gains prodigieux de la victoire allemande ; échapper aux terribles devoirs de la revanche, déserter sans crime une armée qui se refait laborieusement, et se ranger, le front haut, avec 1,200,000 camarades couverts de gloire, derrière les plus grands généraux de l'époque ; enfin, rester chez soi, continuer la vie dans le pays fertile et charmant où on l'a commencée, pratiquer la culture, le commerce ou l'industrie sous les auspices d'un roi qui peut ouvrir à ses sujets les plus larges débouchés du monde, n'est-ce pas tout profit ?

Oui, sans doute, pour des Allemands. Mais les loyaux Français de la Lorraine et de l'Alsace ont pris la question d'un autre point de vue. « Tout pour la France et rien pour nous ! » Telle est l'admirable réponse qu'ils opposent aux flagorneries, aux promesses, aux conseils, aux menaces et aux violences de l'ennemi.

Il y a quelque temps, un notable habitant de Metz se trouvant obligé de débattre une affaire avec le général commandant la place, l'officier allemand entreprit de l'amadouer et lui dit :

« Les Alsaciens-Lorrains sont presque tous de braves gens, mais, en vérité, nous ne comprenons rien à leur conduite. Ils ont des habitudes régulières, de fortes attaches de famille, de profondes racines dans un sol que le ciel a favorisé entre tous ; ils ont toutes les libertés qu'ils désirent ; ils peuvent rester au café ou à la brasserie, si bon leur semble, jusqu'à minuit. Cependant ils émigrent en masse, ils quittent le certain pour l'incertain, et ils abandonnent la place aux banqueroutiers d'outre-Rhin.

— Oui, répondit l'honorable M. F..., nous sommes des maladroits et des ingrats, car nous avons non-seulement tout ce qu'on peut souhaiter, mais encore quelque chose de plus.

— Quoi donc?
— Votre présence.

L'auteur de cette réponse appartient, je n'ai pas pas besoin de le dire, à l'élite de la classe moyenne. Voir les Prussiens chez soi, et les y voir parader en maîtres, c'est un véritable supplice pour les hommes d'une certaine éducation. Toutefois, comme les élites sont toujours des minorités, j'estime que les dominateurs d'Alsace-Lorraine auraient pu s'impatroniser à la longue sans dépeupler le pays. De même que les Français des provinces temporairement occupées prennent patience et supportent la vue des uniformes allemands sans que l'idée leur vienne d'émigrer, la population des départements annexés, qui a foi, elle aussi, dans l'avenir, se serait cramponnée au sol natal en s'armant d'une patience un peu plus longue.

Pour assurer ce résultat, plus conforme à ses intérêts qu'aux nôtres, le gouvernement de Berlin n'avait qu'à se montrer honnête; je veux dire à exécuter le traité de Francfort, dans son véritable esprit, sans en martyriser la lettre. S'il avait envoyé, dans les départements conquis, des fonctionnaires familiers avec la langue française; s'il avait respecté les usages de la population, permis l'enseignement du français dans les écoles, laissé les noms des rues tels qu'ils existent de mémoire d'homme, calmé le zèle de sa police, respecté le secret des correspondances privées, et, pour tout dire en un mot, imité la modération dont nous lui avons donné l'exemple, ici même, pendant plus de deux siècles, je crois qu'il eût, sinon coupé, du moins apaisé cette fièvre d'option qui l'exaspère aujourd'hui.

L'option elle-même, si nombreuse qu'elle eût été, disons même si générale, ne devait pas fatalement entraîner l'émigration d'un peuple. C'est la chancellerie de Berlin qui, dans l'espoir d'intimider les optants, a déclaré que tout Français né ou simplement domicilié en Alsace devrait abandonner son domicile à l'échéance du 1er octobre, ou devenir Allemand malgré lui. Une telle mesure n'est pas seulement odieuse et révoltante pour l'humanité, elle est sotte : elle a jeté hors du pays des milliers d'honnêtes gens, laborieux, éclairés, riches, que le vainqueur avait intérêt à retenir, et qu'un gouvernement un peu intelligent n'eût pas renoncé à séduire.

Enfin, c'est la chancellerie qui a précipité les choses et les a mises au pis, par sa prétention d'enrôler, dès demain, la jeunesse la plus française de France. La sainte horreur du casque à pointe a chassé plus de familles que le ressentiment des massacres, des incendies et des pillages allemands. On peut tout pardonner avec le temps à l'ennemi le plus implacable ; mais, vécût-on cent ans, on ne se pardonnera jamais à soi-même d'avoir porté les armes contre son pays.

II

Je n'appartiens pas à l'école qui déifie Louis XIV au profit de ses héritiers plus ou moins dégénérés, mais, l'histoire en main, j'ose dire que l'annexion de l'Alsace à la France fut un chef-d'œuvre de politique et d'administration. Si les populations se soumirent de bonne grâce à leur nouvelle destinée, ce ne fut pas seulement parce qu'elles sympathisaient de longue date avec nous, mais encore et surtout parce qu'elles furent *réunies* par des hommes sensés, modérés, confiants dans l'action du temps et dans la force d'attraction qu'ils avaient lieu d'attribuer à la France. Une noble province, profondément attachée à ses traditions et sensible par-dessus tout au point d'honneur, comprit, dès le premier moment, qu'elle pouvait devenir française en restant elle-même : on respecta sa langue, ses habitudes, ses privilèges, ses libertés ; le plus auguste représentant du droit divin et de l'autorité despotique ne toucha pas du bout du doigt aux institutions républicaines de Strasbourg !

Rien n'y fut innové jusqu'à la Révolution, et les glorieuses nouveautés de 1789 n'excitèrent qu'un immense applaudissement dans les murs où Rouget de l'Isle devait bientôt improviser *la Marseillaise*. Si l'on peut reprocher quelque chose aux gouvernements qui se sont succédé chez nous depuis trois quarts de siècle, c'est un scrupule exagéré ou plutôt une trop grande condescendance aux idées du clergé alsacien, qui craignait la propagation de la langue de Voltaire ; il doit bien déplorer aujourd'hui ses sermons et ses catéchismes allemands ! C'est le clergé des deux communions chrétiennes qui, dans un intérêt, hélas ! mal entendu, s'est opposé à l'enseignement du français sur cette terre si française. Nous avons eu grand tort de lui céder ; nous avons péché par excès de tolérance, personne ne nous accusera d'avoir commis un seul excès d'autorité.

Les hommes de Berlin, s'ils étaient aussi forts en politique qu'en balistique, auraient tiré profit de notre expérience en évitant notre unique faute. Dans quel but ont-ils pris l'Alsace et une partie de la Lorraine ? Pour tourner contre nous Metz et Strasbourg et pour nous opposer la barrière des Vosges qui nous couvrait contre leurs invasions. Disons encore, si vous voulez, qu'ils étaient alléchés par les ressources de ces provinces ; qu'ils convoitaient les mines, les carrières, les forêts de l'État, les plaines grasses, les grands outillages, et cette masse énorme de richesses naturelles ou factices qui produit des millions d'impôt. Mais ils pouvaient se donner tout cela, et même le garder quelque temps, sans dépeupler l'Alsace et la Lorraine. Les forteresses, ils les ont ; la ligne des Vosges, ils la tiennent ; le domaine, ils l'exploitent ; l'impôt, on l'eût payé entre les mains de leurs percepteurs, parce qu'on a l'habitude de le payer. On eût même envoyé les enfants dans leurs écoles allemandes; ils y vont déjà, l'on se plie aux rigueurs de l'enseignement obligatoire; on se fait une raison, on sait que les jeunes Français de l'intérieur apprennent l'allemand et on l'apprend comme eux, aux mêmes fins.

Qui sait ce que l'Alsace et la Lorraine annexées seraient devenues en dix ans, sous un régime intelligent, humain et paternel? On pouvait dégrever les impôts, car le pays n'a plus de dette; on pouvait transporter les voyageurs et les marchandises à vil prix sur des chemins de fer qui n'ont rien coûté; on pouvait développer une telle prospérité dans ces provinces que le patriotisme des âmes vulgaires eût succombé au régime émollient du bien-être. Quelle honte pour les annexés, et quel danger pour notre patrie !

Nous y avons échappé, Dieu merci, et M. de Bismarck, qui passe pour un esprit délié, a commis, dans notre intérêt, la plus énorme balourdise. L'expulsion des optants et l'imminence du recrutement prussien ont rendu tout accommodement impossible entre les conquérants et le peuple conquis. Le roi Guillaume, un peu gâté par l'habitude de gouverner des Allemands, a cru qu'il suffisait de commander pour être obéi en Alsace. M. de Moltke avait hâte de former ses régiments d'Alsace-Lorraine pour armer nos meilleurs soldats contre nous. Ces parvenus de la victoire sont pressés de jouir comme les parvenus de la finance ; il leur faut du pouvoir comptant et de l'obéissance immédiate, comme aux autres de l'amour tout fait. Ils n'ont réussi qu'à changer en solitude lamentable le coin le plus vivant, le plus laborieux et le plus éclairé de l'Europe.

Quel fruit leur reviendra de tout le mal qu'ils ont causé? Dans cette pépinière de héros, combien pourront-ils recruter de soldats contre la France? J'entends dire qu'un appel aux volontaires d'un an, malgré les plus belles promesses et les facilités les plus attrayantes, n'a donné qu'un total de 144 candidats; encore le renseignement est-il de source prussienne. On n'a jamais pu me montrer ni même me nommer un seul de ces conscrits de la honte.

En revanche, il est avéré que toute la classe de 1872 a passé la frontière pour tirer au sort à Lunéville, à Nancy, à Belfort, à Paris. Sauf les boiteux, les bossus, les infirmes, on ne trouverait plus aujourd'hui dans les départements annexés un seul jeune homme de vingt ans : les officiers prussiens peuvent venir; ils ne rencontreront personne, et pas plus dans les villages protestants que dans les centres catholiques. Les conscrits de l'an prochain et de l'année suivante ont devancé l'appel des Allemands par une fuite précipitée.

Tout jeune homme arrivé à l'âge de raison met le marché à la main de ses parents et leur dit : Si vous ne pouvez pas m'expédier en France, laissez-moi prendre ma volée avec les camarades. On travaille partout, je gagnerai mon pain, soyez tranquilles : d'ailleurs, j'aimerais mieux le mendier que de coiffer le casque prussien.

Que répondre à cela? Les vieux parents s'inclinent, font le paquet du garçon, et la mère y glisse en pleurant ses petites épargnes. Tous ceux qui ont un peu de bien et qui peuvent le réaliser émigrent avec leurs enfants. C'est un gros changement dans la vie; on sera presque pauvres, après avoir été presque riches, mais du moins on ne sera pas séparés. Mon voisin de campagne, à Saverne, était un homme aisé, instruit, de ceux qui sont partout à leur place. Ses intérêts le clouaient au sol natal ; cependant, comme il a quatre fils, et qu'il ne veut à aucun prix les voir Prussiens, je le trouvai dans les apprêts de l'émigration. Mais la veille du jour fixé pour le départ, la mère de famille, frappée au cœur par le spectacle de l'invasion et malade depuis deux années, rendit l'âme. Le mari et les orphelins ont eu à peine le temps de fermer cette tombe, où ils reviendront quelquefois, si la police allemande le permet. Il faut partir d'abord, c'est l'échéance ; la politique de M. de Bismarck n'attend pas. Hors d'ici, les vaincus! La Prusse ne connaît ni femmes ni mères ; priez vite et allez-vous-en !

Ceux qui s'en vont prennent de grands partis ou s'arrêtent à la frontière, chacun selon ses espérances et son tempérament. S'ils pensent que le malheur du pays pourra durer longtemps et s'ils sont d'une humeur aventureuse, ils quittent tout, même la France; ils s'embarquent pour le Canada, où l'on parle encore français, ils vont coloniser le *Far West* des États-Unis; ils porteraient leurs bras, et des bras vigoureux, en Algérie, si les terres du domaine étaient prêtes à les recevoir. Les plus nombreux, heureusement, sont retenus par une superstition touchante : ils se fixent au plus près du pays, comme s'ils étaient sûrs que les iniquités prussiennes auront leur châtiment avant peu. Ils encombrent Belfort, Nancy, Gray, Épinal et les autres villes de l'Est, sans guère dépasser Dijon comme extrême limite. Pauvres gens! braves gens! le jour où leur pays redeviendra français, ils veulent être à portée d'y rentrer les premiers et d'un bond.

On me citait une pauvre veuve de soixante ans qui a trois fils sous les drapeaux. Elle a opté et s'est installée à Visembach, premier village français sur la route de Sainte-Marie-aux-Mines à Saint-Dié. Tous les matins, elle gravit à pied et péniblement la montagne, et, s'arrêtant près du

poteau qui fixe la limite des deux pays, au sommet
du plateau, elle porte tristement son regard vers
l'Alsace. Elle interroge les nombreux et infortunés
voyageurs qui sillonnent la route, émigrants eux
aussi, et demande à chacun d'eux si elle ne pourra
pas bientôt retourner au pays natal et regagner sa
vieille demeure. Chaque jour elle accomplit ce
douloureux et sublime pèlerinage. Le messager
tant désiré n'est pas venu encore ; vivra-t-elle assez
longtemps pour le voir arriver?

Mais les plus malheureux de tous sont ceux qui
restent.

C'est à coup sûr par une faveur spéciale d'en-
haut que le roi Guillaume, M. de Moltke et M. de
Bismarck, trois vieillards, poursuivent leurs glorieux desseins sans songer aux gens de leur âge,
hommes et femmes, qu'ils plongent dans la misère
et dans le désespoir. Les lois de la guerre semblent
douces quand on les compare au régime de la paix
prussienne : sur un champ de bataille, on ne tue
que les jeunes ; sur leur champ de conquête, en
pleine paix, les grands hommes de Berlin tuent
tout.

Jamais les yeux de l'homme n'ont vu spectacle
plus navrant que le départ de ces longs trains qui
emportent la jeunesse alsacienne et lorraine loin
du pays natal. Les garçons rient et chantent pour
ne pas pleurer ; ils ont bu, ils se sont monté

la tête, et d'ailleurs la jeunesse est facilement éblouie par les mirages de l'inconnu. Mais quand la machine a sifflé, quand la dernière voiture a disparu avec tous les chapeaux qui s'agitent aux portières, il reste sur le quai une masse inerte, hébétée, stupide, et comme anéantie par l'accablement du malheur. Cela vit cependant, car cela souffre, et la respiration qui sort de cette matière opprimée est un vaste et unanime sanglot.

Dieu sait combien de temps ils resteraient en place! Mais les gens de la gare viennent bientôt leur rappeler que c'est fini. J'ai suivi un vieux couple de paysans qui s'éloignait à petits pas; l'homme disait à la femme :

— En avoir eu trois, et maintenant plus un !

— Si seulement ils pouvaient être heureux ! reprit la mère.

— Et nous? De si bons ouvriers! Que ferons-nous sans eux ? Comment vivre?

— Tais-toi donc ! à quoi sert de vivre?

Ils devisèrent longtemps sur ce ton, en s'essuyant les yeux de temps à autre, et sans entremêler à leurs plaintes un seul mot de malédiction. Mais lorsqu'ils furent arrivés à leur porte, avant d'entrer dans ce logis désert, le vieillard recula d'un pas, leva le bras au ciel et murmura d'une voix sourde :

« Mais s'il y a jamais une justice en ce monde ou dans l'autre !... »

Amen ! mon pauvre ami. Du plus profond de mon cœur, amen !

III

Comme on juge volontiers le prochain d'après soi, les Allemands n'ont pas prévu l'option, si ce n'est comme un accident rare et un caprice de quelques esprits mal faits. Lorsqu'ils ont vu que contre leur attente la meilleure partie de la population envahissait tous les bureaux pour réclamer la nationalité française, ils se sont consolés en disant que ces milliers d'optants ne songeaient qu'à protester contre la conquête et à faire acte d'opposition. C'est dans l'espoir d'arrêter un tel scandale qu'ils se mirent à violenter le texte du traité de Francfort, comme si ce traité, signé par nous sous le couteau, ne leur assurait pas d'assez beaux avantages. Ils décidèrent que l'option serait nulle si elle n'était suivie d'émigration avant la date du 1ᵉʳ octobre, et aux honnêtes gens qui venaient en foule pour opter, le fonctionnaire prussien répondit avec arrogance : « Que voulez-vous de moi? Je n'ai pas le temps de recevoir et d'inscrire des déclarations nulles : on sait bien que vous n'émigrerez pas ! »

Quand il fut amplement prouvé que la jeunesse au moins optait pour émigrer d'urgence, et que les vieux parents resteraient seuls dans le pays, le vainqueur ne négligea rien pour enchaîner les fils à la condition de leurs pères ; il décida que les chefs de famille ne pourraient pas opter pour leurs enfants mineurs sans opter pour eux-mêmes, c'est-à-dire sans abandonner tout ce qu'ils possédaient sur le territoire annexé. Le traité de Francfort avait pourtant garanti la personne et la propriété des optants ! Dans leur tendresse ingénieuse, les parents s'avisèrent d'émanciper leurs fils pour qu'ils eussent le droit d'opter et d'émigrer sans le reste de la famille. Ce subterfuge réussit un moment ; j'ai publié en mai, dans *le XIX° siècle*, les pièces authentiques d'une émancipation de mineur, suivie d'option. Mais bientôt les gens de Berlin nièrent le droit indiscutable qu'ils avaient reconnu et consacré par des actes ; leurs journaux nous firent connaître que les mineurs émancipés ne seraient pas admis à opter valablement. Par surcroît de précaution, ils affichèrent dans les communes la loi qui punit d'une amende de 50 à 1,000 thalers, selon leur fortune, les familles des réfractaires.

Tout ce luxe d'injustice et de violence ne servit

qu'à précipiter le courant de l'émigration. L'ennemi se flattait de retenir les fils, il réussit à chasser les pères et les mères.

Non-seulement à Saverne, mais partout où je me suis arrêté pour un jour, j'ai été consulté par des amis, de simples connaissances et même des inconnus qui avaient tous la même question sur les lèvres : « Comment faut-il s'y prendre pour que les enfants soient Français ? » Je répondais de mon mieux et je ne dissimulais pas les difficultés élevées au dernier moment par l'omnipotence prussienne. Pas un père qui, après m'avoir gravement écouté, n'ait conclu en disant : S'il n'y a pas d'autre moyen de sauver la nationalité des garçons, j'opterai moi-même et j'abandonnerai tout.

Dans le nombre de ces honnêtes gens, j'ai remarqué et admiré une Allemande francisée par le mariage et restée veuve avec un fils. — A tout prix, disait-elle, il faut que cet enfant soit Français ; il y va de sa carrière.

— A quel état le destinez-vous donc ?
— Mais je veux qu'il entre à Saint-Cyr !

Les familles qui ont trouvé moyen de vendre leurs maisons ou leurs terres à cinquante pour cent de perte n'ont pas cru faire un mauvais marché.

Les mobiliers s'empilent sur des chariots et se

dirigent vers la France à petites journées : tous les chemins en sont encombrés ; c'est un défilé pitoyable. J'entends encore les lamentations de ces braves gens si tranquilles, si passionnément sédentaires de père en fils, et qu'un ukase du roi Guillaume a jetés brutalement dans la vie nomade.

D'autres, craignant les embarras et les dépenses d'un déménagement lointain, se défont de tout à vil prix. Un seul officier ministériel de Colmar a fait trente ventes en un jour ; les mobiliers se donnent. Une bibliothèque, je dis une chambre pleine de livres, s'est adjugée à 180 francs, dans cette ville studieuse de Colmar. Les amateurs de belles choses à bon marché ont de vraies occasions là-bas ; personne n'en profite ; on se ferait scrupule : tout reste aux mains des juifs. J'entends dire qu'eux-mêmes commencent à se lasser, car acheter toujours, même à vil prix, sans revendre ce n'est que la moitié du commerce.

Il y aura des terres en friche l'année prochaine et des boutiques fermées. On ne trouve plus d'apprentis, presque plus d'ouvriers pour le travail des champs ou de la ville, plus de commis de magasin, plus de clercs de notaire. L'homme à qui j'ai loué pour rien notre petit domaine de Saverne me promena partout dès le matin de mon arrivée, en me faisant admirer les carottes qui remplissaient nos corbeilles et les oignons qui peuplaient nos plates-bandes. Au milieu de cette culture plus lucrative que pittoresque, je m'arrêtai un peu surpris devant un carré de salades dont les lignes couraient en zig-zag. — Qu'est-ce ceci, mon brave Laurent? L'ouvrage de votre petit garçon, je suppose ?

— Non, monsieur, c'est moi qui l'ai fait.

— Mais, alors, vous étiez malade, ou bien vous aviez bu un coup de trop?

— Nullement, mais il est impossible d'avoir des journaliers à aucun prix, nous faisons tout nous-mêmes, la journée n'y suffit pas, et j'ai planté ces chicorées à deux heures du matin en m'éclairant d'une lanterne.

Dans une tuilerie de Sarralbe, tous les jeunes gens sont partis; on dresse de grandes filles qui les remplaceront bien ou mal.

Les ouvriers allemands sont accourus en assez grand nombre, surtout depuis cinq ou six mois; mais, outre la répulsion bien naturelle qu'ils inspirent à tous les vrais Alsaciens, ils ont des prétentions qui les rendent presque impossibles. L'urgence des travaux qui s'exécutent à Strasbourg et dans les cinq nouveaux forts autour de la ville a nécessairement élevé le taux de la main-d'œuvre. Il n'est si piètre ouvrier qui ne gagne de trois à quatre francs dans sa journée; or le travail des champs serait une ruine, avec des auxiliaires d'un tel prix.

Bien ou mal payé, riche ou pauvre, le Prussien est un homme fort peu semblable à nous. On se demande encore en Alsace s'il a quatre estomacs, ou deux, ou, par cas invraisemblable, un seul. Il se nourrit des aliments les plus grossiers, qu'il absorbe en quantités effroyables. Un ou deux kilogrammes d'un pain noir, pétri de seigle et de sarrasin, sont la base de sa ration quotidienne. Il y ajoute du beurre, pour que le pain puisse glisser, des œufs, de la charcuterie et de la viande froide.

Ses repas ne sont point réglés comme les nôtres : il s'attable chaque fois qu'il a faim, et il a toujours faim et soif quand il sent quelque argent dans sa poche. J'ai remarqué dans un petit restaurant de Strasbourg un brillant officier qui déjeunait de vin, de pain noir et de fromage. Cette sobriété m'humilia et je dis à l'ami qui me tenait compagnie : « Mais ces gens-là, au train qu'ils mènent, feront tous fortune chez nous. »

Il répondit : « Gardez-vous de le croire. Le capitaine que vous voyez va déjeuner pour quinze ou vingt sous, mais c'est peut-être le quatrième repas de sa journée, et il est homme à en faire six autres, au même prix, avant le souper définitif qui le gorgera pour la nuit. Nos vainqueurs mangent mal, mais ils mangent sans trêve, et quoi qu'ils puissent gagner sur notre malheureuse province, ils avalent tout.

« Si la rusticité de leurs goûts leur donne un certain avantage à la guerre sur les peuples plus civilisés, si leur indifférence aux alcools doit nous servir de leçon, car la garnison de Strasbourg ne boit pas en un jour quatre verres d'absinthe, il n'en faut pas conclure que ces fiers conquérants soient plus rangés et plus sages que les Français. S'ils ne doivent acheter nos châteaux que sur leurs économies, ils attendront longtemps. Vous ne savez donc pas que les Français, si imprévoyants et si légers en apparence, replacent bon an mal an les neuf dixièmes de leurs revenus mobiliers, tandis que les Germains du Nord, ces hommes lourds, n'en remploient guère qu'un dixième? »

IV

A part les militaires, les employés et les manœuvres, gent nomade qui peut s'en aller comme elle est venue, du jour au lendemain, les Allemands n'ont pour ainsi dire importé personne en Alsace : combleront-ils le vide qu'ils font? J'ose en douter. Dans la ville que je connais le mieux, à Saverne, un aubergiste allemand, assez malheureux en affaires, était venu s'établir l'an passé. On croyait qu'il ne réussirait pas ; c'était une erreur, car il a brûlé, et la maison qu'il louait n'est plus qu'une ruine. L'assurance a payé largement tous les meubles qu'il disait avoir eus ; cet homme a pu rentrer dans sa patrie avec un joli capital. Mais les propriétaires et les assureurs sont avertis ; ils sauront désormais que tout banqueroutier prussien est sujet à la combustion spontanée. A Strasbourg, à Colmar, à Mulhouse, l'invasion des marchands de tabac, qu'on signalait en 1871, est décidément refoulée : les Alsaciens ont dédaigné les produits infects et malsains de l'industrie germanique ; ils ne fument que les tabacs français et les cigares de notre régie, et, grâce à une importation loyalement conduite, ils les payent moins cher que nous.

Les Allemands, battus sur ce terrain, se sont mis à dresser d'autres piéges ; ils ouvrent une banque à chaque carrefour ; mais là encore, selon toute apparence, ils ne feront d'autres dupes qu'eux-mêmes. Pas un Alsacien ne commettra la faute de leur porter ses économies, et les californiens de l'agiotage auront le même sort que les vendeurs de mauvais tabac.

Il y a quelques mois, une grande compagnie d'Outre-Rhin se mit en tête de spéculer sur les terrains qui s'étendent au nord et à l'est de Strasbourg. Elle persuada sans peine à tous les niais de l'Allemagne que l'enceinte de la place allait être démolie derrière les nouveaux forts et que la ville s'étendrait d'un côté jusqu'à Schilligheim, de l'autre jusqu'à l'Orangerie.

Le gouverneur général devait avoir un palais neuf sous les ombrages du Contades ; une infinité de jardins et de champs prenaient par cela seul une valeur nouvelle en devenant terrains à bâtir. Soit que les promoteurs de cette affaire invraisemblable fussent de bonne foi, soit qu'ils comprissent la nécessité de tromper leurs actionnaires par un commencement d'exécution, ils acquirent à tout prix un certain nombre de propriétés. Tel jardin de quinze cents francs se paya dix ou quinze mille, la maison Kammerer fut portée au prix fabuleux de cent cinquante mille francs; la veuve Lips n'a pas voulu céder pour trois cent mille sa propriété, bien connue de tous les bambins de Strasbourg, et je doute qu'elle retrouve jamais pareille aubaine, car on ne parle plus d'agrandir une ville à moitié déserte, et la fameuse spéculation des terrains est à vau-l'eau.

Les habitants qui ont trouvé un bon prix de leur propriété n'ont pas manqué de se réfugier en France avec l'argent. Tous les incendiés qui peuvent réaliser leurs maisons, rebâties aux frais du vainqueur, prennent aussi la route de France. Les notaires, qui ont le choix entre un remboursement intégral du prix de leur charge, moyennant abandon de l'étude, ou une indemnité de moitié, avec jouissance viagère, aiment mieux vendre tout en bloc et abandonner le pays.

On raconte, et le fait n'est pas absolument incroyable, qu'un certain nombre de Strasbourgeois ont dit adieu sans trop de regret à notre colonie de fonctionnaires : il s'agit, vous le devinez, du vieux noyau protestant qui regrettait encore, après deux siècles d'annexion, sa chère autonomie. Si les grandes fortunes sont rares dans la ville, on y compte par milliers les familles aisées, laborieuses, respectables, qui vivent entre elles, et qui se suffiraient volontiers dans un petit État indépendant comme l'ancien Strasbourg ou tel canton de la Suisse moderne. Un observateur clairvoyant et très-probablement sincère, m'affirme que cet élément de la population souffrait de se voir dominé et éclipsé par la colonie, et que le premier cri de plus d'une famille a été : Dieu merci ! nous voilà chez nous ! Mais il ajoute, et je le crois sans peine, que ce petit mouvement d'égoïsme ou de particularisme n'a pas duré. J'entends dire de tous côtés que les plus vieux bourgeois, les plus déterminés protestants, les boudeurs les plus maussades ont bientôt fait entre les anciens et les nouveaux fonctionnaires une comparaison qui n'est pas à l'avantage des Allemands. Ils se sont retournés presque instantanément contre leurs nouveaux maîtres; ils s'apprêtent à prouver que la ville leur appartient, qu'ils sont chez eux, et le Prussien se trompe s'il croit qu'il en aura facilement raison.

Tout n'est pas roses dans le métier de conquérant, et nos vainqueurs ont chaque jour une nouvelle occasion de rentrer en eux-mêmes. S'ils ne rencontrent qu'antipathie, résistance sourde ou déclarée dans les groupes qu'ils avaient lieu de croire hostiles à la domination française, que sera-ce dans les centres où tout est franchement, naïvement, cordialement français?

Arrêtons-nous à Schlestadt, par exemple. Là, les Badois du général von Werder n'ont pas surexcité le patriotisme comme à Strasbourg par les horreurs d'un long bombardement. La place n'était pas en état de défense; il a suffi de brûler un quartier pour décider la petite garnison à se rendre. Le vainqueur a dû se dire en entrant : Voilà une population de dix mille âmes que nous avons achetée à bon compte.

Mais savez-vous combien il leur en reste aujourd'hui, de ces dix ou onze mille âmes? Quatre mille, et qui ont opté, sans ignorer d'ailleurs que cet acte de patriotisme n'était qu'une protestation inutile. Six ou sept mille habitants ont émigré;

tous les jeunes gens sont partis ; le contingent de 1872 se réduit à un manchot, un pied-bot et un cul-de-jatte. L'horreur du joug allemand a fait fuir non-seulement les futurs soldats, mais les femmes, les vieillards et jusqu'à deux nonagénaires, M. Miltenberger et le brave commandant Perron, quatre-vingt-onze ans, ancien soldat d'Iéna.

Il ne reste à Schlestadt qu'une poignée de désespérés ; les Prussiens, qui se carrent superbement sur la place et dans les rues désertes, ne foulent sous leurs gros pieds qu'un cadavre de ville, mais un cadavre dont le cœur bat encore et battra longtemps pour la France.

Voulez-vous admirer les bienfaits de la conquête allemande dans quelque grande cité ? Allons à Mulhouse. Toutes les magnifiques villas qui s'élèvent en amphithéâtre au delà du canal, ou sur le revers de la montagne, sont fermées. Tous les hôtels des manufacturiers, dans le quartier neuf, sont déserts. Tous les chefs des grandes maisons, après avoir opté, ont transféré leur domicile réel sur le territoire français, à quelques heures de la ville. L'industrie de Mulhouse a divisé ses capitaux en actions ; un gérant se dévoue et veut bien devenir Allemand *de nom* dans l'intérêt de chaque usine. Mais voici que les ouvriers s'émeuvent, eux aussi ; cette forte et vaillante humanité qui sue et souffre dans les fabriques s'ébranle par masses énormes ; elle élève la voix, elle veut protester, elle aussi, en faveur de la vieille unité française.

Une rage d'option se déclare chez ces pauvres gens, qui, Dieu merci, ont le cœur aussi français que les riches. Ils envahissent les bureaux prussiens, que le kresdirector effaré barricade au plus vite ; mais le mouvement est trop vif et trop généreux pour qu'un tel obstacle l'arrête ; on veut opter, on optera. Les Allemands ne veulent pas enregistrer ce cri unanime d'un peuple ; soit ! Il y a un consul français à Bâle, un administrateur français à Belfort. Chaque train du chemin de fer est envahi, débordé par des milliers d'hommes qui vont remplir le devoir national, et soulagés, contents d'eux-mêmes, retournent au travail en criant : « Vive la France ! »

Et quelque diplomate à la suite des armées prussiennes, quelque jurisconsulte roulant dans un caisson derrière le canon Krupp, viendra prouver par des arguments *in modo et figura* que cette option n'est pas valable ! Parce qu'un ouvrier n'aura pas trouvé dans sa poche deux ou trois cents francs pour payer le voyage de sa femme et de ses enfants ; parce qu'un paysan n'aura pas pu abandonner son toit, son coin de terre et sa récolte encore pendante à l'échéance du 1ᵉʳ octobre, vous croyez que ces braves gens seront, par cela seul, des Allemands comme vous ? O la lugubre plaisanterie! Vous pouvez égorger les Alsaciens, puisque vous êtes les plus forts, mais il n'y a ni code, ni traité, qui vous donne le droit de les déshonorer.

J'entends dire que les Prussiens ont recensé la population de Mulhouse dès le 1ᵉʳ octobre au matin. Et après? Les voilà bien avancés! Il n'y a pas de recensement qui tienne. Dès qu'un de vos prétendus sujets passera la frontière et viendra, son certificat d'option à la main, réclamer la qualité de Français, il n'y aura qu'une voix dans la nation pour lui crier : Frère, tu es des nôtres!

En vérité, les vieux roués de la chancellerie germanique me semblent bien naïfs pour leur âge si, le 1ᵉʳ octobre, en prenant le café au lait, ils se sont dit : Toutes les âmes qui errent aujourd'hui sur le sol de l'Alsace et de la Lorraine sont à nous!

Le pays annexé contenait 1,600,000 habitants; on estime que 1,100,000 ont opté et que 600,000 ont rendu leur option valable aux yeux des Allemands eux-mêmes en prenant le chemin de l'exil. Il y en a donc 500,000 qui, sans pouvoir quitter le pays, ont formellement réclamé la nationalité française. Ceux-là sont-ils à nous ou à la Prusse? Le roi Guillaume peut dire : Ils sont ma chose; mais, aux yeux du monde civilisé, un homme n'est pas une chose, et les optants ne sont que des corps volés dont l'âme appartient à la France.

Quant aux 600,000 Alsaciens et Lorrains qui n'ont pas opté, leur abstention ne prouve rien, sinon que le vainqueur a su les intimider par ses menaces et que notre gouvernement lui-même, sous la pression de l'ennemi, a cru devoir les décourager. Mais, moi, qui les ai vus et entendus, dans les campagnes et dans les villes, je sais ce qu'il faut croire de leur prétendue résignation. Que de fois, dans les ruelles de Saverne ou dans les sentiers de la forêt, j'ai vu de pauvres gens, ouvriers ou bûcherons, s'arrêter pour me dire : Bonjour, monsieur : vive la France! Que de fois une vieille femme ou une jeune fille de la plus humble condition a ouvert sa fenêtre, au-dessus de ma tête, pour me jeter le même salut!

Ces gens-là n'ont pas émigré, ils n'ont pas même opté, car les gendarmes et les policiers ne parlaient de rien moins que d'expulser tous les optants. En sont-ils moins Français, à votre avis ? J'ai laissé au pays plus d'un vieillard, qui m'avait dit en confidence : J'expédie d'abord mes enfants, mais, dès que j'aurai mis ordre à nos affaires, vous pensez bien que je saurai les rejoindre. Ces cœurs de pères appartiennent-ils à la Prusse ?

Les Allemands ont rompu en visière à toute la civilisation lorsqu'ils ont eu le triste courage de renouveler en plein dix-neuvième siècle les horreurs de la conquête antique. Ils ont agi en vrais barbares, et j'espère ne pas mourir avant de les avoir vu châtier en barbares. Je ne souhaite pas qu'on les égorge en masse, mais je me console quelquefois de nos misères et de leurs crimes en rêvant que l'Europe, libre du nord au sud et de l'est à l'ouest, fera une exception contre eux seuls et les réduira tous en esclavage. Et quand on voit leur arrogance avec les faibles, leur platitude et leur servilité devant les forts, on a lieu d'espérer qu'ils seront aussi bons valets qu'ils auront été mauvais maîtres.

IX

PHALSBOURG

A proprement parler, ce n'est pas une ville d'Alsace, mais une enclave du département de la Meurthe dans le Bas-Rhin. Toutefois nous l'avons toujours considérée comme nôtre, à Saverne, et elle aussi nous comptait au nombre des siens. Cette jolie petite place, imprenable de vive force et illustrée par le blocus de 1814, protégait la route royale avant la construction des chemins de fer. Une invasion germanique fourvoyée dans notre pays devait se heurter d'abord à la citadelle et aux puissants remparts de Strasbourg: elle rencontrait ensuite à Saverne la grande fortification naturelle des Vosges, si facile à défendre contre des forces supérieures; et supposé que l'ennemi franchît l'obstacle, il venait échouer devant Phalsbourg. Voilà la théorie dont nous nous sommes bercés, comme de vieux enfants, jusqu'au réveil affreux de 1870. Les villages de nos montagnes étaient les avant-postes et Phalsbourg le corps de place; on comptait les uns sur les autres; on communiquait fréquemment; les soldats de la garnison voisinaient avec nous au moins tous les dimanches. Pour Saverne, Phalsbourg n'était pas seulement la première halte sur le chemin de la Meurthe; il fallait encore y passer pour se rendre au canton de Drülingen, qui fait partie de notre arrondissement. Il y avait d'ailleurs une intimité si étroite entre les Phalsbourgeois et nous, que personne ne songeait à demander s'ils étaient de Lorraine ou d'Alsace. Les Uhrich de Phalsbourg passaient pour les plus braves des Alsaciens, et l'écrivain le plus justement populaire de l'Alsace, Émile Erckmann, a toujours travaillé dans son pays natal, à Phalsbourg.

Le lecteur ne sera donc pas étonné si la douloureuse curiosité qui m'a ramené en Alsace me jette un matin hors du cadre de mes études, plus étroit que le champ de mes affections. C'était le 10 septembre.

Je partis seul, à pied, par les sentiers de la forêt, pour rejoindre la route au Saut du prince Charles. La première construction qui s'offrit à ma vue est la maison forestière du brigadier Huber, dont j'ai conté l'histoire et publié l'apologie. Il y aura tantôt un an que cet homme venait me dire: « Plaignez-moi, ne me condamnez pas ! Si j'ai consenti à servir les Prussiens, c'est par une inflexible nécessité, ou plutôt par surprise; mais je n'ai pas prêté serment, ma foi n'est pas engagée, il me reste un an pour opter. » Il n'a pas opté, et l'on assure qu'avec deux ou trois autres renégats il va déblatérant contre la France. Avis à ceux qui s'imaginent qu'on peut être déserteur à demi ! La trahison est comme un de ces engrenages où l'on n'introduit pas le bout du doigt sans que le corps y passe tout entier. J'entends dire que plus d'un transfuge est déjà mécontent de son sort; on m'a même montré la figure piteuse d'un architecte d'arrondissement, qui, après s'être vendu à l'ennemi pour conserver sa place, voit tous les travaux dirigés par un Allemand et s'attend à mourir de faim, n'ayant pas pu mourir de honte. Mais ni cet homme ni ses rares complices ne trouveront un refuge au sein de la patrie; une abjuration tardive ne leur rendrait pas l'honneur; ils le sentent, et bon gré mal gré il leur faudra végéter jusqu'à la mort entre leurs concitoyens qui les renient et leur maître orgueilleux, l'ennemi, qui les méprise.

La route de Saverne à Phalsbourg était fort animée autrefois, surtout dans la première quinzaine de septembre, où la fête patronale de Saverne attirait invinciblement tous les pays d'alentour. Mais on ne danse plus à Saverne, et la foire elle-même est bien délaissée. Où sont les belles charretées de villageois endimanchés qui s'embrassaient à bouche que veux-tu et faisaient rire les vieux échos sérieux de la montagne? J'ai rencontré en tout, dans une promenade de dix kilomètres, un vieillard sur un chariot vide, et deux officiers allemands au galop. Les champs sont animés çà et là par le travail d'un faucheur isolé ou d'une vieille qui arrache ses pommes de terre. On n'aperçoit que des femmes, des enfants ou des hommes d'âge; l'émigration a raflé tout le reste.

Un peu plus loin que le village des Quatre-Vents, dans un chemin creux, entre deux rideaux de peupliers, les tambours et les trompettes de Brunswick prennent une leçon de tapage. Le tambour allemand, s'il est plus portatif que le nôtre, est beaucoup moins sonore, il ne rend qu'un bruit sec, qui rappelle le coup du marteau sur les planches. Je veux croire que nos vainqueurs sont des musiciens sans rivaux, puisqu'ils le disent, mais tous les bruits qu'ils font chez nous, depuis leurs symphonies militaires jusqu'au sifflet de leurs locomotives, exaspèrent mon système nerveux. Leurs voix sont aigres et cassantes: le commandement des officiers porte en soi quelque chose d'insolent et de brutal. Lorsqu'un capitaine français crie à ses soldats : Portez arme ! le ton est à la fois paternel, martial, et, comment dirai-je encore? assaisonné d'une pointe d'orgueil. C'est comme s'il disait : Allons, enfants de la patrie, montrez à ces pékins, qui vous admirent, avec qu'elle vivacité et quel ensemble vous maniez ce bon chassepot ! Quand c'est un hauptmann qui commande de sa voix sifflante, il a l'air de crier : Tas d'esclaves ! animaux inférieurs ! faudra-t-il vous casser les reins pour vous apprendre à porter arme ?

La ville n'est pas loin, voici le cimetière. Un vieillard arrache les souches des peupliers qu'on a coupés avant le siége; un enfant assis sur le petit mur à hauteur d'appui, le regarde en sifflant *la Marseillaise*.

Enfin voici Phalsbourg ; je le vois, je le touche, j'y suis, et je ne le reconnais pas. Tous les revêtements d'escarpe et de contre-escarpe sont arrachés et jetés dans les fossés, et les terrassements mis à nu ressemblent à de grossiers poudingues. La ville ainsi démantelée a la physionomie d'un pâté dont on aurait ôté la croûte. On me pardonnera cette comparaison vulgaire ; c'est la seule qui rende exactement mon impression.

J'entre en ville par la porte d'Allemagne, qui naturellement a conservé son nom, et je pousse jusqu'à la porte de France, dont ils ont effacé le nom sans en écrire un autre. Phalsbourg, dans son beau temps, ne fut jamais qu'un fort habité ; les remparts entouraient les casernes et les magasins militaires, qui enveloppaient les maisons bourgeoises, serrées en petits groupes autour de la place d'armes, où s'élève la statue du maréchal Lobau. La statue est toujours à sa place ; qu'en feront-ils ? Que feront-ils de Kléber, à Strasbourg ? et de ce pauvre Rapp, qu'un officier bavarois, son neveu, paraît-il, est venu saluer en grande pompe sur une place de Colmar ?

Enlever ou détruire ces monuments serait un acte d'impiété ; mais les laisser debout au milieu des soudards allemands, n'est-ce pas une ironie ? Les héros de notre histoire opteraient pour nous, s'ils vivaient encore ; pourquoi les Allemands ne leur permettent-ils pas d'émigrer ? Nous les recueillerions pieusement dans quelques villes de la frontière, et si le vainqueur alléguait que tout ce bronze vaut quelque argent, la France est encore assez riche pour racheter ses vieilles gloires.

Sur la place Lobau, où quelques rangées de vieux arbres sont encore debout, quatre hommes d'âge se promènent mélancoliquement : l'un d'eux porte à sa boutonnière un large ruban de la Légion d'honneur : ils ont tous la tournure et la physionomie qui distinguent nos anciens militaires. Phalsbourg était peuplé d'officiers en retraite que la beauté du pays, les facilités de la vie et surtout le spectacle d'une petite garnison toujours en mouvement attiraient et charmaient.

Où iront-ils finir leur triste vie ? Les quatre que je vois jouissent de leur reste avec plus de souci déjà que de plaisir. La population civile, accoutumée à loger les officiers, à les nourrir, ou du moins à les fréquenter, était aux trois quarts militaire. J'ai connu par ici un notaire qui savait l'*Annuaire* par cœur. Que voulez-vous ? On ne naît pas impunément citoyen d'une ville imprenable, et Phalsbourg a passé pour tel jusqu'au jour où les Allemands l'ont réduit par famine. Les habitants qui n'émigreront pas auront cruellement à souffrir du contact obligé, quotidien, permanent des uniformes étrangers. Un poste à chaque entrée, un poste sur la place, un factionnaire tous les dix pas, quatre soldats contre un bourgeois dans chaque rue. La garnison ne sait que l'allemand, et les trois quarts de la population ne parlent que le français.

Cependant je remarque que les maisons bombardées se rebâtissent assez vivement ; toute cette destruction sera réparée dans six mois aux frais de la Prusse. L'église seule est restée telle que l'incendie l'a faite ; j'assiste à la célébration d'un mariage religieux sous les halles, où un autel provisoire est dressé.

Après avoir cherché longtemps un visage de connaissance, j'ai trouvé finalement à qui parler. Je demande des nouvelles d'Émile Erckmann ; il est parti sans esprit de retour. Comment un tel Français pourrait-il vivre en promiscuité avec une garnison allemande? Son prétendu mariage, annoncé dans tous les journaux de Paris, n'est ni fait ni à faire. J'en étais sûr ; Erckmann n'épousera jamais que la Muse. C'est son cousin et son homonyme, Charles Erckmann, qui s'est marié avec mademoiselle Schwartz, de Strasbourg.

On me raconte que les indemnités du siège ont été intégralement payées, grâce à l'intervention du maire, homme d'esprit. Cette faveur n'a pas arrêté l'émigration ; la ville se dépeuple à vue d'œil, et les pauvres, comme partout, donnent l'exemple aux riches. Mon interlocuteur me montre un petit bout de rue, un peu plus grand qu'un salon du Marais, et me dit : « Il y a dans ce coin, huit familles qui vont partir ; et plus d'une ne sait pas si elle aura du pain, le jour de son arrivée en France.

— Ce n'est pas la misère qui les chasse?

— Non ; c'est la haine de l'étranger. Ici les conditions de la vie matérielle seront plutôt meilleures, autant qu'il est permis d'en juger. Nous n'avons jamais eu de grandes industries, et le commerce n'était qu'un modeste détail, alimenté par la garnison. Or la garnison ne sera pas réduite, au contraire, quoique les Allemands aient démantelé la ville. Ils aménagent les casernes et les autres bâtiments militaires : ils installent le *mess* des officiers à l'arsenal; ils ont acheté un terrain de 300,000 francs pour faire un champ de manœuvres. On pourra donc gagner sa vie comme autrefois, mais bien des gens aiment mieux mourir en France que de vivre en Allemagne. La vue des uniformes étrangers leur donne le mal du pays. »

Il m'en aurait conté plus long. Mais on vint le chercher pour un conseil de famille : l'émancipation d'un mineur qui voulait opter et partir.

Je revois en passant le petit café militaire où nous parlions de gloire et de victoire en juillet 1870, avec trois jeunes officiers du 84^r, qui ne devaient point revenir. Les mêmes tables sont devant la porte, avec les mêmes lauriers-roses dans des caisses de bois peint en vert; rien n'est changé que l'uniforme des buveurs.

En traversant le pont-levis, je remarque des ouvriers qui chargent sur des wagonnets les belles pierres de nos remparts. Les Allemands sont un peuple pratique; aussitôt qu'ils ont eu déclassé Phalsbourg, comme forteresse inutile, ils se sont avisés que les matériaux de ses murailles, soigneusement choisis, bien taillés, durcis par le temps, feraient merveille autour des nouveaux forts qui se bâtissent devant Strasbourg.

Aussitôt fait que dit : ils transforment en chemin de fer une belle route neuve, construite à frais communs par l'Etat et la ville, entre Phalsbourg et Lutzelbourg. La route est un plan incliné, une rampe continue, sans paliers ni courbes notables ; on y installe, sur des débris de traverses, quatre ou cinq kilomètres de vieux rails, et moyennant cette faible dépense, les pierres descendent par leur propre poids jusqu'au canal de la Marne au Rhin. On les entasse sur les bateaux du roi de Prusse, qui vont les déposer, pour ainsi dire, à pied d'œuvre, devant les forts en construction.

J'ai suivi cette voie jusqu'au port d'embarquement ; elle est d'une simplicité et d'une économie admirables ; les wagonnets eux-mêmes, dont quelques échantillons déraillés bordent la route, semblent taillés dans des matériaux de rebut. La descente des trains chargés n'est qu'une question de frein, et il suffit de quelques chevaux pour remonter le matériel vide.

Le jour où ces transports auront pris fin, on jettera les rails au vieux fer, on brûlera les traverses et les voitures, et la route éprouvée, meilleure que neuve, sera livrée à la circulation.

Je prends une heure de repos dans ce joli village de Lutzelbourg, célèbre par ses truites et ses écrevisses, et, tout en déjeunant sur le pouce, je cause avec les habitants. On n'a que faire de les interroger, ils dévisagent un Français à cent mètres et le provoquent par mille questions : « Comment va M. Thiers ? vivra-t-il bien dix ans ? Et le maréchal Mac-Mahon ? Et pourrons-nous garder la république ? Et l'armée ? Ah! voilà la grande affaire. On en parle le jour, on en rêve la nuit. Combien avons-nous de soldats ? Sont-ils aussi disciplinés, animés d'un aussi bon esprit que tout le monde nous l'assure ? Est-il vrai que nos officiers désertent les cafés pour les bibliothèques ? Avez-vous vu les manœuvres qui s'exécutent autour de Paris ? Ici, nous enrageons de voir ces maudits Allemands aller, venir, lever des plans, prendre des notes ; non-seulement les capitaines, mais les sous-officiers et souvent les simples soldats. S'ils ne connaissent pas notre terrain, ce n'est pas faute de courir. Ils viennent du camp de Metz, où on les a fait peiner comme des nègres ; eh bien, vingt-quatre heures après leur arrivée, on ne voyait qu'eux dans les villages et dans les bois. Le bonhomme Christman, qui les exècre en face, en a rencontré trois ; il leur a dit : « Tenez-vous « bien ! les Français travaillent. » Les coquins lui ont répondu : « C'est possible ; mais tant que les « Français travailleront, les Allemands ne dormi- « ront pas. » Mais c'est bien vrai, n'est-ce pas, mon cher monsieur, que les Français travaillent ? Aurons-nous bientôt un canon qui démonte leur fameux Krupp ? »

A ces mille questions qui respirent le patriotisme le plus ardent, je réponds de mon mieux, assez mal. On parle d'autre chose, on discute l'événement du jour, la rentrée de M. Cerfbeer dans son château et les fêtes par lesquelles il a célébré sa délivrance. M. Cerfbeer est bien connu à Lutzelbourg ; avant de déserter, il y déjeunait quelquefois sous le drapeau parlementaire : « Ah ! monsieur, me dit-on, comment cet homme n'a-t-il pas fait un ou deux ans de prison pour l'exemple ? Si celui-là reste impuni, pourra-t-on maintenir les hommes dans le devoir ? Sa grâce nous a fait hurler ; savez-vous quel effet elle a produit sur nos soldats ? »

Nos soldats ! nos soldats ! C'est le commencement et la fin de tous leurs discours. On ne pense qu'à nos soldats dans ces pays que l'Allemand croit tenir sous sa lourde patte.

J'ai regagné Saverne en suivant les bords du canal ; c'est une promenade de deux à trois heures, dans un paysage admirable. Les montagnes boisées qui descendent en pente douce encaissent les deux rives ; on rencontre à chaque pas un filet d'eau glissant sur la mousse, ou une nappe de bruyères en fleurs.

Mais ce qu'on rencontre surtout, c'est le carrier allemand qui fracasse notre grès vosgien par le pic, la nitro-glycérine ou la poudre ; le carrier du roi Guillaume, qui débite à tour de bras nos magnifiques rochers pour en blinder les forts prussiens. De tous côtés, les moellons rouges dégringolent en bondissant à travers les malheureux arbres qu'ils pèlent, qu'ils meurtrissent ou qu'ils brisent ; partout on voit ces lourdes masses s'accumuler sur les bateaux des forteresses impériales.

Si le spectacle de Phalsbourg démantelé m'avait un peu serré le cœur, ce travail de nos ennemis et la comparaison de leur activité avec la nôtre me faisaient cent fois plus de mal. Je me disais : Phalsbourg est jugé depuis longtemps, nous l'avions condamné nous-mêmes, comme nous avions reconnu la nécessité de couvrir le nord et l'est de Strasbourg. Que nous eût-il coûté de faire ce que nos ennemis exécutent si facilement contre nous ? Qui faut-il accuser ? Les comités spéciaux, le gouvernement ou les Chambres ? Il importe assez peu, puisque le mal est fait. Convenons franchement, tous ensemble, qu'hier nous étions fous. Mais pouvons nous jurer que nous serons plus raisonnables demain ?

Je n'étais plus qu'à deux ou trois cents mètres de la ville, quand un petit villageois, pieds nus, vint me demander un sou. « Comment, lui dis-je, oses-tu mendier? Tu ne sais pas que les Prussiens punissent ce délit des peines les plus sévères? »

— Oui, monsieur, répondit-il. Aussi je ne demande qu'aux Français.

— Mais tu peux donc les reconnaître?

— Vous voyez bien.

X

BELFORT

Ce n'est pas seulement l'admiration et la reconnaissance qui m'ont attiré à Belfort, quoique les miracles accomplis dans cette héroïque cité vaillent bien le pèlerinage.

Belfort est, avec Bitche, qu'il ne faudrait pas oublier, la seule place qui ait lutté plus longtemps que la France elle-même contre notre implacable ennemi. Toute la nation avait mis bas les armes, Paris et les départements se déclaraient vaincus, il y avait quinze grands jours que toutes les forces du pays avaient abandonné la partie, et, dans ce coin isolé de l'Alsace, une poignée de braves gens se faisaient encore tuer pour l'honneur.

L'histoire d'une si noble résistance est encore à

écrire, quoiqu'on en ait publié plusieurs récits.
Les narrateurs, assurément sincères, mais encore
trop échauffés pour parler sans passion, se disputent la gloire et la tirent chacun à soi. La postérité impartiale les mettra tous d'accord en disant
que depuis le commandant supérieur, M. Denfert,
jusqu'au moindre bourgeois de la ville, tous,
officiers, soldats, gardes mobiles, mobilisés, habitants, ont bien mérité de la patrie. Ceux-là même
qui n'ont pas eu l'honneur de combattre ont attendu la mort avec un stoïcisme rare.

Une garnison de 17,000 hommes, qui ne comptait pas plus de 3,000 soldats de ligne, presque
tous conscrits de dépôt, s'est si bien aguerrie en
peu de temps qu'elle ne tenait plus aucun compte
du froid, des privations et des dangers. Les ap-
proches de la place ont été savamment gardées et
vaillamment défendues. Un siége de 104 jours,
410,000 obus de tout calibre lancés sans interruption durant 73 jours, une épidémie de variole
et la contagion des fièvres purulentes, qui tuaient
un blessé sur deux, ne découragèrent ni la garnison, ni la population civile, quoique le général
de Trescow, assiégeant, eût interdit la sortie des
vieillards, des enfants et des femmes.

Ce beau type d'humanité germanique n'a pas
eu, malgré tout, l'honneur de prendre la ville; il
ne l'a point enlevée à ses défenseurs; c'est un

ordre du gouvernement français qui la lui a ouverte, et nos soldats décimés, exténués, mais invaincus, sont sortis de Belfort avec armes et bagages, le 18 février 1871.

La bonne foi m'oblige à dire que ce jour-là, l'ennemi, installé sur les Hautes et les Basses-Perches, était maître d'anéantir la ville en quelques heures. Avouons franchement que l'artillerie prussienne, après trois mois et demi de travail incessant, a prouvé qu'elle était plus forte que les défenses si renommées de Belfort ; mais le colonel Denfert et ses dignes soldats ont eu la gloire de prolonger la résistance jusqu'au moment où la paix rendait tout effort inutile.

Il faut voir le terrain de cette longue bataille pour apprécier les mérites des assiégeants et des assiégés. Nous avions pour nous l'avantage d'une admirable position. Le *Château* de Belfort est peut-être la plus forte citadelle qui soit sortie des mains de Vauban ; le camp retranché du vallon, couvert à la fois par la place, par le château et par les forts de la *Miotte* et de la *Justice*, était considéré à bon droit comme une position imprenable. Mais Vauban n'avait pas prévu les progrès de la balistique moderne, et les successeurs dégénérés de ce grand homme les ont suivis de loin, avec une curiosité inerte.

Ils n'ont su ni les utiliser en réformant notre

artillerie, ni les neutraliser en modifiant les défenses de nos places. Il était amplement démontré, et depuis un temps fort raisonnable, que les ouvrages de Belfort ne se suffisaient plus à eux-mêmes. On avait reconnu l'urgente nécessité de certains travaux accessoires, du fort de *Bellevue*, par exemple, et notamment des forts des *Perches*. Une commission spéciale, réunie au commencement de 1869, sous la présidence du général Frossard, avait dit que le *château* ne pourrait pas tenir longtemps contre des batteries installées sur les *Perches*, et que la prise du château terminerait toute résistance. Il était donc urgent de fortifier les monticules qui s'appellent, je ne sais pourquoi, les *Perches*, et la construction de deux forts sur des points de cette importance n'était pas moins indispensable que l'armement du Château lui-même.

Quelles mesures prit-on entre le mois de mars 1869 et le mois de juillet 1870 ? On fit, à peu de chose près, ce que nous avons vu faire autour de nous, à Châtillon, à Brimborion, à Gennevilliers, pour compléter les défenses de Paris : on ébaucha sans conviction des ouvrages *blancs*, plus faciles à prendre qu'à garder.

La marche des ennemis paraîtra d'autant plus savante que l'on voit maintenant qu'elle tendait à la possession des Perches. Ils arrivent par le nord le 1ᵉʳ novembre, et après avoir assuré l'investissement de la place, ils s'acheminent sans perdre un jour, par une suite d'efforts continus, vers ces deux redoutes, dont l'une est au sud et l'autre au sud-est de la place.

Leurs batteries s'établissent successivement à Essert, à Davilliers, au Grand-Bois, au Bosmont, au bois de la Brosse, c'est-à-dire à l'ouest, au sud-ouest, au sud et au sud-est, rendant coup pour coup à nos forts, brûlant la ville, les faubourgs, les villages, et attestant par une destruction incessante la supériorité de leurs 200 canons. Dès les premiers jours de février, ces malheureuses *Perches* sont enfermées dans un cercle de feu.

L'ennemi s'est emparé des villages voisins, de Danjoutin, de Pérouse, il les bombarde du sud, de l'est et du nord, il y lance jusqu'à 2,500 projectiles en vingt-quatre heures, et après avoir démonté presque toutes leurs pièces, il ouvre la tranchée et la pousse vigoureusement jusqu'à moins de 200 mètres. Une attaque de vive force, tentée à tout hasard pendant la nuit, n'a réussi qu'à lui faire perdre environ 250 prisonniers ; mais le feu de plus en plus écrasant de l'artillerie prussienne, et l'effet encore plus tuant des fausses joies et des mauvaises nouvelles, le canon de Villersexel, la retraite de Bourbaki, l'armistice de Versailles, décident le commandant supérieur à abandonner les Perches. L'ennemi s'en empare, s'y retranche fortement, et s'apprête à foudroyer la ville et le château : il peut tout, on le sait, il y aurait folie à en douter, puisque les Perches sont les clefs de Belfort. C'est alors qu'un télégramme du gouvernement français invite l'héroïque garnison à rallier le poste le plus voisin.

Peut-être me pardonnera-t-on la longueur de cet exposé, si l'on songe que les Prussiens, après avoir signé un traité qui restitue Belfort à la France, travaillent activement à fortifier les Hautes et Basses-Perches.

J'avais passé deux ou trois fois en ma vie devant la gare de Belfort, mais sans entrer dans la ville et surtout sans visiter les ouvrages qui gardaient la fameuse trouée, entre les Vosges et le Jura. Me les eût-on montrés si j'en avais risqué la demande? C'est un point douteux. On s'est fait un devoir, jusqu'à notre dernière catastrophe, de cacher à tous les Français les défenses du territoire; elles n'étaient visibles que pour les étrangers, nos ennemis du lendemain, et en particulier pour les officiers allemands, qui se préparaient à les prendre. J'aime à croire que l'expérience a changé tout cela, mais je n'en voudrais pas jurer, connaissant la candeur incorrigible des autorités françaises.

Les Prussiens se montrent plus circonspects

chez nous que nous ne l'avons jamais été nous-
mêmes. Ils gardent avec soin, non-seulement contre une surprise tout à fait invraisemblable, mais
contre notre curiosité la plus innocente, ces forts
qui sont à nous en vertu d'un traité et que nous
devons reprendre à jour fixe, moyennant la
rançon convenue. Je n'ai pas ouï dire qu'un officier français, ni même un bourgeois sans conséquence, ait pénétré, depuis la paix, dans ces re-
tranchements, où nous devons rentrer tambour
battant, avant dix-huit mois, pour relever les
sentinelles allemandes. Tous les curieux qui viennent de loin, comme moi, dans l'espoir de connaître le fin du fin, sont maintenus à bonne distance. Mais il est permis de vaguer sur les routes,
soit à pied, soit en voiture, et d'observer tous les
points saillants qui décorent le paysage. J'ai donc
pu voir, dans le camp retranché, les nombreux et
vastes baraquements qui se construisent à nos frais
pour l'armée d'occupation ; dans les fossés de la
ville, quelques-uns de ces magasins où l'administration prussienne accumule six mois de vivres selon les uns, et neuf mois selon les autres. En parcourant la campagne, j'ai vu le fort de *Bellevue*,
remis à neuf, et les *Perches*, occupées par une
fourmilière d'ouvriers. Ma première impression
que je me garde bien de donner pour infaillible,
fut qu'on travaillait là avec autant d'ardeur et

dans le même esprit qu'au nord et à l'est de Strasbourg. Si je me suis trompé, c'est en bonne compagnie, avec les hommes les plus éclairés et les meilleures patriotes de Belfort.

Il y a toutefois, je dois le dire, deux courants d'opinion. Tandis qu'un certain nombre de Français jettent le cri d'alarme et accusent nos ennemis de s'implanter définitivement autour de la ville, d'autres, non moins sincères, mais peut-être moins clairvoyants, assurent que les Prussiens ne sont coupables que d'un léger excès de prudence : ils se gardent, et rien de plus. Il est, dit-on, dans leurs habitudes de protéger sérieusement leur garnisons partout où la chose est possible, et, dès qu'ils occupent un fort, leur premier mouvement est de s'y mettre à l'abri des coups de mains. Un tel système a l'avantage de tenir les soldats en haleine, de les entraîner par un labeur quotidien, et de leur rappeler constamment qu'ils sont en pays ennemi. C'est ainsi que les légions romaines se retranchaient tous les soirs dans des camps improvisés, mais assez bien construits et assez grandioses pour que plus d'un, après vingt siècles de durée, fasse encore l'étonnement de la postérité.

On me montrait à l'appui de cette thèse un petit corps de garde établi devant notre hôtel. Le poste y était retranché derrière de fortes palissades, et le cri de la sentinelle éveillait tout le voisinage à chaque heure de la nuit. « Les Prussiens sont ici, me disait-on, ce qu'ils ont été partout, c'est-à-dire des héros prudentissimes. Pourquoi renonceraient-ils à des pratiques consacrées par un long usage et prescrites par quelque règlement général?. Il est certain qu'à Bellevue et dans les forts des Perches ils ne se sont pas contentés de réparer les brèches que leur artillerie avait faites. Où nous n'avions que des ouvrages improvisés, à peine tenables, ils ont construit des forts solides, bien casematés, où les hommes, couverts par deux mètres de terre battue sur des poutres énormes, sont à l'abri de tous les obus.

« Ils remplacent çà et là de simples terrassements par des murailles de pierres ; à quoi bon le nier? Ces travaux sont commandés à un entrepreneur français, nommé Simon, connu, sinon considéré de toute la ville, et les ouvriers qui les exécutent ne sont ni aveugles ni muets. Or, les Prussiens n'ont pas l'habitude de gaspiller l'argent en pure perte, et nous reconnaissons volontiers que s'ils voyagent hors de chez eux en corps de troupe, ce n'est pas pour distribuer leurs millions aux peuples étrangers. Mais rien ne prouve, Dieu merci, qu'après avoir construit, ou reconstruit nos forts pour la nécessité temporaire de leur armée, ils ne nous les vendront pas sur facture au moment d'évacuer notre pays. »

Voilà des raisons fort plausibles, et je me ferais scrupule de les rejeter sans discussion, à la vieille mode de France. Je ne suis plus un jeune homme, je suis entré depuis un certain temps déjà dans l'âge philosophique; je crois que tout arrive et qu'il ne faut rien nier *a priori*, pas même l'honnêteté des Prussiens.

Toutefois, si on me permet de formuler mes sentiments avec franchise, je dirai que Belfort, après inspection sommaire, m'a fait l'effet d'un de ces gros morceaux qu'un conquérant goulu comme le nôtre ne peut approcher sans que l'eau lui vienne à la bouche. Le roi Guillaume n'a pas besoin de cette place, puisqu'il a Metz et Strasbourg, deux larges portes ouvertes sur la France. Il n'en a pas peur, quels que soient les beaux côtés de la position, car il sait, à six mois près, combien il nous faudra de temps pour créer et outiller une armée de 1,200,000 hommes. Et malgré tout, j'ose affirmer qu'il ne rendra pas sans douleur ce chef-d'œuvre militaire de la nature, enrichi et perfectionné par une quantité prodigieuse de travail humain. Quand on s'est promené seulement une heure dans ce monde de bastions, de demi-lunes, de redans, de cavaliers, de fossés taillés dans le roc, de glacis, de caponnières et d'embrasures, quand on a pu additionner en imagination tous ces moyens naturels et artificiels de donner la mort sans la craindre, on n'a pas besoin d'être très-Prussien pour éprouver la tentation presque irrésistible d'avoir cela pour soi plutôt que contre soi.

La question de droit, que les Prussiens eux-mêmes ne sauraient mettre sous leurs pieds sans émouvoir le monde civilisé, ne fait pas l'ombre d'un doute. Il est certain que le traité qui nous arrache l'Alsace et une partie de la Lorraine a confirmé nos droits sur Belfort. On sait aussi ce que Belfort nous a coûté, outre le sang de cinq ou six mille braves : nous avons racheté cette ville au prix d'une humiliation dont Paris n'est pas consolé !

L'entrée triomphale des Allemands aux Champs-Élysées, l'enlèvement des canons par les hommes de la Commune, le 18 mars, deux mois et plus de guerre civile, la destruction de nos monuments historiques, le massacre des otages, une répression légitime, mais effroyable, et dont le souvenir fermentera encore dans vingt ans : tel est, en abrégé, le prix coûtant de cette place que M. de Moltke caresse avec regret en pensant qu'il faudra nous la rendre. Ne l'avons-nous pas payée assez cher ? Ajoutez, s'il vous plaît, qu'une partie du territoire voisin a été régulièrement échangée à Francfort contre certain canton minier que l'Allemagne convoitait aux environs de Thionville.

Ces faits appartiennent à l'histoire, ils appartiennent à l'opinion publique de l'Europe et du Nouveau Monde; ils sont enregistrés depuis plus d'une année par l'auguste conscience du genre humain. Comment croire qu'un seul Moltke ou un simple Bismarck ose rompre en visière à l'univers entier pour le plaisir assez stérile, en somme, de rester maître de Belfort?

Non, non, nous n'avons rien à craindre de ce côté si le programme tracé par les diplomates de Francfort s'exécute jusqu'au bout. Lorsque le dernier centime des cinq milliards de la rançon française sera tombé dans la caisse de nos vainqueurs, les Allemands s'éloigneront de Belfort en grondant, comme un dogue quitte un os après l'avoir léché, mordu et roulé entre ses mâchoires; mais ils n'oseront pas le garder.

S'ils s'y retranchent aujourd'hui, c'est que ce peuple trop bien servi de la fortune compte encore vaguement sur l'imprévu. Que faudrait-il pour lui donner sinon un droit, du moins un prétexte à rupture? Presque rien : quelque complication dans la politique générale de l'Europe; moins encore, une émeute à Paris, à Lyon, à Marseille; le drapeau rouge arboré sur le clocher de quelques hameaux; une altercation sanglante et impunie entre l'armée d'occupation et le peuple des départements occupés.

Donc, soyons sages!

ÉPILOGUE

I

Nous étions à la veille de regagner Paris, et j'avais, tant bien que mal, achevé mes modestes études. J'étais revenu de Belfort le 12 au soir, très-las et assez souffrant pour garder la chambre vingt-quatre heures. Ma femme me conta qu'en mon absence un pauvre homme de Saverne, commissionnaire à la gare, était venu la mettre en garde contre un danger fort peu vraisemblable. Le buraliste allemand, sachant que je l'employais quelquefois, lui avait demandé, puis ordonné, de mettre mon nom sous ma figure la première fois que je viendrais prendre un billet. Mais ce brave garçon s'était bien gardé d'en rien faire ; il prétendait que les Prussiens me guettaient depuis plusieurs jours.

La chose me parut tellement insensée que je ne tins aucun compte de cet avis. Comment croire que les Prussiens, s'ils voulaient m'arrêter, attendraient une occasion de faire ce beau coup sur la voie publique ? S'ils ne connaissaient point mon visage, ils savaient mon adresse et la maison n'était pas difficile à trouver. D'ailleurs je me croyais en sûreté, puisque je me savais sans reproche. Quelques articles de journal, écrits et publiés en France, avaient pu les indisposer, mais sans leur donner aucun droit sur ma personne. Quelques conseils distribués dans mon cabinet aux pères de famille qui voulaient émanciper leurs enfants sans opter eux-mêmes ne constituaient pas un délit punissable en pays civilisé.

Je me couchai donc fort tranquille à neuf heures du soir, heure normale pour un campagnard et un malade, et je dormais déjà lorsque les aboiements d'un chien et la voix de notre fermier m'éveillèrent. On me dit qu'un ancien agent de police, enrôlé au service des Prussiens, voulait me parler à l'instant en faveur d'un malheureux. Cet homme avait besoin de mes conseils, il m'attendait à la grille du jardin, il devait émigrer le lendemain matin et ne pouvait attendre davantage. Je fis répondre qu'il était un peu tard de toutes les façons pour demander conseil, et je me rendormis sans comprendre que la police de M. de Bismarck m'avait offert l'appât d'une bonne action pour m'attirer hors de mon domicile et m'emporter la nuit, sans scandale, à Strasbourg.

Le lendemain matin, à six heures, le renégat de la police revenait frapper à ma porte, et, pour nous rassurer sans doute, il avait remplacé par un chapeau de paille sa casquette aux couleurs de l'Empire allemand. On eut à peine le temps de lui répondre qu'il était trop tôt pour recevoir des visites ; le commissaire de police accourait sur ses talons, après avoir fait attacher le chien de garde et arrêté nos gens qui voulaient nous avertir. Il crie en allemand qu'il faut ouvrir les portes, on répond que je suis sorti, il tire un sifflet de sa poche, et deux gendarmes, le casque en tête et le revolver au côté, viennent pour lui prêter main-forte. Par le plus grand des hasards, un serrurier au service de l'autorité prussienne marchait sur les talons des gendarmes. Le commissaire annonce que si la porte ne s'ouvre pas à l'instant, elle va être enfoncée.

Tout ce bruit m'avait décidément éveillé, on peut le croire ; il avait même éveillé en moi l'instinct de conservation, et j'éprouvais un désir immodéré de gagner la forêt prochaine. Cela ne semblait ni impossible ni même difficile, pourvu que ma sortie coïncidât avec l'entrée du commissaire et de ses hommes. Il suffisait de gagner une petite tourelle qui conduit au grenier, et qui, vers la moitié de sa hauteur, s'ouvre sur la campagne. Mon plan est bientôt fait, je saisis au hasard les vêtements qui me tombent sous la main, je m'habille en courant à mon but, et, quand je suis au pied de la tourelle, je dis qu'on peut ouvrir à la police. Malheureusement, la petite porte sur laquelle je comptais était close depuis un an par une barre de bois bien vissée, et le commissaire qui s'était lancé à ma poursuite, avec un flair qui honorerait un chien de chasse, me traqua vivement et me prit.

L'homme m'arrête au nom de la loi ; il exhibe un mandat d'amener orné du timbre du conseil de guerre ; mais, pour me prouver que j'ai eu tort de lui refuser ma confiance, il s'empresse d'accumuler les mensonges l'un sur l'autre. « L'affaire est de peu d'importance, dit-il, c'est le juge d'instruction qui désire vous parler à Strasbourg. » J'offre de me rendre à Strasbourg sur parole : il s'excuse sur la nécessité de me mettre d'abord en relation avec le procureur impérial de Saverne. Va pour le procureur impérial ! Mais j'ai besoin de m'habiller un peu avant de comparaître devant un si haut personnage. On me permet de faire ma toilette entre deux gendarmes, au milieu des cris effarés des enfants et des femmes, qui pleurent toutes, sauf une, tandis que M. le commissaire, avec sa barbe rousse en éventail, se promène dans l'appartement et semble inventorier nos pendules.

Quand je suis prêt, nous partons à pied pour Saverne, le commissaire à ma gauche, le renégat à ma droite, les gendarmes et leurs revolvers à quelques pas en arrière.

A l'entrée de la ville, le commissaire, d'un ton fort doux, m'invite à prendre une route circulaire qui contourne les trois quarts de la ville. Je réponds qu'il ne me répugne point de parcourir la Grand'Rue en sa compagnie; mais il insiste de manière à me faire comprendre que l'éclat de cette arrestation l'embarrasse plus que moi. La route qu'il a choisie est presque déserte; à peine si nous rencontrons cinq ou six braves ouvriers qui me saluent cordialement, et par un long détour nous arrivons à quelques pas du tribunal où le procureur impérial est censé m'attendre.

Mais le tribunal est à gauche et l'on me fait tourner à droite. Je devine que nous ne verrons pas MM. les magistrats du roi Guillaume sans passer par la prison.

Je la connais depuis longtemps, la prison cellulaire de Saverne, je la connais pour l'avoir côtoyée, il y a tantôt dix ans, dans un procès de presse qui a fait quelque bruit en Alsace. Depuis cette aventure, je n'ai jamais passé devant la lourde porte, où le fer se marie au chêne, sans rire un peu de ces dangers de ma jeunesse. Du diable si je m'attendais à franchir ce seuil inhospitalier dans la maturité de mon âge et de ma raison ! Il paraît cependant que nous devions finir par là. C'était écrit.

On m'écroue, et après m'avoir pris ma montre et mon argent, on me conduit au premier étage. Là, pour plus de précaution, et quoique les gendarmes n'eussent perdu aucun détail de ma toilette, un gardien m'invita à dépouiller mes vêtements, sans excepter le pantalon, les visita un à un et les palpa sur toutes les coutures. Il prit ensuite un morceau de craie, et sur l'ardoise qui décorait ma porte il écrivit au-dessous de l'indication *Isolirtzelle*, le nom du prévenu.

II

La cellule isolée (*Isolirtzelle*) où l'on m'avait mis au secret est une vaste chambre de 45 à 50 mètres superficiels, très-proprement peinte à la chaux et éclairée par deux fenêtres haut placées que le soleil levant emplissait alors de sa clarté. Je n'ai rien vu d'aussi grand ni d'aussi sain au dépôt de la préfecture de la Seine, où M. Campenon, l'aimable substitut, a bien voulu me promener il y a deux mois. En revanche, le mobilier laissait beaucoup à dire : il se composait d'une table, d'un banc et d'un lit dont les draps, découpés dans la toile d'emballage, étaient couverts de plumes par un oreiller décousu. Mais je ne songeais guère à dormir, et mon premier besoin fut d'arpenter la chambre dans tous les sens ; j'y fis au moins trois lieues, à grandes enjambées, en me livrant à mes réflexions.

S'il faut tout dire, je n'étais nullement rassuré sur la fin de cette aventure, et je fus démoralisé un moment par la perspective de l'inconnu. Après un examen de conscience long, sérieux, sévère jusqu'à l'excès, je restai convaincu que les Prussiens m'avaient cherché une querelle d'Allemand ; mais comment me dissimuler qu'ils étaient juges et parties dans l'affaire et maîtres de me garder longtemps ? En bonne foi, ils ne pouvaient me reprocher que des articles de journal publiés en France, sous le régime des lois françaises, et presque vieux d'un an ; or leur législation elle-même prescrit par six mois les délits de presse. J'avais visité les travaux, fort suspects à mon sens, qu'ils exécutent autour de Belfort ; mais je l'avais fait prudemment, à distance respectueuse, et sans enfreindre aucune consigne. Je n'avais pas prononcé de discours dans une brasserie, comme un journal de Paris l'a conté sans mauvaise intention, je n'étais même entré dans aucune brasserie.

Ai-je besoin de réfuter l'invention beaucoup moins innocente du *Times*, qui m'accuse d'avoir assassiné un soldat allemand sur les bords de la Sarre? Le *Times* a grand tort de se faire plus Prussien que M. de Bismarck; il a tort de publier sans contrôle des récits qui se contredisent eux-mêmes. Si j'avais, comme il le raconte, suivi l'état-major du maréchal de Mac-Mahon, je n'aurais pas campé sur les bords de la Sarre; l'itinéraire du vaillant maréchal est bien connu. J'ai passé quelques jours devant la Sarre, mais avec le corps de M. de Failly, et les honnêtes gens de toute profession qui se trouvaient autour de moi, officiers, écrivains, bourgeois de Sarreguemines, savent bien que je n'ai touché aucune arme, sinon ma plume.

Le *Times* affirme que, non content de commettre un crime qui répugne à tout homme civilisé, j'ai publié ce misérable exploit et je m'en suis fait gloire; je regrette vraiment, pour le *Times*, qu'il n'ait pas pris la peine de feuilleter la collection du *Soir*, où tous mes récits de la guerre ont paru. Il aurait vu que cette calomnie, indigne de figurer dans le plus grand journal de l'Europe, est l'invention gratuite de quelque prussophile enragé.

Et quand je dis gratuite, je ne suis pas sûr d'employer le mot juste.

Mais je n'avais pas le *Times* dans ma prison. Et pourtant, je l'avoue au risque de prêter à rire, j'ai pensé plusieurs fois à lui, à lui-même, au *Times*, dans ces premières heures d'angoisses.

Je me disais : « Les Prussiens sont capables de tout ; plus je suis innocent, plus je dois craindre qu'ils prolongent ma détention préventive pour le plaisir de torturer un ennemi et de tuer les pauvres êtres que j'ai laissés derrière moi. Les journaux français auront beau protester ; il est de bon ton, à Berlin, de dédaigner la presse française ; on ne les lira point. Mais le *Times* se fait lire partout, il impose aux vainqueurs, il contraint les rois absolus de rentrer en eux-mêmes, car, chaque fois qu'il parle, on croit entendre la voix d'une grande, puissante et généreuse nation. Quand le *Times* aura dit son mot, ma prison s'ouvrira toute seule ! » Je demande pardon au *Times* de l'avoir jugé de la sorte, et je jure de ne plus retomber dans une si grossière erreur.

Vers onze heures du matin (ma montre étant emprisonnée à part, je ne garantis pas les heures), l'arrivée d'un litre de bouillon me prouva qu'on ne m'oubliait pas chez nous. J'ai su depuis que le porteur de ce message alimentaire, un jeune avocat de Saverne, inscrit au barreau de Dijon, avait été retenu trois quarts d'heure par le zèle de mes geôliers. Les portes des prisons sont avares, elles s'ouvrent plus volontiers pour recevoir les gens que pour les rendre. Bientôt après, on m'envoya un déjeuner fort appétissant pour tout autre qu'un prisonnier ; je l'effleurai à peine du bout des dents, et cette suppression de l'appétit m'inspira des idées lugubres. Je pensais que ma femme, elle non plus, n'avait pas faim, et je me demandais comment elle pourrait nourrir notre petite Suzanne. Grâce à Dieu, les hommes d'État qui disposent de la liberté des gens ne sont jamais entrés dans ces humbles détails.

Je voulus essayer de la lecture; il me semblait qu'avec un livre je ne serais plus seul dans ma cellule. Le geôlier m'apporta le *Génie du christianisme* en trois volumes. Il y avait plus de vingt ans que je n'avais lu une page de Chateaubriand, sauf les *Mémoires d'outre-tombe*, qui ont l'air d'être écrits par un autre homme, plus vif et moins guindé que lui. Le tome I*ᵉʳ* du *Génie*, feuilleté d'une main distraite, car mon esprit lui-même avait perdu l'appétit, me laissa sous une impression bizarre. D'abord l'ouvrage sentait horriblement la pipe; sans doute parce que le corps de garde et la bibliothèque ne faisaient qu'un ; et cette odeur contrastait de la façon la plus étrange avec le style. Et puis, je me heurtais à chaque pas aux assertions les plus invraisemblables, j'apprenais que le mot *foyer* est un dérivé de *foy* ou *foi*, et qu'on a reconnu dans les Védas une imitation du Pentateuque. Enfin, l'auteur, dans son beau style à grands ramages, me faisait l'effet d'un avocat qui plaidait les circonstances atténuantes en faveur de la religion, sans y croire. J'étais sans doute injuste, et je me rappelai un mot de Lamennais qui déclare qu'on ne sait pas écrire en prison. Il est probable, pensai-je en moi-même, qu'on n'y sait pas lire non plus.

De temps à autre, un léger bruit m'apprenait que j'étais observé à travers le petit trou du guichet, et je m'empressais aussitôt de faire bonne contenance. Je me frottais les mains, je me promenais en souriant, je prenais une physionomie expressive qui devait dire au curieux, quel qu'il fût : Ces Prussiens sont de grands sots, il me servent en croyant me nuire, et je me moque de leur prison ! Mais, u fond, j'avais le cœur serré.

Le médecin de la prison, M. Hirtz, un bon homme que je connais d'ancienne date, vint me voir dans l'après-midi. « J'apprends que vous êtes malade, me dit-il, et j'accours. » Je lui répondis sans mentir que j'avais été très-souffrant, mais que je ne l'étais plus. Le fait est que ces émotions, quoique assez peu réconfortantes en elles-mêmes, m'avaient guéri comme par enchantement ; le mal moral avait dérivé la douleur physique, et je ne me suis jamais mieux porté que durant ces huit jours. Une deuxième visite succéda sans interruption à la première ; en voyant entrer M. Weber, avoué de Saverne et notre vieil ami, je pensai que pour un prisonnier au secret, je n'étais pas trop rigoureusement isolé.

M. Weber me conta qu'averti par ma femme, il avait couru chez le *Kreisdirector* (sous-préfet) et chez le procureur impérial. Ces messieurs n'étaient pour rien, disaient-ils, dans mon arrestation ; l'ordre venait de Berlin, j'étais poursuivi par le ministre de la guerre. D'ailleurs, le fonctionnaire et le magistrat promettaient de me traiter avec les plus grands égards, tant que je resterais à Saverne. Mais pourquoi diable me garder à Saverne, où l'on ne pouvait ni juger ni même instruire le procès? J enrageais à l'idée de languir plusieurs jours peut-être, sans faire un pas vers la solution.

Quand je vis le geôlier changer les draps du lit, apporter les ustensiles les plus indispensables de la toilette et m'installer assez proprement, j'en conclus qu'on voulait me garder longtemps à Saverne, et je me pris à maudire les pauvres gens qui faisaient de leur mieux. Mais à peine eurent-ils fini, que la porte s'ouvrit de nouveau et qu'on m'invita à descendre. Le commissaire et les gendarmes m'attendaient au greffe pour me conduire

ÉPILOGUE.

à Strasbourg. On me rendit ma montre et mon argent, en m'invitant à vérifier le compte.

— Eh ! parbleu, répondis-je, j'aime à croire que si vous étiez des voleurs, vous ne seriez pas des geôliers.

Mon commissaire du matin prit un nouveau détour pour me mener discrètement à la gare, mais l'éveil était donné. On avait remarqué que la police mettait ses gants, de vieux gants noirs déteints qui ne servaient que dans les occasions solennelles ; il n'en fallait pas davantage pour apprendre à tout le pays que j'allais être transféré. La foule se porta donc à la gare, et si j'ai fait un peu de bien dans ma vie aux honnêtes gens de cette pauvre petite ville très-française, j'en fus plus que payé ce jour-là par la sympathie générale. En dépit des gendarmes, et à la barbe rousse du commissaire, je me vis entouré, embrassé, presque fêté.

Il n'y eut pas de secret qui tînt, plus de vingt personnes trouvèrent le moyen de s'entretenir avec moi. On m'apprit qu'un de nos amis m'avait devancé à Strasbourg pour chercher un avocat, tandis qu'un autre allait porter une dépêche au télégraphe français d'Avricourt. C'était à qui se chargerait d'un message pour ma famille.

L'encombrement fut tel et la manifestation prit en un rien de temps une couleur si franchement patriotique, que le commissaire me pria d'entrer au buffet. Il fallut l'arrivée du train, à quatre heures, pour rassurer ce pauvre agent de la Prusse ; il me fit monter avec lui dans un compartiment de seconde classe, il se flanqua d'un gendarme à revolver, et, poussant un soupir de soulagement, il partit au milieu d'une immense bordée de coups de chapeau qui ne s'adressaient pas à lui.

En débarquant à Strasbourg, je trouvai sur le quai de la Gare mon vieil ami Pfortner, célèbre avocat alsacien, qui a opté et qui abandonne un revenu de 25,000 francs pour recommencer sa carrière à Dijon. Il me présenta à son compagnon, M. Schneegans, avoué de grand talent, qui plaide également bien en français et en allemand, et qui avait bien voulu se charger de ma défense. L'un et l'autre, en deux mots, me mirent au courant de l'affaire et calmèrent mes inquiétudes :

— Il s'agit, dirent-ils, de vos articles du *Soir* ; on vous poursuit pour haute trahison, mais personne ne croit l'accusation soutenable. Cependant tout est possible ici. L'essentiel est que les magistrats sont décidés à mener rondement les choses ; vous serez jugé le 25 au plus tard, peut-être même tiendra-t-on d'ici là une séance extraordinaire. Le conseil de guerre est mieux composé en ce moment que vous ne semblez le croire, et le juge d'instruction qui s'occupe de vous est un fort honnête homme, très-modéré et très-sensé.

III

Tout en causant, M. Schneegans et Pfortner me conduisent à une voiture découverte, où je monte avec le commissaire à ma gauche et le gendarme devant lui. Le voyage ne fut pas long; au bout de cinq ou six minutes, nous étions arrêtés dans la petite rue du Fil, entre une habitation brûlée par le bombardement de 1870 et la maison d'arrêt. Le commissaire court au cabinet du juge d'instruction pour lui rendre ses comptes, tandis que le gardien-chef et le greffier prennent possession de mon humble personne. Le greffier, un jeune Prussien, qui ne sait pas deux mots de français, après m'avoir repris ma montre et mon argent, inscrit sur un grand livre mon signalement détaillé.

Il me fait passer sous la toise, comme un conscrit, il m'oblige à montrer mes dents, comme un cheval à vendre. Au milieu de ces opérations bizarres, Pfortner et M. Schneegans, qui nous avaient suivis à pied, viennent me recommander aux gardiens et s'informer si je n'ai besoin de rien. J'avais besoin de tout, mais grâce à leur active amitié,

J'eus, le soir même, et en abondance, tout ce que je pouvais désirer, linge, papier, brosses, savon, et même des cigares. Ils s'occupèrent de ma nourriture, et, dès le premier moment de cette captivité jusqu'à la dernière heure, il n'a tenu qu'à moi de faire deux excellents repas par jour. On me promit, en outre, que, le surlendemain, lundi, le juge d'instruction laisserait ma famille et mes amis me visiter tout à leur aise, et l'espérance que j'en conçus ne fut aucunement trompée.

Au moment où j'allais monter à la pistole, le gendarme prussien qui m'avait amené vint prendre congé et me dit :

— Monsieur, je retourne à Saverne, et j'espère que vous y serez bientôt, vous aussi.

Il y a donc de braves gens partout, même en Prusse !

Quand la seconde grille, qui sépare la prison de la cour d'entrée, se fut ouverte devant moi, le premier objet qui frappa mes regards fut un portrait du roi de Prusse, enluminé comme une vieille image d'Épinal, et plus semblable à un Gambrinus de brasserie qu'à un prince de notre époque. La dévotion de quelque employé l'avait enguirlandé de fleurs de papier peint et déteint; et, par un hasard maladroit, cette glorieuse effigie était suspendue au-dessus d'un trou noir qui est le parloir des prévenus. Les parents, s'il en est, qui viennent contempler de loin, dans cette cage grillée, un prisonnier arbitrairement arrêté comme moi, n'ont qu'à lever les yeux pour admirer et bénir l'auguste auteur de leurs misères.

Le gardien-chef, un Alsacien qui s'est trouvé trop pauvre pour rester Français, me fit monter au premier étage, et, en mettant la clef dans la serrure de mon logis, il me dit avec bonhomie :

— Il y a déjà un jeune homme dans la chambre; j'espère que cela ne vous fait rien?

— Mais cela me fait beaucoup, au contraire Est-ce que je n'ai pas le droit d'être seul? Vous aviez promis de me mettre à la pistole.

— Vous y êtes; seulement nous n'avons que cette chambre en tout dans la maison, et, par malheur, elle est à demi occupée.

— Arrangez-vous pour m'en trouver une autre. Si c'est une question d'argent, je donnerai tout ce qu'il faudra.

— Vous m'offririez cent francs par jour au lieu des neuf sous que vous allez payer ici, cela ne rendrait pas la maison plus grande. Nous sommes à l'étroit et nous avons quatre-vingt-quinze détenus.

— Mais encore avec qui me logez-vous? de quoi est-il accusé, ce jeune homme?

— Affaire de coups et blessures, une querelle de cabaret ; mais ce n'est pas un méchant garçon, vous verrez.

— Allons, voyons !

Il ouvrit donc la porte et je fus saisi, dès le seuil, par une vapeur humide et nauséabonde.

On avait lavé le plancher, comme tous les samedis, et l'on s'y était pris si tard que, malgré la fenêtre ouverte, l'odeur du savon gras et du vieux bois mouillé serrait la gorge et soulevait le cœur.

Cette entrée en matière m'avait assez mal disposé, et je me demandais comment, la fenêtre fermée, nous dormirions dans ce cloaque. Ce fut bien pis lorsque mon jeune compagnon m'eut conté sa petite histoire. Il s'était querellé après boire avec un de ses camarades, il l'avait frappé d'un couteau et la blessure avait été suivie de mort. J'ai toujours ouï dire que les prévenus d'un délit de presse, et même les condamnés, obtenaient, en pays civilisé, une prison fort habitable, et je n'ai jamais vu qu'on les mît en ménage avec des meurtriers.

Toutefois, quand j'eus fait plus ample connaissance avec mon voisin de chambrée, je changeai d'avis sur son compte et je ne tardai point à le trouver intéressant. C'était un enfant de dix-neuf ans, petit et imberbe. Son père, un pauvre garde forestier, habitait vers la Wantzenau, le pays des bonnes poules ; il y avait cinq jeunes sœurs à la maison, et le garçon parlait de sa famille avec une tendresse touchante. Il déplorait de tout son cœur le mouvement de vivacité qui lui avait fait porter la main sur un de ses plus chers camarades. Ces jeunes Alsaciens sont quelquefois terribles, jamais méchants ; le malheur est qu'ils aient la tête si près du bonnet et la main si près du couteau.

J'ai eu le temps d'étudier celui qui partageait ma mauvaise fortune ; il est d'un naturel doux et mélancolique. Détenu depuis un mois, obligé d'attendre en prison les assises de novembre, il sentait vivement la nostalgie des forêts natales et du toit paternel. Je l'ai trouvé non-seulement très-convenable en tout, mais serviable et même cordial ; et, dans nos longs tête-à-tête, je ne lui ai pas entendu dire un mot qui ne fût d'un brave garçon.

J'avais essayé de dîner, à la lueur de sa chandelle, sur la petite table où nous devions nous asseoir tour à tour, lorsqu'un gardien vint m'annoncer que le juge d'instruction m'attendait. Je le suivis lestement, charmé de voir que la justice de M. de Bismarck ne traînait pas les choses en longueur. Arrêté à six heures du matin, entendu à sept heures du soir ! C'est un sort dont tous les prévenus s'accommoderaient volontiers.

Les magistrats instructeurs sont aussi mal installés à Strasbourg qu'à Paris, et par suite de circonstances analogues. Là-bas aussi, le palais de justice est brûlé. Mais ils ont la consolation de savoir qu'il a été brûlé pour eux, par les obus de leur glorieux maître.

M. Merrem, juge d'instruction auprès du conseil de guerre mixte, est un homme d'environ trente ans, fort bien de sa personne et décoré d'une jolie barbe blonde dont il paraît avoir grand soin. Il me reçut très-poliment, s'excusa d'être mal logé et demanda si je pouvais subir mon interrogatoire en allemand. Je répondis que, sans ignorer la langue allemande, je ne m'en servais pas assez bien pour l'employer dans une circonstance si grave; qu'un accusé ne doit sacrifier aucun de ses avantages, et qu'en faisant venir un interprète on m'obligerait beaucoup.

— Malheureusement, reprit-il, je n'ai pas d'interprète sous la main, mais j'entends assez le français pour vous comprendre, et nous nous expliquerons chacun dans notre langue, si vous voulez.

Ainsi fut fait; et devant le greffier, M. Merrem procéda aux questions d'usage : Où êtes-vous né? En quelle année? Êtes-vous marié? Combien d'enfants? *Avez-vous de la fortune?* Vous n'avez jamais subi aucune condamnation? Il prit ensuite un vieux numéro du *Soir*, daté du 20 octobre 1871, et demanda si je reconnaissais avoir écrit le feuilleton de ce journal[1]?

Je n'avais pas à le nier; mais à mon tour je demandai en vertu de quel principe un citoyen français, Français par la naissance et, pour ainsi dire, doublement Français par l'option, pouvait être jugé par un tribunal étranger pour un article écrit et publié en France. A supposer, ce que je nie, que l'article dont vous parlez constitue un délit, ce délit ne peut être puni qu'aux termes de la loi française, en vertu de l'axiome : *Locus regit actum*, et par les tribunaux de mon pays. Je récuse énergiquement la compétence d'une magistrature étrangère, et je proteste au nom du droit des gens contre une arrestation que rien ne justifie, sinon le droit de la force.

Le juge, qui m'avait écouté de toute son attention, me dit : — Voilà votre système, voici le nôtre. L'accusation estime qu'un délit de presse est censé commis partout où se répand le livre ou le journal.

— Quoi ! si j'allais à Pékin, l'année prochaine, j'y pourrais être arrêté, selon vous, pour avoir imprimé à Paris que l'empereur de la Chine a tort de refuser une constitution à son peuple?

— L'accusation n'y verrait aucun inconvénient.

---

[1] L'article incriminé est reproduit en entier dans ce volume. Il commence à la page 50, ligne 17, et se termine à la dernière ligne de la page 61.

— Je comprendrais, à la grande rigueur, qu'on me jugeât en Allemagne pour avoir répandu, propagé, distribué des articles hostiles sur le territoire annexé. Il y aurait délit de colportage commis chez vous. Mais je ne suis pas même l'éditeur, ou le rédacteur en chef, ou le gérant responsable du Soir.

— Vous êtes son complice, pour lui avoir fourni les moyens de commettre un délit.

— Quel délit, s'il s'est contenté de vendre le journal à ceux qui lui en faisaient la demande? Comment ce numéro du Soir est-il tombé entre vos mains? Est-ce moi qui vous l'ai envoyé? Est-ce mon ami Hector Pessard?

— Nous nous sommes abonnés au journal.

— Ne vous en prenez donc qu'à vous-mêmes, si vous avez eu l'ennui de lire quelques vérités désagréables. C'est vous qui avez introduit le Soir en Alsace, c'est vous qui êtes les coupables. Pourquoi n'avez-vous pas fait arrêter le journal à la frontière par vos employés de la poste et vos douaniers? pourquoi, si vous aviez à vous plaindre de moi, n'avez-vous pas invité le gouvernement français à me poursuivre en France? Qu'est-ce que ce procédé qui consiste à garder, onze mois durant, au fond d'un tiroir, un mandat d'amener qu'on exécute par surprise sur la personne d'un passant?

— Vous savez qu'on arrête un prévenu quand on peut.

— Mais de quoi suis-je prévenu ? Je connais cet article que vous incriminez ; il est plein de critiques hostiles, malveillantes, dont le but, j'en conviens, n'a jamais été de vous plaire ; mais qui ai-je calomnié ?

— Vous avez raconté certains faits que vous auriez du mal à prouver : celui-ci, par exemple.

En même temps il me mit sous les yeux un paragraphe qui signalait certaines manœuvres des émissaires de M. de Bismarck.

Je convins que la preuve était peut-être difficile à faire, mais en maintenant que je n'avais point inventé le fait, que je le tenais de bonne source, et que je l'avais publié de bonne foi.

— Le code allemand n'admet pas la bonne foi comme une excuse.

— Je le comprends ; mais supposons que je me sois trompé sur quelque point de fait, en vertu de quelle loi votre conseil de guerre pourrait-il me punir ?

Le magistrat me fit lire l'article 3 d'une ordonnance promulguée en Alsace-Lorraine au commencement de septembre 1870, en me priant de remarquer qu'elle n'était pas abrogée. Cet article punit d'un emprisonnement d'un an au maximum et d'une amende de 500 thalers quiconque aura forgé ou répandu de fausses nouvelles sur les opérations militaires ou les événements politiques.

Je répondis qu'abrogée ou non, cette ordonnance n'avait jamais été qu'un instrument de terreur au service de l'armée d'invasion; qu'à la rigueur, le roi Guillaume avait le droit d'intimider les semeurs de fausses nouvelles, ceux qui seraient tentés de le faire passer pour mort, ou fou, ou vaincu en bataille rangée ; mais qu'un article de journal, publié huit ou neuf mois après la paix, n'avait rien à démêler avec l'article 5.

Le juge ne le nia pas, car il était sincère et, si je ne m'abuse, médiocrement convaincu de la solidité de l'accusation ; mais il se rabattit sur un autre article, le premier, si je ne me trompe, du nouveau code pénal, et qui punit cruellement le crime toujours vague de haute trahison, fût-il commis à l'étranger. Je répondis qu'il y avait un abîme entre un article de journal et un crime de haute trahison ; que les deux mots juraient ensemble, que l'opinion du monde entier s'élèverait contre la prétention du parquet allemand s'il osait soutenir cette thèse; que le ministère public me semblait terriblement fourvoyé; qu'il ne pourrait jamais, quel que fût son mauvais vouloir, obtenir contre moi une condamnation capitale, que j'aurais donc mon tour et que je jugerais après avoir été jugé.

M. Merrem, avec sa politesse imperturbable, me

dit : Oui, je suis sûr que vous ferez une description très-intéressante.

Là-dessus, il me fit signer l'interrogatoire, promit d'adoucir ma prison par tous les moyens en son pouvoir et de hâter le dénoûment.

IV

Cette première entrevue avec un magistrat prussien me laissa sous une impression singulière. J'étais pour ainsi dire suffoqué par l'absurdité de l'accusation, pétrifié par la perspective des peines monstrueuses que M. Merrem m'avait laissé entrevoir, révolté par l'insolence de ce parquet, qui niait le droit des gens à la face de l'Europe; mais les façons courtoises du juge d'instruction, le calme et la modération dont il ne s'était jamais départi, et surtout l'air réfléchi de son visage et la scrupuleuse attention avec laquelle il semblait peser le pour et le contre, me rassuraient à moitié. Il me semblait que le destin, un destin fort invraisemblable, m'avait donné un allié dans le camp ennemi, et l'événement m'a prouvé que ne m'abusais pas.

On me ramena dans ma chambre, on ferma le verrou, j'échangeai le bonsoir avec mon petit meurtrier, et je me jetai sur un lit dur et inégal comme ces tas de cailloux qui bordent les routes. Toutefois, après une nuit plus tourmentée que je ne saurais le dire, le réveil fut presque gai. Il faisait beau, la lumière et l'air du matin emplissaient la chambre; le plancher, si marécageux la veille au soir, était resplendissant de propreté, les parois blanches ne montraient pas une tache. Toute cette prison, que j'ai pu visiter dans ses moindres recoins avant d'en sortir, est tenue, je dois le dire, avec un soin méticuleux. Il ne s'est guère passé de jour où je n'aie rencontré, soit dans l'intérieur, soit dans les cours, un ouvrier, toujours le même, qui passait les murs au lait de chaux.

À peine avions-nous terminé notre toilette qu'un gardien nous demanda si nous voulions nous promener dans la cour. J'y descendis en hâte et j'y pris autant d'exercice qu'on en peut prendre dans une heure. Cette cour est presque un jardin; on y voit cinq ou six gros tilleuls tondus de près et enfermés dans de petits carrés de plantes potagères. Quelques fleurs communes végètent çà et là, comme par hasard, au milieu des salades et des choux. Au pied de la prison, une vigne qu'on n'a point palissadée, et qui forme une sorte de berceau, était chargée de raisins mûrs. C'était de l'auxerrois, les moineaux en faisaient ripaille à la barbe du vigneron, c'est-à-dire du gardien-chef. Il leur jeta quelques cailloux qui les dérangèrent à peine, et s'en vint causer avec moi.

Je n'ai presque jamais passé auprès d'une manufacture sans y entrer, s'il était possible, et sans la visiter dans ses détails. Aussi, ce matin-là, profitai-je de la circonstance pour étudier cette fabrique de pleurs et de grincements de dents qu'on appelle une maison d'arrêt. Le gardien-chef, qui se nomme Haag, m'apprit des choses intéressantes. Il m'expliqua d'abord pourquoi beaucoup d'employés des prisons avaient accepté, comme lui, le service de la Prusse. Marié, père de trois enfants, il touchait 800 francs par an, *du temps des Français*, après quinze ans de service. Les Prussiens lui en donnent 2,700, outre le logement, le chauffage et l'éclairage. Les simples gardiens, qui ont à se loger en ville, touchent 2,400 francs environ, tout compris. On ne pouvait guère espérer que de pauvres gens mécontents de leur sort résisteraient à de telles amorces. Aussi le personnel de la prison est-il mi-parti d'Allemands importés et d'Alsaciens demeurés.

Les deux tiers environ des prévenus sont Alsaciens; la nouvelle population allemande fournit le reste. On les soumet tous à un régime assez dur pour des prévenus. Ils se lèvent à cinq heures du matin, et, un quart d'heure après, ils doivent avoir fait leurs lits et quitté le dortoir. Leurs logements que j'ai vus ne sont ni assez grands ni suffisamment ventilés pour des chambrées de trente hommes. La nourriture arrive toute préparée de la maison de correction : elle se compose de pain noir et de trois soupes par jour. De temps à autre, on ajoute à la ration 40 grammes de viande hachée menu ; si peu, que l'analyse chimique en trouverait à peine une trace. Les détenus travaillent presque tous ; les uns s'occupent à dépecer de vieux câbles goudronnés, dont l'étoupe est mise au pilon dans une papeterie ; les autres font des brosses, des souliers pour la troupe ; d'autres passent leur temps à trier du café pour un épicier de la ville.

Sur ces travaux adjugés au rabais, l'État prélève 60 pour cent ; et sur le maigre pécule qui reste, les détenus n'ont pas même le droit d'acheter des aliments un peu mangeables. Le seul *extra* qu'on leur permette est un litre de bière ou un demi-litre de vin, le samedi soir. C'est un régime bien sévère pour des malheureux dont plusieurs sont aussi innocents que je l'étais moi-même. J'ai vu passer un jour certaine soupe à la farine dont l'odeur me poursuivra toute ma vie. Et parmi ceux que la prison met dans l'alternative ou de souffrir la faim, ou d'avaler ce brouet nauséabond, il se trouve pourtant des hommes qui n'ont ni tué, ni volé, ni même mendié. La prison préventive est peut-être un mal nécessaire, je n'en jurerais point, mais je sens qu'il est monstrueux de traiter en coupables ceux qu'aucun juge n'a condamnés.

J'ai fini par m'orienter, avec un peu d'aide, et je vois que la maison d'arrêt est située entre le canal de l'Ill et la belle promenade, belle autrefois, du Broglie. Si ma fenêtre, qui s'ouvre au midi, n'était barrée jusqu'à moitié de sa hauteur par une persienne fixe, je verrais devant moi la cathédrale et ce qui fut le musée, à gauche, ce qui fut le théâtre et la préfecture, et sur la droite, les ruines du palais de justice.

Au temps du dernier siége, les obus prussiens, dirigés de Schiltigheim sur la cathédrale, enfilaient la maison d'arrêt ; ils venaient souvent éclater dans la cour où je me promène, ils ont criblé le mur de clôture. Le gardien me raconte qu'on a ramassé trente-six quintaux de fer et six quintaux de plomb dans cette étroite enceinte de la prison.

Tandis que je l'écoute, sa servante, une petite Alsacienne joufflue, entre dans la cour. Elle porte deux pigeonneaux dans une main et un couteau dans l'autre, et sans penser à mal elle s'adresse à mon jeune compagnon de la pistole : « Vous devez savoir, vous... rendez-moi donc service. » Cruelle ironie du hasard ! Le malheureux enfant n'a rien compris, sinon qu'il pouvait être utile, et déjà... mais le gardien-chef, qui a vu mon haut-le-corps, renvoie aussitôt les pigeons, le couteau et la fille.

Tout compte fait, ce dimanche vide, sans interrogatoire et sans visites, ne m'a pas semblé trop long. J'ai retrouvé un de ces vieux livres qui avaient charmé mon enfance : c'est la première année du *Magasin pittoresque* à deux sous. Honnête et sage publication, qui a servi de modèle à vingt autres, mais qui, malheureusement, ne leur a pas servi d'exemple. Quel usage discret de l'actualité! quel vif désir d'instruire en amusant, et de porter à tous les étages de la société les idées les plus justes et les connaissances les plus utiles! Je ne saurais exprimer tout le charme que je retrouvais après quarante années, ou peu s'en faut, dans ces articles courts, impersonnels, empreints d'un vrai bon sens bourgeois et d'une philosophie douce. Le style a quelque peu vieilli et les gravures sur bois nous reportent à l'enfance de l'art, mais ces défauts eux-mêmes sont attachants par leur bonhomie.

J'ai rencontré pourtant, dans le nombre, un article qui m'a fait bondir. Et je l'ai copié *ab irato*, et je le jette ici avec un dépit mal apaisé, car il est un monument de cette infatuation nationale qui nous a conduits où nous sommes et m'a mené moi-même où je suis! Jugez-en :

Une bataille du temps de la république.

« On entamait l'action avec des nuées de tirailleurs à pied et à cheval ; lancés suivant une idée générale plutôt que dirigés dans les détails du mouvement, ils harcelaient l'ennemi, échappaient à ses masses par leur vélocité, et à l'effet de son canon par leur éparpillement. On les relevait afin que le feu ne languît pas, on les renforçait pour les rendre plus efficaces.

« Il est rare qu'une armée ait ses flancs appuyés d'une manière inexpugnable ; d'ailleurs, toutes les positions renferment en elles-mêmes, ou dans l'arrangement des troupes qui les défendent, quelques lacunes qui favorisent l'assaillant. Les tirailleurs s'y précipitaient *par inspiration, et l'inspiration ne manquait point dans un pareil temps et avec de pareils soldats.* Le défaut de la cuirasse une fois saisi, c'était à qui porterait son effort. L'artillerie volante — on appelait ainsi les pièces servies par des canonniers à cheval — accourait au galop et mitraillait à brûle-pourpoint. Le corps de bataille s'ébranlait dans le sens de l'impulsion indiquée ; l'infanterie en colonnes, car elle n'avait pas de feu à faire ; la cavalerie intercalée par régiments ou en escadrons, afin d'être disponible partout et pour tout. Quand la pluie des balles et des boulets de l'ennemi commençait à s'épaissir, un officier, un soldat, quelquefois un représentant du peuple, entonnait l'hymne de la victoire. Le général mettait sur la pointe de son épée son chapeau, surmonté du panache tricolore, pour être vu de loin et pour servir de ralliement aux braves. Les soldats prenaient le pas de course; ceux des premiers rangs croisaient la baïonnette; les tambours battaient la charge; l'air retentissait des cris mille et mille fois répétés : « En avant! en avant!... Vive la République!... »

« Pour résister aux enfants de la patrie, il eût fallu être aussi passionné qu'eux-mêmes. Nos fantassins, hauts de cinq pieds, ramenaient par centaines les colosses d'Allemagne et de Croatie.

« Le général Foy. »

C'est vous, phraseurs absurdes, qui les avez ramenés, les colosses d'Allemagne, et ramenés, hélas! jusqu'à Paris. O la brillante théorie et la victorieuse tactique! Mais un troupeau de lions qui manœuvrerait de la sorte se ferait dévorer par un agneau savant! Si la France n'avait pas cru à ces billevesées, si toute une nation n'avait point applaudi durant un demi-siècle ces contes à dormir debout, je ne serais pas enfermé dans une prison de Strasbourg par les esclaves du roi de Prusse!

Sur le tard, le directeur des prisons de l'Alsace-Lorraine, accompagné de l'inspecteur de Stras-

ÉPILOGUE.

bourg, m'est venu visiter dans ma chambre. Il m'a dit, en français, fort poliment, qu'il était disposé à faire, en ma faveur, tout ce que le règlement permettait ; il m'a promis que, dès demain, je serais seul dans ma chambre ; il s'est même informé si j'avais assez d'argent au greffe. Je n'ai pu que le remercier et lui dire que j'étais bien traité par tout le monde et que je ne manquais de rien.

Le lendemain, lundi, les visites se succédèrent dès le matin, et la première de toutes avait une telle importance que j'ai dû la noter dans ses moindres détails.

Un homme très-distingué et digne de toute confiance se présenta à moi avec un message verbal de M. de Clercq :

— Le ministre plénipotentiaire chargé de la liquidation d'Alsace-Lorraine a reçu, me dit-il, de M. de Rémusat, une dépêche qui vous concerne ; il est autorisé à faire pour vous tout ce qu'il jugera opportun, et il désire savoir où et comment vous désirez qu'il intervienne. Est-ce à Strasbourg ? est-ce à Berlin ? est-ce par voie officieuse ou par voie officielle ?

Je répondis sans hésiter :

— Veuillez dire à M. de Clercq que je le remercie de tout mon cœur, mais que je le supplie de ne rien faire et de me laisser seul en face de la justice prussienne. L'intervention officieuse d'un diplomate français, si elle aboutissait à quelque grâce, ferait de moi l'obligé de nos ennemis, et je ne puis envisager cette idée sans horreur. Quant à l'intervention officielle, elle ne servirait qu'à mettre en relief la condition douloureuse de mon pays. Le gouvernement d'une grande nation comme la nôtre ne doit rien réclamer qu'il ne puisse obtenir par force, et lorsque les Prussiens sont encore à quelques marches de Paris, le devoir d'un citoyen est de tout endurer plutôt que de susciter la moindre affaire à la France.

V

Je n'ai pas douté un moment des sympathies de la presse française, quoique je m'y connusse, hélas! un certain nombre d'ennemis. Depuis le premier jour de ma prison jusqu'au dernier, si j'ai pu me procurer très-peu de journaux, je les ai lus tous par intuition, et j'ai senti à mes côtés, comme un ferme appui, l'unanimité de leur patriotisme. Je faisais bien la part des circonstances, et je savais que, dès le lendemain de cette épreuve, tous les Veuillots me feraient payer cher quelques bénédictions forcées; mais je me souciais peu de leurs injures et de leurs calomnies, qui n'ont jamais déconsidéré qu'eux.

Ce qui m'importait autrement, c'était d'ôter aux ennemis intérieurs de la république toute occasion de tourner mon accident contre elle et d'accuser l'impuissance du gouvernement. Il était trop facile de prévoir que les divers partis monarchiques reprocheraient à M. Thiers de laisser un Français, arbitrairement arrêté, entre les griffes de la police allemande. Je me fis donc un devoir d'envoyer, le jour même, à M. de Rémusat, notre jeune et brillant collaborateur, M. Paul Lafargue, qui était accouru à Strasbourg pour m'offrir ses bons offices. Il retourna à Paris, vit le ministre des affaires étrangères, et, après lui avoir transmis mes plus vifs remerciements pour ses intentions bienveillantes, il lui dit que je désirais garder ce litige pour moi seul; que les pouvoirs publics n'ont pas le droit d'assister un homme malgré lui, et que, d'ailleurs, j'étais bien sûr de me tirer d'affaire.

Les amis qui purent m'approcher ce jour-là me fournirent des explications très-vraisemblables, sinon positives, sur le fait de l'arrestation. Le mandat d'amener, lancé, le 27 octobre 1871, à la suite d'un feuilleton du *Soir*, était resté lettre morte jusqu'à notre retour en Alsace. En septembre 1872, un Prussien de Saverne, sous-préfet ou magistrat, avait annoncé mon arrivée au préfet de Strasbourg, en demandant des ordres. Le préfet en avait référé au gouverneur général du pays annexé, M. de

Mœller, homme très-circonspect, qui, selon son habitude, renvoya la question à la chancellerie de Berlin.

Là, rien ne prouve que M. de Bismarck, ou quelqu'un des puissants seigneurs qui mirent leurs yeux dans ses boîtes ait daigné résoudre cette question de mince détail. Il se peut que l'ordre d'agir soit émané d'un sous-chef à poigne ou d'un intrépide commis principal : ces anonymes qui moisissent dans les bas-fonds officiels de Berlin se croient déjà les maîtres du monde. J'ai grand'peur que nous ne sachions jamais la vraie vérité sur les débuts de cette affaire. Lorsqu'un mauvais coup réussit, c'est à qui en revendiquera l'honneur ; s'il avorte, on s'en lave les mains ; vous ne rencontrez plus personne.

Mais le procureur impérial qui avait lancé le mandat, M. Staedler, était le même qui soutenait l'accusation, et qui l'a soutenue *mordicus*, jusqu'à la dernière heure. Non-seulement nous le tenons, mais nos amis ont pu le faire causer, et parmi ses réponses j'en ai noté deux ou trois qui méritent les applaudissements du monde.

— Prenez garde ! lui disait-on. Si le gouvernement français, usant de représailles, emprisonnait les journalistes prussiens ? Il connaît les correspondants de la *Gazette de Cologne*, qui insultent la France à la journée.

— Eh ! mais, répondit-il, qu'on les arrête si l'on veut. Cela nous sera bien égal !

Ce propos nous remit en mémoire l'aventure de deux reporters prussiens qui pendant le siége de Bitche y coururent sur un faux bruit, convaincus que la ville était prise. Ils furent arrêtés comme espions et logés à la citadelle, où les obus de leur gracieux roi tombaient comme grêle autour d'eux. Ces malheureux hurlaient de peur et suppliaient les chefs de l'armée assiégeante d'intervenir en leur faveur, mais on n'eut garde. Il restera toujours assez de journalistes, au gré des soudards prussiens.

Un honorable habitant de Strasbourg disait à ce M. Staedler : « Mais ne craignez-vous pas, en condamnant un écrivain français, d'ameuter contre vous l'opinion de l'Europe? » Il répondit : « Nous n'avons pas à compter avec l'opinion, par la raison bien simple que nous sommes les plus forts. »

C'est l'école de M. de Bismarck. Il est certain que le prince-chancelier n'eût pas accompli le demi-quart des choses monstrueuses qu'il a faites, sans ce profond dédain qu'il professe pour l'opinion. Les Allemands, race servile, ne refusent rien au plus fort; la représentation nationale lui permet de décréter les impôts et de violer toutes les lois; les malheureux États du Sud, rossés par lui, trouvent tout naturel de se faire décimer à son profit et pour sa gloire. L'Europe elle-même, avouons-le, dans l'ahurissement général de 1870, s'est montrée quelque peu Allemande; elle n'a rien trouvé à dire contre les arguments du canon Krupp. Mais si l'opinion, comme la vapeur, est une force compressible, elle se venge quelquefois par de belles explosions. Patience !

Cet excellent M. Staedler, un jour que l'on croyait lui avoir démontré l'illégalité de sa poursuite, s'écria : « C'est égal ! avouez qu'il faut avoir un rude aplomb pour posséder une maison à Saverne lorsqu'on écrit de telles choses contre nous ! »

Quand le mot me fut rapporté, je répondis : « Mais j'étais à Saverne avant les Prussiens; s'il leur déplaît de s'y trouver avec moi, qu'ils s'en aillent ! Ils en ont assez vu maintenant pour savoir qu'ils n'y seront pas regrettés. »

J'étais encore sous le coup de ces impertinences, le lundi soir, lorsque M. Merrem me fit subir mon deuxième interrogatoire. Il me parut aussi poli, disons même aussi bienveillant que l'avant-veille. Le feuilleton du *Soir*, traduit en allemand par l'interprète du tribunal, figurait comme pièce à conviction sur sa table, et l'on avait marqué par des coups de crayon les passages incriminés. Nous les lûmes ensemble; ils contenaient des attaques assez vives contre l'organisation de la conquête prussiennes et la conduite et le caractère de nos fonctionnaires allemands; mais, par un hasard fort heureux, la personne du dieu Guillaume et celle de son prophète M. de Bismarck n'y étaient pas mises en cause.

Parmi les faits que j'avais énoncés, je maintins les uns pour les avoir vus moi-même et les autres pour les tenir des témoins les plus dignes de foi, mais sans compromettre personne. J'insistai d'ailleurs sur ce point que des faits, vieux d'un an pour la plupart à l'époque où je les avais publiés, ne pouvaient être considérés comme des *nouvelles*, et qu'à ce titre ils échappaient à l'ordonnance de 1870.

Je rétractai pourtant deux lignes, mais spontanément : j'avais écrit que les nouveaux fonctionnaires de l'Alsace-Lorraine étaient le rebut de la nation germanique. La loyauté me faisait un devoir de dire à M. Merrem qu'un pareil jugement, fût-il justifié dans ses traits généraux, n'était pas soutenable en présence d'un galant homme tel que lui.

Galant homme, il le fut jusqu'à la dernière minute, et convint de fort bonne grâce que tous les paragraphes incriminés ne contenaient que des critiques, acerbes, hostiles, violentes même, mais de simples critiques de l'organisation prussienne en Alsace.

Toutefois comme la haute trahison, obstinément affirmée par le ministère public, était encore revenue sur le tapis, je ne crus pas inopportun de rappeler le vieux proverbe, qui dit : « On n'est trahi que par les siens. » Comment aurais-je pu vous trahir, n'ayant jamais été des vôtres ? Je suis votre ennemi, je hais les conquérants de la Lorraine et de l'Alsace, et je les hais non-seulement comme citoyen, mais comme individu. Vous avez annexé mon pays natal, Dieuze, une petite ville lorraine, c'est-à-dire plus que française, qui n'a jamais été allemande, où personne ne parle allemand, excepté vos nouveaux fonctionnaires. C'est là que mon père est enterré; le tombeau de mon père est à vous. Vous avez annexé mon pays d'adoption, Saverne, où j'ai passé quatorze ans de ma vie, où j'ai écrit les trois quarts de mes livres, où j'ai vu naître quatre enfants, sur cinq que j'ai. Le berceau de mes enfants est à vous. Mais si je n'étais pas votre ennemi, je ne serais ni un fils, ni un père, ni un homme ! Ecrivez, je vous prie, dans l'interrogatoire, que je suis votre ennemi.

— *Naturlich !* répondit le juge, avec l'imperturbable sérénité que j'avais déjà admirée. Et il dicta au greffier : « Je suis votre ennemi, je hais les conquérants de ma patrie. »

Quand j'eus signé la feuille, je pris congé en demandant si l'instruction était terminée.

— Oui, répondit-il, et j'espère, sans pouvoir toutefois vous le promettre, que le conseil se réunira extraordinairement pour vous juger, s'il y a lieu, avant le 25.

Nous étions au lundi, 16. Le lendemain, dans la matinée, j'appris par une indiscrétion obligeante, à laquelle il n'était sans doute pas étranger, qu'il avait conclu au non-lieu. Mais dans l'intérêt de la cause, on me priait de calmer tous mes amis de la presse française et d'arrêter les vivacités de plume qui pouvaient indisposer le conseil.

Justement, deux de mes meilleurs et de mes plus vieux amis, Paul Baudry et Camille du Locle, étaient arrivés de Paris le matin même. Sur ce conseil, du Locle repartit par le train-poste du soir, sans même m'avoir vu, pour recommander la prudence aux journaux.

Mais le 17, avant midi, un seul mot fort inattendu fit crouler toutes nos espérances. Le parquet avait renvoyé le dossier à M. Merrem, en l'invitant à fournir un supplément d'instruction.

VI

L'ami qui m'apportait cette mauvaise nouvelle connaissait les Prussiens par une rude expérience et savait quel fond on peut faire sur leur générosité. Ancien directeur des contributions indirectes, cet excellent M. Marcotte, pendant le siége de Strasbourg, prit le commandement des douaniers, qui ont été, après les marins d'Exelmans et de Dupetit-Thouars, les meilleurs soldats de la place. La capitulation l'y laissa prisonnier sur parole, et il se croyait bien en sûreté, lorsque, du jour au lendemain, sous le prétexte le plus dérisoire, l'autorité armée lui fit savoir qu'il était un homme dangereux. De prisonnier de guerre qu'il était, il passa, sans autre forme de procès, à la condition de prisonnier d'État.

On l'enferma d'abord à la maison de correction, et de là, malgré les protestations les plus légitimes, il fut emporté, dans une nuit glaciale, sans vêtements d'hiver, à l'âge de 65 ans, vers la forteresse inclémente d'Ehrenbreitstein. Sa captivité illégale a duré cinq grands mois, dont cinq semaines au fond d'une casemate du fort. Après quoi, les vainqueurs le jetèrent en liberté, comme ils l'avaient mis en prison, sans se donner la peine de l'acquitter, car il n'était ni accusé, ni prévenu, mais simplement empoigné.

Les détails de cette aventure n'étaient pas faits pour inspirer beaucoup de confiance à M. Marcotte, ni à mon avocat, ni à mes autres amis. Tous ceux qui avaient assisté aux folies de l'arbitraire prussien, ceux qui avaient compté les prisonniers et les otages enfermés dans l'année 1871 à la maison de correction, me disaient : «,Si une seule prison a reçu en un an 6,423 suspects, et dans le nombre une foule de gens de condition libérale, conseillers généraux, maires, instituteurs, ecclésiastiques, c'est qu'il n'y a ni scrupule, ni pudeur qui arrête un Prussien dès qu'il est le plus fort. » Je devais donc, pensait-on, m'attendre à tout, et le renvoi du dossier à M. Merrem attestait chez le procureur impérial le ferme propos d'avoir raison à tout prix. Derrière l'obstination de ce Staedler on voulait voir absolument la rancune de ses nouveaux collègues, les Dollinger, les Kern et autres renégats de Colmar, que j'avais rudement crossés. On me disait : « La magistrature allemande n'aura pas l'air de venger ses propres affronts, mais les mots que l'accusation vous reproche ne sont pas ceux pour lesquels on vous poursuit. »

Cependant, au nombre des hommes qui m'appuyaient de leurs conseils et de leur amitié, M. Alfred Mayer et Pfortner étaient moins pessimistes. Ils insistaient sur la composition actuelle du conseil de guerre mixte, qui semblait offrir en effet des garanties d'impartialité. Les deux juges civils étaient des magistrats de la Prusse rhénane, anciens avocats, nourris dans l'étude du code Napoléon, qui n'a jamais cessé d'être en vigueur chez eux; les trois juges militaires étaient trois officiers saxons, gens d'honneur et d'indépendance et sans aucun enthousiasme pour l'arbitraire prussien.

Mais, si le procureur impérial n'était pas sûr de gagner sa cause devant eux, il était maître d'ajourner presque indéfiniment leur sentence. Ce supplément d'instruction pouvait nous mener loin, si l'équité de M. Merrem l'eût permis. Les articles publiés dans *le Soir* après le 27 octobre 1871 étaient couverts par la prescription, mais j'en avais donné quatre avant cette date, et pour ceux-là le mandat d'amener arrêtait la prescription pendant trois ans. Je me les rappelais assez bien pour être sûr qu'on n'y trouverait rien de grave, mais le temps de les traduire prolongeait inutilement ma reclusion.

Et si le procureur impérial s'avisait de faire acheter toute la collection du *XIX® siècle* depuis le 1er mai de cette année ! Il était presque sûr d'y rencontrer soit dans mes articles, soit dans ceux dont je suis responsable en qualité de gérant, quelques dures vérités à l'adresse du roi de Prusse ou du grand chancelier. En ce cas, les principes du droit international ne m'auraient point sauvé d'une condamnation, car Guillaume et M. de Bismarck sont des personnes sacrées qu'on n'effleure jamais impunément. Mais, grâce à Dieu, *le XIX® siècle* était à peu près inconnu à Strasbourg,

M. Staedler ne l'avait peut-être jamais vu, lui qui a si bien réussi à le faire lire!

Un de nos amis les plus chers, M. Mallarmé, ancien bâtonnier de l'ordre, émigré à Épinal depuis l'annexion, m'assistait de sa vieille expérience qui n'était pas tous les jours rassurante. Il prévoyait des lenteurs infinies, et tâchait d'obtenir une mise en liberté sous caution, conformément aux lois de l'empire allemand. A quelque prix qu'on eût évalué ma pauvre personne, nous étions sûrs de trouver la somme en moins d'une heure. Déjà l'un des plus honorables banquiers de la ville, M. Klose, averti par M. Dollfus de Paris, était venu m'ouvrir sa bourse.

L'esprit public était d'autant plus animé qu'on se déshabitue aisément de voir ou de souffrir l'arbitraire, et que Strasbourg croyait avoir fini avec les arrestations illégales. Le procureur impérial, tâté par M. Mallarmé, répondit que la mise en liberté sous caution était inutile, puisque la solution définitive ne pouvait tarder huit jours. On ne vit guère dans cette parole qu'une fin de non-recevoir, et les optimistes les plus résolus s'en alarmèrent.

Sauf le tracas moral qui remplit ces trois derniers jours, la vie de la prison fut vraiment très-supportable. Ma femme était autorisée à me voir tant qu'elle voudrait ; elle partait de Saverne tous les matins pour y retourner tous les soirs, et moyennant ces deux voyages de dix lieues chacun, nous passions quelques heures ensemble. Je recevais ses visites dans le parloir des avocats, qui est, dit-on, l'ancien greffe où le prince Louis Bonaparte subit son premier interrogatoire après l'échauffourée de la Finckmatt. On montre aux curieux la place où il était assis sur une malle devant le procureur du roi, M. Gérard. La légende prétend qu'il fumait une pipe de terre, mais on me permettra d'en douter. Nous étions mieux assis, nous avions une chaise, quelquefois même deux, et le gardien qui devait être en tiers dans nos entretiens montra toujours, quel qu'il fût, la discrétion la plus honnête.

Nos deux filles aînées vinrent un jour avec leur mère, et Dieu sait avec quelle impatience je les attendais. Mais leur présence ne servit qu'à nous attrister tous. Ces deux enfants, si vives à l'ordinaire, semblaient comme hébétées par la vue des barreaux. La plus jeune des deux s'assit sur mon genou, cacha sa tête dans mon sein et demeura ainsi tout près d'une heure sans babiller, répondant par monosyllabes aux questions qu'on lui faisait et uniquement occupée à retenir ses larmes. La grande, qui a sept ans, allait et venait du parloir à la porte d'entrée, regardait alternativement le gardien dans la chambre, la sentinelle dans la cour, le verrou d'une prison voisine, l'image de

Gambrinus, en tirant par un geste machinal l'élastique de son petit chapeau, qui chaque fois lui cinglait le menton et les joues. Ennuyé d'en jouir si peu et presque honteux d'enfermer ces jolis oiseaux dans une si triste cage, j'abrégeai leur visite et je sentis un vrai soulagement d'être seul.

Ma chambre m'appartenait sans partage; on avait déplacé un atelier de cordonnerie pour faire une cellule au petit meurtrier. J'avais deux ou trois livres de ma bibliothèque, je lisais, je prenais des notes, l'appétit revenait peu à peu, grâce au restaurateur de la gare, M. Traut, qui s'ingéniait à me nourrir. Décidément, je ne garderai pas un mauvais souvenir de cette pauvre cellule, si repoussante à mon arrivée, presque agréable à la fin. Parmi ceux qui y ont passé avant moi, combien de malheureux ont regretté de n'y pouvoir vieillir ! C'est la chambre du condamné à mort.

S'il m'était défendu d'y recevoir ma famille et mes amis, j'y ai fait connaissance avec deux hommes dont l'un m'a vivement ému et l'autre m'a instruit et intéressé. Le premier est le médecin des prisons, M. le docteur d'Eggs; l'autre est l'aumônier catholique, M. l'abbé Gerber.

Le docteur d'Eggs est un grand beau vieillard, sec et droit : ses traits, fortement dessinés, ont cette physionomie expressive qui distingue les figures du dix-huitième siècle. Il m'aborda comme une

vieille connaissance, presque comme un ami.
« Comment donc, me dit-il, vous qui faites métier d'étudier le cœur humain, êtes-vous venu vous jeter dans la gueule du loup?

— Ma foi ! docteur, le cœur humain et le cœur prussien se ressemblent si peu qu'on étudierait l'un pendant vingt ans sans prendre une idée juste de l'autre.

— Et comment supportez-vous votre sort ?
— A merveille.
— La santé du corps?
— Excellente.
— Et le moral?
— Solide.
— Allons, tant mieux ! Et si cela devait durer, comme on le craint ?

— Je ne crois pas que cela dure longtemps; mais, quoi qu'il puisse advenir, j'en ai pris mon parti d'avance. Si les Prussiens poursuivent en moi la liberté de la presse, ils me font plus d'honneur que je n'en aurais pu rêver. Si c'est comme Alsacien obstiné qu'ils me frappent, je serai trop content de souffrir un peu pour ce cher et malheureux pays.

— *Dulce et decorum !...*

— Eh ! lorsque tant de braves gens ont fait le

sacrifice de leur vie pour l'amour de cette chère Alsace, je lui marchanderais quelques mois de ma liberté ?

A ce mot, le pauvre homme change de visage, et, d'une voix altérée, il me dit :

— Je suis le plus malheureux de tous les Alsaciens et de tous les pères. J'avais un fils unique, un beau, brave et bon fils, aimé de tous, laborieux, instruit, bachelier ès sciences à seize ans, capitaine-commandant de cavalerie à trente ; il était désigné par tous ses camarades comme un jeune général de l'avenir ; il est mort héroïquement à la tête de ses cuirassiers, dans une charge de Reichshofen ! »

Il y a dans le malheur de ce digne homme des détails qui font saigner le cœur. Les premiers fugitifs de Reichshofen lui ont appris que son fils était tombé couvert de blessures ; il l'a pleuré pour mort durant tout le siège de Strasbourg. Après la capitulation, un soldat lui a dit : « Votre fils est vivant, on l'a guéri ; je l'ai vu en Allemagne. » Quelle espérance ! Mais bientôt quelle horrible déception, quand tous les prisonniers sont revenus sans celui qu'on attend, quand un compagnon d'armes, un ami, un témoin, vient confirmer en pleurant la terrible nouvelle ! Ce vieillard a eu le courage de passer quatre jours sur le champ de bataille, d'exhumer non-seulement les cadavres, mais les débris, et il est rentré à Strasbourg sans une relique de son fils !

Aujourd'hui, l'annexion le chasse; il ne peut pas finir sa vie au milieu de ces ennemis, dont la gloire lui coûte si cher. Il a opté, quoique tout son avoir en ce monde soit situé entre Colmar et Schlestadt, il s'est démis de ses emplois, il abandonne ses malades, dont la plupart sont ses amis; il va chercher un autre climat, d'autres relations; mais, dans ce désarroi de toute sa vie, il ne pense qu'à son fils.

— Ah! disait-il en me quittant, vous ne saurez jamais ce qu'un homme peut souffrir.

— Je le saurai peut-être, car, moi aussi, j'ai un fils, et la génération dont il est a une rude besogne à faire.

— Ah! vous avez...? Eh bien, je souhaite que, vous et lui, vous soyez plus heureux que nous.

Nous nous serrons la main, et nous nous séparons sans oser nous regarder en face.

VII

L'aumônier catholique, M. Gerber, est un prêtre de soixante et quelques années, grand, sec, un peu voûté; ses cheveux blonds et son accent dénotent un pur Alsacien, et sa loyale bonhomie ne dément pas les signes extérieurs. Il a fait ses études à Strasbourg, sous la direction du célèbre abbé Baulain, et reçu le sacrement de l'ordre côte à côte avec le père Gratry, qui était son voisin par ordre alphabétique. Je ne crois pas qu'il ait jamais bougé du diocèse, car il compte environ trente ans de service dans les prisons; mais il a l'esprit large, ouvert et tolérant comme s'il avait fait deux fois le tour du monde. La vie n'a guère de secrets pour celui qui a touché du doigt tous les crimes et toutes les douleurs. Ce bon et beau vieillard a conduit à l'échafaud onze condamnés, dont deux femmes; aussi peut-il me dire avec un sourire doux et voilé :

— Je suis un peu chez moi dans votre chambre.

Il m'a conquis de prime abord, et, le voyant instruit de toutes choses, j'ai profité de ses visites pour m'éclairer sur la persécution des catholiques en Alsace. Les détails qu'il m'a donnés sur l'expulsion des jésuites font le plus grand honneur aux victimes et à leurs amis. A l'heure de l'exécution, une multitude d'hommes, de femmes et d'enfants en prières remplissaient la chapelle. L'agent des hautes œuvres prussiennes fut un instant troublé par ce spectacle et offrit d'ajourner la partie à une meilleure occasion. Ce fut le père directeur qui congédia l'assemblée, prétant l'appui de sa parole à cette autorité qui le frappait.

On obéit, mais le lendemain et tous les jours suivants, la façade du petit couvent de la rue des Juifs fut décorée de fleurs et de rubans tricolores par des mains inconnues. Le jésuitisme était devenu, grâce aux Prussiens, une forme du patriotisme ; à tel point, qu'un éminent avocat de Strasbourg, M. Masse, m'a dit, dans ma prison :

— Je suis juif ; vivent les jésuites !

Les autres ordres religieux ne sont pas encore fixés sur le sort qui les attend ; on craint que la maison du Sacré-Cœur ne soit exilée à la suite des Pères, qui la gouvernaient peu ou prou. Le difficile sera de chasser les sœurs de Ribeauvillé et toutes les respectables filles qui dirigent l'enseignement des écoles et des salles d'asile. On en compte trois mille dans le pays annexé, et l'énormité de ce chiffre a, dit-on, fait réfléchir M. de Mœller. Ce n'est pas, Dieu le sait, que nos vainqueurs se préoccupent de ce qu'elles pourront devenir ; on ne pense pas plus à leur donner du pain pour leurs vieux jours qu'on ne s'est occupé d'indemniser les jésuites. Mais on se demande comment on pourra les remplacer.

Quant au clergé séculier, chaque jour qui s'écoule accroît sa gêne et ses perplexités. Il se voit menacé jusque dans ses moyens d'existence par cette grande émigration, qui, après avoir emporté la colonie des fonctionnaires français, entraîne tous les catholiques assez riches pour s'expatrier. La plupart des Alsaciens qui demeurent, pouvant partir, appartiennent à la confession d'Augsbourg. Ce n'est pas que les protestants n'aient donné les plus beaux exemples de patriotisme; j'en sais beaucoup qui ont été admirables, et, pour ne citer qu'un seul fait entre mille, je rappellerai le soufflet de madame Eschenauer.

Elle passait dans la rue, en grand deuil, le jour anniversaire de Reichshofen; un officier allemand la rencontre et lui dit :

— Toi aussi, belle dame, tu portes le deuil de la France?

Elle répondit du revers de la main, si bruyamment, que le général-commandant supérieur dut l'entendre, car le faquin fut renvoyé dans son pays. Madame Eschenauer est la femme d'un pasteur, et beaucoup d'autres protestantes, soufflet à part, se sont montrées bonnes Françaises comme elle. Mais on peut dire, en thèse générale, que le joug allemand est un peu moins intolérable aux protestants qu'aux catholiques. Si tous les Alsaciens aiment la France d'un même cœur, ils ne peuvent pas tous détester également la Prusse : il n'y a pas de haine inexpiable entre ceux qui prient en commun.

Le clergé protestant, bien renté et qui fait de beaux mariages, réparera facilement par l'immigration allemande le déficit que l'option a jeté dans ses revenus. Mais le clergé romain souffre déjà sensiblement des circonstances qui ont écrémé la population catholique et qui ne laissent autour de lui que des pauvres à secourir. Le casuel est à peu près perdu ; or, du petit au grand, les ecclésiastiques vivaient du casuel bien plus que du traitement fixe.

L'évêque de Strasbourg, par exemple, recevait 10,000 francs de l'État et, sans le casuel, qui s'élevait au double, il n'aurait jamais pu tenir son rang. Admettons, je le veux, qu'il vive dorénavant en apôtre ; mais le petit clergé, qui a pratiqué de tout temps une simplicité apostolique, n'aura pas même les pains et les poissons de l'Évangile à mettre sous sa dent, car les soldats et les ouvriers allemands dévorent tout, et ces consommateurs gloutons ont doublé en moins de deux ans le prix de la vie.

J'étais curieux de savoir quelle indemnité le vainqueur consacrait aux réparations de la cathédrale, où ses obus ont fait pour 600,000 francs de dégâts. On m'a dit, mais j'ai peine à le croire, que Dieu serait le seul propriétaire exclu de la répartition générale. Il faudra donc que l'œuvre Notre-Dame pourvoie à tout sur ses propres ressources.

Elle y arrivera, je l'espère : son revenu, qui varie avec le produit des récoltes, est de 100,000 fr. en moyenne, et il y a probablement quelques capitaux en réserve, car on avait commandé jadis à ce pauvre Hippolyte Flandrin un travail de 250,000 fr., que l'admirable artiste, tué trop tôt, n'a pu fournir.

La conversation du bon abbé Gerber et celle du pauvre docteur d'Eggs étaient assurément fort attachantes, et les visites de ma famille ou de mes amis remplissaient agréablement une partie de mes journées; mais rien ne pouvait me consoler de la perte d'un bien sans lequel tous les autres sont peu de chose. J'attendais impatiemment des nouvelles de l'instruction supplémentaire, et je n'en recevais plus aucune. M. Merrem était parti le jeudi matin pour je ne sais quel canton du Haut-Rhin, où l'on avait signalé un vol à main armée; le vendredi, à deux heures, il n'était pas encore de retour.

A ce moment, notre ami M. Mallarmé vint me dire qu'il avait causé avec M. Staedler. Je n'ai jamais vu ce grand homme, et je mourrai probablement sans connaître son visage ; mais mon avocat et mes conseils étaient admis à le contempler et ils plaidaient à tour de rôle avec tout leur talent et tout leur cœur. M. Mallarmé me dit donc, au nom du procureur impérial, que l'affaire n'était pas, ou du moins n'était plus grave, et que j'en serais quitte à bon marché; mais qu'il fallait absolument donner une leçon à la presse parisienne.

Je ne voyais pas trop comment les circonstances les plus atténuantes pourraient ramener un crime de haute trahison au niveau d'une contravention de simple police. Cependant je me couchai ce soir-là dans l'idée que nous réglerions tous nos comptes par huit jours de prison au minimum, un mois au plus, et, bercé par le doute entre ces deux hypothèses, je m'endormis d'un profond sommeil.

Tout à coup, un fracas de clefs et de verrous me réveille, et tout en me frottant les yeux, je vois ou plutôt je devine un des gardiens de la prison...
« Comment ! vous dormez ? me dit-il. Pardonnez-moi de vous déranger, mais j'ai appris, par le plus grand des hasards, une si heureuse nouvelle que je n'ai pu me tenir de vous la communiquer : vous serez libre demain matin ! »

Si je n'imprime pas ici le nom de cet excellent homme, ce n'est pas ingratitude, mais prudence. Il est trop dangereux de remercier en public ceux qui se sont montrés nos amis contre les Prussiens.

Je dormis mal, on peut le croire, mais je ne me souviens pas d'avoir passé une meilleure mauvaise nuit.

Le lendemain matin, M. Schneegans et mes conseils accoururent à la prison pour confirmer la bonne nouvelle, et l'on s'embrassa à la ronde. L'ordre de mise en liberté fut prêt à dix heures et demie; je voulais consacrer une partie de la journée à visiter tous ceux qui m'avaient témoigné de l'intérêt ; mes amis me le défendirent, et après m'avoir fait déjeuner, ils me chassèrent positivement à Saverne. « Et surtout, dirent-ils, ne vous oubliez pas dans les délices de la maison. Vite à Paris, ou pour le moins à Lunéville! Les Allemands ne sont pas des hommes pareils aux autres. S'ils trouvaient un nouveau prétexte à vous mettre en prison, la confusion de leur premier échec ne les arrêterait pas un quart d'heure. »

Ils m'expliquèrent, chemin faisant, comment la chambre des mises en accusation, composée d'un officier et de deux magistrats, avait pesé, la veille, les conclusions de M. Staelder et celles de M. Merrem, et donné gain de cause au second par des motifs tirés du droit international. M. Merrem, informé du résultat dans la matinée du samedi, avait dit : « Je suis heureux d'apprendre que ces messieurs se sont rangés à mon avis. »

Un hasard dont je fus charmé me permit de remercier au buffet de la gare cet honorable juge d'instruction, qui, par droiture de conscience, s'était fait mon avocat.

Ici finit l'histoire de cette semaine, qui, malgré l'heureux dénoûment, me fait l'effet, lorsque j'y

-pense, d'avoir duré plus de sept jours. Tout ce que je pourrais ajouter ne serait que le détail d'épanchements intimes, aussi indifférents au public qu'ils m'ont été doux à moi-même, et que par ces raisons je garderai pour moi.

TABLE DES MATIÈRES

Avant-propos 1
Chapit. Ier. Saverne 15
  — II. Huit jours d'étude 39
  — III. La résistance 62
  — IV. Douleurs et défaillance 83
  — V. Strasbourg 120
  — VI. Colmar 160
  — VII. Mulhouse 215
  — VIII. L'émigration 233
  — IX. Phalsbourg 264
  — X. Belfort 278
Épilogue 291

www.ingramcontent.com/pod-product-compliance
Lightning Source LLC
Chambersburg PA
CBHW050752170426
43202CB00013B/2398